中学教科書ワーク　学習カード

ポケットスタディ

四字熟語

国語２年

Pocket Study

意味は？

一

〈(

1 期…期間。「一期」は「一生」のこと。

意味は？

☆☆☆

一日千秋

〈いちじつせんしゅう〉
（にち）

2 秋…年。

意味は？

☆☆☆

一進一退

〈いっしんいったい〉

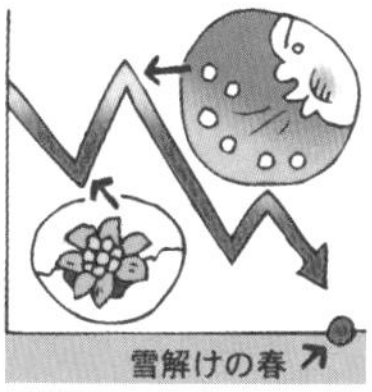

3 一…少し。

意味は？

☆☆☆

一石二鳥

〈いっせきにちょう〉

4 一…ひとつ。

意味は？

☆☆☆

一朝一夕

〈いっちょういっせき〉

5 夕…晩。

意味は？

☆☆

三寒四温

〈さんかんしおん〉

6 三…三日。

意味は？

☆☆

七転八倒

〈しちてんばっとう〉

7 転…ころぶ。

意味は？

☆☆☆

千載一遇

〈せんざいいちぐう〉

8 遇…思いがけなく出会う。

意味は？

☆☆☆

千差万別

〈せんさばんべつ〉

9 別…違《ちが》ったもの。

意味は？

☆☆☆

千変万化

〈せんぺんばんか〉

10 化…別のものに変わる。

意味は？

☆☆

百発百中

〈ひゃっぱつひゃくちゅう〉

11 中…当たる。

意味 **生涯《しょうがい》に一度だけの大切な出会いのこと。**

ポイント
もともとは茶道《さどう》の心得《こころえ》を表す言葉。どの茶会も一生に一度と思い，心を込《こ》めて臨《のぞ》むべきだという教えである。

意味 **進んだり，戻《もど》ったりすること。**

ポイント
「一進」(少し進む)⟷「一退」(少し退く)で，意味が対《つい》になる二字熟語を組み合わせた構成。

意味 **わずかな月日。**

ポイント
「新薬の研究は一朝一夕《いっちょういっせき》では結果が出ない。」のように，下に打ち消しの言葉がくることが多い。

意味 **転げ回り，もがき苦しむこと。**

ポイント
「七」「八」は数の多さを表す。何度も何度も転んだり倒《たお》れたりすることから，ひどく苦しむ様子を表すようになった。

意味 **多くの種類や違《ちが》いがあること。**

ポイント
「千」「万」は数が多いこと，「差」「別」は違いを表すことから，「多くの違いがある」という意味を表す。

意味 **予想などが全て当たること。**

ポイント
「百発」は矢などを百回放つ，「百中」は百全て当たる，つまり，「矢などが全て命中すること」がもとの意味。

使い方

- ミシン目で切り取り，穴をあけてリングなどを通して使いましょう。
- カードの表面には問題が，裏面にはその答えとポイントがあります。

意味 **非常に待ち遠しいこと。**

ポイント
「千秋」は「千年」のこと。一日が千年もの長さに感じられるということからできた言葉。

意味 **一つの行為《こうい》から，二つの利益を得ること。**

ポイント
一個の石を投げて，二羽の鳥を同時に落とすことから。似た四字熟語に「一挙両得」がある。

意味 **寒さが三日ほど続くと，暖かさが四日ほど続く，冬の気候。**

ポイント
冬の間に寒暖が繰《く》り返される現象を指す言葉。手紙では二月の時候の挨拶《あいさつ》に使う。本来は冬の言葉だが，現在では春先に使われることもある。

意味 **めったにない，すばらしい機会。**

ポイント
「千載《せんざい》」は「千年」のこと。千年に一度しか巡《めぐ》り会わないほどめったにない，すばらしい機会という意味を表す。

意味 **さまざまに変化すること。**

ポイント
「千」と「万」は数の多さ，「変」「化」は変わることから，目まぐるしく変わっていく様子を表す。

中学教科書ワーク

定期テスト対策

スピードチェック

教科書のまるごと漢字と知識マスター

国語 2年

光村図書版

「スピードチェック」は取りはずして使用できます。

＊は、新出漢字の教科書本文外の読み方です。

アイスプラネット

教p.14～25

1. 食事のシタク（用意）をする。
2. 東京のコウガイ（都市の周りの地域）に住む。
3. ロクジョウマの和室。
4. 父はタンシンフニン（家族を伴わず一人でにんちにおもむくこと）している。
5. 誰もがカンゲイしている。
6. カメラがユイイツの趣味《しゅみ》だ。
7. あまりにもヨウチすぎる話題。
8. アヤシイ話を聞く。
9. 椅子のアシにぶつかる。
10. 答えをカンチガイする。
11. 氷のワクセイと呼ばれる。
12. カメラで写真をトル。
13. ほらフキだと思われる。
14. ユウベン（力強くたくみに話す様子）に語りだす。
15. キョクタン（いちじるしくかたよっていること）な話を聞かされる。
16. 誰もおらず家の中がサビシイ。
17. トツゼン旅に出る。
18. 急な来客にアワテル。
19. 友人の手をニギリシメル。
20. オオマタで歩く。
21. 友達からフウトウが届く。
22. 切手をハル。
23. 予定がツマル。
24. 叔父（父母の弟）を尊敬する。
25. 伯父（父母の兄）に土産を渡す。
26. ＊仕事の現場にオモムク（その方に向かって行く）。
27. ＊ドラマのキャクホン（演劇の仕組みや、俳優のセリフなどを記したもの）を書く。
28. ＊映画のサツエイが始まる。
29. ＊海にもぐって魚をツク（先のとがったもので刺す）。

1. 支度〈仕度〉
2. 郊外
3. 六畳間
4. 単身赴任
5. 歓迎
6. 唯一
7. 幼稚
8. 怪しい
9. 脚
10. 勘違い
11. 惑星
12. 撮る
13. 吹き
14. 雄弁
15. 極端
16. 寂しい
17. 突然
18. 慌てる
19. 握りしめる
20. 大股
21. 封筒
22. 貼る
23. 詰まる
24. おじ
25. おじ
26. 赴く
27. 脚本
28. 撮影
29. 突く

枕草子《まくらのそうし》

教p.28～31

1. ムラサキがかった空。
2. ホタルが飛びかう池。
3. 雨の夜もオモムキ（ふぜいのある様子）がある。
4. 烏《からす》がネどころに帰る。
5. 真っ白なシモが降りている。
6. 魚がオドルように泳ぐ。
7. 不思議そうに首をカタムケル。
8. スイショウ（無色透明の鉱物）のように透んだ湖。
9. ＊シュコウ（おもむきを出すための工夫）をこらした庭園。

1. 紫
2. 蛍
3. 趣
4. 寝
5. 霜
6. 踊る
7. 傾ける
8. 水晶
9. 趣向

情報整理のレッスン　思考の視覚化　教p.32～33

- □❶ ドジョウオセンを調査する。（作物の育つちがよごれること）
- □❷ セイカツハイスイを処理する。（家庭から出るよごれたみず）
- □❸ 会心のエミをもらす。（わらうこと）

❶ 土壌汚染　❷ 生活排水　❸ 笑み

漢字1　熟語の構成　教p.38～39

- □❶ サンガク部に所属する。
- □❷ 飛行機にトウジョウする。（航空機などにのりこむこと）
- □❸ 未来のカフクを占う。（わざわいと幸せ）
- □❹ ケイチョウ休暇を取る。（お祝いごとと不幸ごと）
- □❺ 平安京にセントした年。（みやこを移すこと）
- □❻ シュンソクをほこる選手。（走るのが速いこと）
- □❼ 「モウケン注意」の看板。（性格が荒々しいいぬ）
- □❽ ショウゾウガを描く。
- □❾ 運転メンキョショウを見せる。
- □❿ ジガを強くもつ。（じぶんじしん）
- □⓫ バクガを原料とする飲み物。（おおむぎのめを出させたもの）
- □⓬ 二人はシテイの関係にある。（ししょうとでし）
- □⓭ 魚のシユウを見分ける。（めすとおす）
- □⓮ セイジョウな空気を入れる。（汚れがなくきれいなこと）
- □⓯ ニチボツまで遊ぶ。
- □⓰ 医師と作家をケンギョウする。（他に別の仕事もすること）
- □⓱ 山間部でノウムが発生する。（前が見えないくらいのこいきり）
- □⓲ 仲のよいシマイ。
- □⓳ ゴクヒの書類を渡す。（きわめてひみつなこと）
- □⓴ チツジョのある暮らし。（物事の正しい順や筋道）
- □㉑ ダトウな結果だ。（適切であること）
- □㉒ トウホンセイソウする。（忙しく走り回ること）
- □㉓ キドアイラクが激しい。（さまざまな感情）
- □㉔ ケイキョモウドウを反省する。（よく考えずに行動すること）
- □㉕ シップウジンライの勢い。（すばやく激しい様子）
- □㉖ ゲイインバショクをつつしむ。（たくさんのみくいすること）
- □㉗ オンコウトクジツな人柄。（情が深くおだやかでせいじつな様子）
- □㉘ ＊厳かに死者をトムラウ。（死者の霊をなぐさめるために法要などをする）
- □㉙ ＊松のメバナを観察する。（めしべしかないはな）
- □㉚ ＊犬がアワレを誘う声で鳴く。

❶ 山岳　❷ 搭乗　❸ 禍福　❹ 慶弔　❺ 遷都　❻ 俊足　❼ 猛犬　❽ 肖像画　❾ 免許証　❿ 自我　⓫ 麦芽　⓬ 師弟　⓭ 雌雄　⓮ 清浄　⓯ 日没　⓰ 兼業　⓱ 濃霧　⓲ 姉妹　⓳ 極秘　⓴ 秩序　㉑ 妥当　㉒ 東奔西走　㉓ 喜怒哀楽　㉔ 軽挙妄動　㉕ 疾風迅雷　㉖ 鯨飲馬食　㉗ 温厚篤実　㉘ 弔う　㉙ 雌花　㉚ 哀れ

漢字に親しもう1　教p.40

- □❶ 文章のヨウシを捉える。（文章などの特に大切な内容）
- □❷ 会員のメイボを作成する。
- □❸ キニュウランに必要事項を書く。
- □❹ 大会でセンシュセンセイをする。

❶ 要旨　❷ 名簿　❸ 記入欄　❹ 選手宣誓

□❺ ゲンコウヨウシに書く。
□❻ 鉛筆《えんぴつ》のシンが折れる。
□❼ 内容をカジョウガキにする。（いくつかの項目に分けてかき並べたもの）
□❽ 手紙の初めにハイケイと書く。（つつしんで申しあげますの意）
□❾ ハンカチをケイタイする。（身につけて持ち歩くこと）
□❿ 強豪《きょうごう》校の連覇をソシする。（物事の進行をさまたげること）
□⓫ ソゼイを徴収する。（ぜいきん）
□⓬ 注意をカンキする。（呼びおこすこと）
□⓭ 王の頭上に輝くオウカン。
□⓮ 地域の美化にホウシする。（社会や他人のために利害を離れてつくすこと）
□⓯ サイコウホウの登頂に成功する。（もっともたかい山）
□⓰ フクインがもたらされる。（よい知らせ）
□⓱ ケビョウを使う。（びょうきだとうそをつくこと）
□⓲ ブアイを割り出す。（わりあいを表す方法）
□⓳ サッソク行動を起こす。（すぐに）
□⓴ お寺でシャキョウをする。（仏教のきょうもんを書きうつすこと）
□㉑ ケイハン地域の天気。（きょうととおおさか）
□㉒ わかりやすくズシする。（ずでしめすこと）
□㉓ 門のわきにニオウゾウが立つ。（仏教の守護神として寺門の両側に安置した一対のぞう）
□㉔ シュウトクブツを届ける。（ひろった落としもの）

❺ 原稿用紙
❻ 芯
❼ 箇条書き
❽ 拝啓
❾ 携帯
❿ 阻止
⓫ 租税
⓬ 喚起
⓭ 王冠
⓮ 奉仕
⓯ 最高峰
⓰ 福音
⓱ 仮病
⓲ 歩合
⓳ 早速
⓴ 写経
㉑ 京阪
㉒ 図示
㉓ 仁王像
㉔ 拾得物

＊は、新出漢字の教科書本文外の読み方です。

□㉕ 「金ジュウマンエン」の表書き。
□㉖ ＊常に手帳をタズサエル。（手にさげてもつ）
□㉗ ＊装飾の見事な王女のカンムリ。

㉕ 拾万円
㉖ 携える
㉗ 冠

クマゼミ増加の原因を探る　教 p.42〜51

□❶ ウカしたてのセミ。（幼虫やさなぎから成虫になること）
□❷ めったにトルことができない虫。
□❸ 市内でケンチョな現象。（特に目につくこと）
□❹ アブラゼミのヌケガラ。
□❺ ホソウされた道路。（コンクリートなどで路面をつくること）
□❻ 空気がカンソウしている。
□❼ 道にカレエダが散乱する。
□❽ 葉の裏に虫がサンランする。
□❾ 冬にキュウミンに入る動物。（生物が一時的に活動を停止した状態）
□❿ 土にモグルセミの幼虫。
□⓫ 寒さにタエル体のつくり。
□⓬ 冬の寒さがカンワする。（厳しい状態がゆるまること）
□⓭ レイドを下回る気温が続く。
□⓮ 触ると体がヤワラカイ幼虫。
□⓯ 登山するには晴れた日をネラウ。
□⓰ 成長のためにヒッスな要素。（ひつようなこと）

❶ 羽化
❷ 捕る
❸ 顕著
❹ 抜け殻
❺ 舗装
❻ 乾燥
❼ 枯れ枝
❽ 産卵
❾ 休眠
❿ 潜る
⓫ 耐える
⓬ 緩和
⓭ 零度
⓮ 軟らかい
⓯ 狙う
⓰ 必須

□⑰ 急な大雨にアウ。（よくないことに出くわす）
□⑱ 地面の土がコウカする。（かたくなること）
□⑲ ＊明日に備えて早めにネムル。
□⑳ ＊カタイ表情で写真に写る。

⑰ 遭う
⑱ 硬化
⑲ 眠る
⑳ 硬い

思考のレッスン1　具体と抽象

教 p.52～53

□❶ 複数の物をチュウショウカする。（物事から共通の性質をひき出して一般的にすること）
□❷ イリョウヒが免除される。
□❸ 校舎のカベを補修する。
□❹ ゲンカンから入る。
□❺ 役目を終えてカタの荷が下りた。
□❻ ＊原始人の描いたヘキガ。

❶ 抽象化
❷ 医療費
❸ 壁
❹ 玄関
❺ 肩
❻ 壁画

漢字に親しもう2

教 p.58

□❶ 才能がイカンなく発揮される。（イカンなく＝十分に）
□❷ ジアイに満ちた顔立ちの仏像。（いつくしみあいすること）
□❸ 出発時間までヨユウがある。
□❹ ソボクな疑問を抱く。（考えなどが単純なこと）
□❺ カンダイな心の持ち主。（心が広く思いやりがあること）
□❻ 手続きがひどくハンザツだ。（面倒でわずらわしいこと）
□❼ 地球の未来をキグする。（あやぶみおそれること）
□❽ 会の進行をサマタゲル。（じゃまをする）

❶ 遺憾
❷ 慈愛
❸ 余裕
❹ 素朴
❺ 寛大
❻ 煩雑
❼ 危惧（惧）
❽ 妨げる

□❾ ゲームにアキル。
□❿ 草木が青々とシゲル。
□⓫ 目立つ行動はヒカエル。（えんりょしてやめる）
□⓬ 大衆に好まれるゴラク。（余暇にする遊び）
□⓭ ソンショクのない作品。（他と比べて見劣りすること）
□⓮ 新入部員をカンユウする。（ある行動をするようにすすめてさそうこと）
□⓯ コンインの届け出をする。（けっこんすること）
□⓰ いつまでもゴウジョウを張る。（がんこで自分の考えを曲げないこと）
□⓱ 相手に無理をシイル。（相手の意見などを無視して無理にやらせる）
□⓲ 勝利のメガミがほほえむ。
□⓳ テンニョが舞い下りた伝説。
□⓴ ＊通行をボウガイする。（じゃまをすること）
□㉑ ＊ホウショクの時代に生まれる。（たべものに不足しないこと）

❾ 飽きる
❿ 茂る
⓫ 控える
⓬ 娯楽
⓭ 遜色
⓮ 勧誘
⓯ 婚姻
⓰ 強情
⓱ 強いる
⓲ 女神
⓳ 天女
⓴ 妨害
㉑ 飽食

メディアを比べよう／メディアの特徴を生かして情報を集めよう／「自分で考える時間」をもとう

教 p.60～66

□❶ 不特定多数アテの情報。
□❷ 昨年までカツヤクしていた選手。
□❸ 大会カイサイに向けて準備する。
□❹ マンガを読む。
□❺ 近くのヒナンジョを確認する。
□❻ 新聞に情報をケイサイする。（新聞などに文章などをのせること）

❶ 宛て
❷ 活躍
❸ 開催
❹ 漫画
❺ 避難所
❻ 掲載

□❼ ツナミのむごさを伝える絵。
□❽ 大きなヒガイを受ける。
□❾ ショセキを編集する。
□❿ ＊お気に入りの服に心がオドル（わくわくする）。
□⓫ ＊日本画の展覧会をモヨオス（行事などを計画して行う）。
□⓬ ＊道を渡ろうと車をサケル（身をかわしてよける）。

❼ 津波
❽ 被害
❾ 書籍
❿ 躍る
⓫ 催す
⓬ 避ける

短歌に親しむ

教 p.68～71

□❶ 俳句に気持ちをタクス（あずける）。
□❷ 短歌をカンショウ（芸術作品などを理解して味わうこと）する。
□❸ 情景をテイネイに描写する。
□❹ ヤサシサが伝わる歌。
□❺ マキ（ぼくじょう）で牛を飼う。
□❻ アザヤカな印象を与える。
□❼ サワヤカ（すがすがしい様子）な朝。
□❽ キョウリュウのいた時代。
□❾ スイセンの花が咲く。
□❿ ワガモノガオ（まるで自分の所有物であるような態度）で歩き回る。
□⓫ ユウゼン（ゆったりとした様子）とした河の流れ。
□⓬ 英語の成績がスグレル。
□⓭ 涙がイッテキこぼれる。

❶ 託す
❷ 鑑賞
❸ 丁寧
❹ 優しさ
❺ 牧
❻ 鮮やか
❼ 爽やか
❽ 恐竜
❾ 水仙
❿ 我が物顔
⓫ 悠然
⓬ 優れる
⓭ 一滴

＊は、新出漢字の教科書本文外の読み方です。

□⓮ ＊店先にセンギョ（とれたてのしんせんなさかな）が並ぶ。

⓮ 鮮魚

言葉の力

教 p.74～77

□❶ ゴイ（その人が用いる言葉の全体）の豊富な人。
□❷ アワイピンク色の着物。
□❸ 決意を胸にヒメル（内にもつ）。
□❹ ハナヤカで美しい布。
□❺ 海水をニツメル（水分がなくなるまでにる）。
□❻ ある考えがノウリ（頭の中）に浮かぶ。
□❼ 日本文化のセイズイ（最も重要な部分）。
□❽ ＊エイガ（権力を得てさかえること）を極めた古代都市。

❶ 語彙（彙）
❷ 淡い
❸ 秘める
❹ 華やか
❺ 煮詰める
❻ 脳裏
❼ 精髄
❽ 栄華

言葉1 類義語・対義語・多義語

教 p.78～79

□❶ 紙を二つにサク（強引に二つ以上に引き離す）。
□❷ 雨が降り出したのでカサを開く。
□❸ 窓辺にフウリンをつるす。
□❹ ブタニクを買う。
□❺ 商品をコウニュウする。
□❻ レンカ（値段が安い）な品を探す。
□❼ シンシ（まじめで熱心なこと）な態度に好感をもつ。
□❽ 理論をジッセン（じっさいに行うこと）に移す。
□❾ シンチョウ（注意深く行うこと）に時計を修理する。

❶ 裂く
❷ 傘
❸ 風鈴
❹ 豚肉
❺ 購入
❻ 廉価
❼ 真摯
❽ 実践
❾ 慎重

□⑩ケイソツ《かるはずみな様子》な発言をつつしむ。　⑩軽率
□⑪＊話し合いはケツレツ《意見がまとまらないまま終わること》した。　⑪決裂
□⑫＊庭でスズムシが鳴く。　⑫鈴虫

言葉を比べよう

教p.80～81

□①古いガイネン《物事についてのまとまった考え方》を取り払う。　①概念
□②キクの花が咲く季節。　②菊
□③ナベで枝豆をゆでる。　③鍋
□④エンピツで記入する。　④鉛筆
□⑤エネルギーのジュヨウ《ひつようとすること》が高まる。　⑤需要
□⑥＊つりに使うナマリのおもり。　⑥鉛

翻訳作品を読み比べよう

教p.84～85

□①有名なホンヤクサクヒン《ある言語を他の言語に直したさくひん》を読む。　①翻訳作品

盆土産《みやげ》

教p.92～105

□①おボンの時期に帰省する。　①盆
□②足を水にツケル。　②漬ける
□③音にビンカンだ。　③敏感
□④トウトツ《とつぜん》につぶやく。　④唐突
□⑤間違いをテイセイされる。　⑤訂正
□⑥川魚をツル。　⑥釣る
□⑦キそばを食べる。　⑦生
□⑧イロリの火を囲む。　⑧囲炉裏
□⑨魚をクシヤキにする。　⑨串焼き
□⑩川の水がニゴル。　⑩濁る
□⑪フキツな予感がする。　⑪不吉
□⑫色の違いがイチジルシイ《目立ってはっきりしている》。　⑫著しい
□⑬ヌマで小えびをとる。　⑬沼
□⑭小えびのかきアゲを作る。　⑭揚げ
□⑮魚肉をすりツブス。　⑮潰す
□⑯氷をかみクダク。　⑯砕く
□⑰ダエキ《つば》といっしょに飲み込む。　⑰唾液
□⑱ワンキョク《弓なりにまがること》したつりざお。　⑱湾曲
□⑲米ツブが散らばる。　⑲粒
□⑳魚がハネル。　⑳跳ねる
□㉑水辺に木でサクを作る。　㉑柵
□㉒ささいなことを気にヤム。　㉒病む
□㉓大小のカタマリに分ける。　㉓塊〈固まり〉
□㉔箱のフタを開ける。　㉔蓋
□㉕レイトウショクヒンを買う。　㉕冷凍食品
□㉖彼は努力していてエライ。　㉖偉い
□㉗魚がコゲル。　㉗焦げる

□㉘ チミツな布目の生地。　きめの細かいこと
□㉙ 仏門に入ってショウジンする。　肉や魚を食べないで野菜だけを食べること
□㉚ フメイリョウな言葉。　はっきりしない
□㉛ ショクタクに料理が並ぶ。
□㉜ ガケっぷちからはい上がる。
□㉝ バスのシャショウ。　バスなどの中で、サービスや事務を行う者
□㉞ ＊大木がダクリュウに流される。
□㉟ ＊コウヨウする気持ちを抑える。　気分などがたかまること
□㊱ ＊サイセキの機械を動かす。　いしをくだくこと

㉘ 緻密
㉙ 精進
㉚ 不明瞭
㉛ 食卓
㉜ 崖
㉝ 車掌
㉞ 濁流
㉟ 高揚
㊱ 砕石

字のない葉書《はがき》

教 p.106～111

□❶ 宛名に「ドノ」を付ける。　氏名などの下に添えて敬意を表す語
□❷ 時候のアイサツを添えた手紙。
□❸ 意外とテレショウな父。　ささいなことでもてれるせいかく
□❹ タニンギョウギな態度をとる。　よそよそしい様子
□❺ 木綿のシャツを着る。
□❻ 綿でできたハダギ。　はだに直接つけるしたぎ
□❼ 手で着物をヌウ。
□❽ ゾウスイを作って食べる。　ご飯と刻んだ具を味付けしておかゆ状に煮たもの
□❾ お祝いにぼたモチを振る舞う。
□❿ すいかの種をハキダス。
□⓫ 父が大声でシカル。
□⓬ 弟が振り返ってサケブ。
□⓭ ＊米を三合タク。

❶ 殿
❷ 挨拶
❸ 照れ性
❹ 他人行儀
❺ もめん
❻ 肌着
❼ 縫う
❽ 雑炊
❾ 餅
❿ 吐き出す
⓫ 叱(𠮟)る
⓬ 叫ぶ
⓭ 炊く

言葉2　敬語

教 p.117～119

□❶ 先生のお宅へウカガウ。
□❷ ライヒンの方がお話しになる。　式や会に招待された客
□❸ 友達の親切なコウイ。　おこない
□❹ ケンジョウゴを使う。
□❺ ごホウメイをたまわる。　相手の「名前」に敬意を表す語
□❻ オンシャの商品はすばらしい。　相手のかいしゃに敬意を表す語
□❼ グケンを申しあげる。　自分のいけんをへりくだっていう語
□❽ ヘイシャの製品。　自分のかいしゃをへりくだっていう語
□❾ セッチョを進呈する。　自分が書いた本をへりくだっていう語
□❿ ソシナをお送りする。　自分が贈るものをへりくだっていう語
□⓫ お風《ふ》ロに入る。
□⓬ 江戸時代のハイカイ。　はいく・連歌の総称
□⓭ ＊高齢者に席をユズル。

❶ 伺う
❷ 来賓
❸ 行為
❹ 謙譲語
❺ 芳名
❻ 御社
❼ 愚見
❽ 弊社
❾ 拙著
❿ 粗品
⓫ 呂
⓬ 俳諧
⓭ 譲る

漢字2　同じ訓・同じ音をもつ漢字

教 p.120～121

□❶ 医者のゴシンを疑う。　あやまったしんだん
□❷ 国民に深くチンシャする。　あやまること

❶ 誤診
❷ 陳謝

＊は、新出漢字の教科書本文外の読み方です。

□③ラクノウの盛んな村。
□④カンガイ深い言葉だ。（心に深くかんじること）
□⑤シンシテキな態度をとる。（品があって礼儀をわきまえている様子）
□⑥市のフクシセイサクに賛同する。
□⑦リンリ委員会が開かれる。（人として守るべき道）
□⑧再起をハカル。（計画する）
□⑨異議の有無を会議にハカル。（他人の意見を聞く）
□⑩合唱団の指揮をトル。（全体をうまくとりしきる）
□⑪お寺のカネが鳴る。
□⑫銅像をイル。（金属を溶かして型に流し込み固めて造る）
□⑬シンスイした船内。（水にひたること）
□⑭敗北のクジュウをなめる。（くるしみやにがい経験）
□⑮クジュウの表情を浮かべる。（くるしくつらいこと）
□⑯他国の内政にカンショウする。（介入すること）
□⑰ヘイコウカンカクが失われる。（重力の方向に対し、体のつり合いを知るかんかく）
□⑱人生を大いにキョウジュする。（十分に味わい楽しむこと）
□⑲打球のキセキを追う。（たどってきたあと）
□⑳＊シモン委員会が開かれる。（専門家などに意見を求めること）
□㉑＊連載のシッピツを依頼する。（文章を書くこと）
□㉒＊環境破壊にケイショウを鳴らす。（けいかいを促すために鳴らすかね）

③酪農　④感慨　⑤紳士的　⑥福祉政策　⑦倫理　⑧図る　⑨諮る　⑩執る　⑪鐘　⑫鋳る　⑬浸水　⑭苦汁　⑮苦渋　⑯干渉　⑰平衡感覚　⑱享受　⑲軌跡　⑳諮問　㉑執筆　㉒警鐘

□㉓＊チャシブのついたコップ。（ちゃわんなどに付くちゃの汚れ）

㉓茶渋

漢字に親しもう3

教p.122

□①旅館で客室にハイゼンする。（食事を出すこと）
□②カイソウを使ったサラダ。
□③ビタミンをセッシュする。（とり入れて自分のものにすること）
□④日本酒をジョウゾウする。（原料を発酵させて酒などをつくること）
□⑤ハチミツをパンにぬる。
□⑥メンルイが好物だ。
□⑦食後にセンチャを飲む習慣。
□⑧塩を瓶にジュウテンする。（すき間につめて満たすこと）
□⑨この絵画はなかなかのカサクだ。（すぐれたさくひん）
□⑩オウトツのある道路。（でこぼこ）
□⑪ボキンを集める。（寄付のおかねをつのること）
□⑫カジョウな包装を断る。（必要以上のこと）
□⑬センザイでよく洗う。
□⑭夕日に紅葉がハエル。（照らされて輝く）
□⑮自分の行いをカエリミル。（はんせいする）
□⑯長編小説をアラワス。（本に書いて世に出す）
□⑰彼を学級委員にオス。（人をその地位にすすめる）
□⑱はさみで布をタツ。（布を衣服にするために切る）

①配膳　②海藻　③摂取　④醸造　⑤蜂蜜　⑥麺類　⑦煎（煎）茶　⑧充塡（填）　⑨佳作　⑩凹凸　⑪募金　⑫過剰　⑬洗剤　⑭映える　⑮省みる　⑯著す　⑰推す　⑱裁つ

□⑲ 甘いものをタツ（やめる）。
□⑳ ＊マラソン大会の参加者をツノル（広く集める）。

⑲ 断つ
⑳ 募る

モアイは語る——地球の未来

教 p.124～131

□① キョダイな石像を作る。
□② 絶海に浮かぶコトウ（一つだけ離れたしま）。
□③ ボウダイ（数や量が非常に多い様子）な数の岩。
□④ ナゾを解明する。
□⑤ 作物をサイバイする。
□⑥ ギョウカイガン（火山ばいが固まってできた大きい石）から削り出す。
□⑦ タイテイ（だいたい）の場合、うまくいく。
□⑧ 木材をウンパンする。
□⑨ タイセキブツ（つみ重なったもの）に含まれる化石。
□⑩ ジョジョ（かまどなどに入れてたく木）に減少する傾向。
□⑪ タキギを燃やす。
□⑫ 責任をホウキ（捨ててかえりみないこと）する。
□⑬ 波によってシンショク（しだいに領域をおかし、そこなうこと）された岩。
□⑭ 部族間のコウソウ（あらそうこと）が起きる。
□⑮ ミスがヒンパツ（たびたび起こること）した試合。
□⑯ 長く続いた文明がホウカイ（くずれてこわれること）する。
□⑰ 資源不足がコウジョウカ（いつも一定している様子）する。

① 巨大
② 孤島
③ 膨大
④ 謎
⑤ 栽培
⑥ 凝灰岩
⑦ 大抵
⑧ 運搬
⑨ 堆積物
⑩ 徐々〈徐徐〉
⑪ 薪
⑫ 放棄
⑬ 侵食
⑭ 抗争
⑮ 頻発
⑯ 崩壊
⑰ 恒常化

＊は、新出漢字の教科書本文外の読み方です。

□⑱ 島の住民がキガ（食べ物がなく、うえること）に苦しむ。
□⑲ シッコク（くろく、つやがあること）の海が広がる。
□⑳ ジゴクのような惨状《さんじょう》。
□㉑ ＊朝顔のつぼみがフクラム。
□㉒ ＊隣国の領土をオカス（不法に立ち入る）。
□㉓ ＊入院中で学校の情報にウエル。

⑱ 飢餓
⑲ 漆黒
⑳ 地獄
㉑ 膨らむ
㉒ 侵す
㉓ 飢える

思考のレッスン2 根拠の吟味

教 p.132～133

□① 考えをギンミ（詳しく調べること）して発表する。
□② 何を知りたいのかハアク（正確に理解すること）する。
□③ 意見がイッチ（二つ以上のものがぴったり同じになること）する。
□④ ＊幼少の頃に思いをイタス（いたらせる）。

① 吟味
② 把握
③ 一致
④ 致す

漢字に親しもう4

教 p.138

□① カマクラジダイについて学ぶ。
□② コフンを見学する。
□③ ジントウ（部隊や軍の最前）に立って進軍する。
□④ カイタク（山や荒れ地をきりひらいて宅地などにすること）して作られた町。
□⑤ シュリョウ（野生の鳥やけものをとること）で生活をする民族。
□⑥ 事件がボッパツ（突然に起こること）する。
□⑦ 争いのコンセキ（何事かがあったあと）を残す。
□⑧ 群れで泳ぐオクビョウ（ちょっとしたことでも怖がること）な魚。

① 鎌倉時代
② 古墳
③ 陣頭
④ 開拓
⑤ 狩猟
⑥ 勃発
⑦ 痕跡
⑧ 臆病

□ ⑨ カイショ《点画を崩さないでかく、標準的な漢字のしょたい》で丁寧に記入する。
□ ⑩ 丘の上のテイタク《大きくて立派な家》に住む。
□ ⑪ ガイコツの標本。
□ ⑫ 要件にガイトウ《条件などにあてはまること》する。
□ ⑬ 彼に人選をイショク《仕事を他の人に頼んで任せること》する。
□ ⑭ ジュバク《人の心の自由を失わせること》から解き放たれる。
□ ⑮ さりげなくシサ《それとなく教え気づかせること》を与える。
□ ⑯ おセイボにハムを贈る。
□ ⑰ 結婚式で着るイショウ。
□ ⑱ 脱出するのは至難のワザだ。
□ ⑲ 真相をバクロ《秘密などをあばくこと》する。
□ ⑳ ＊昔のキズアトが残る。

⑨ 楷書
⑩ 邸宅
⑪ 骸骨
⑫ 該当
⑬ 委嘱
⑭ 呪縛
⑮ 示唆
⑯ 歳暮
⑰ 衣装
⑱ 業
⑲ 暴露
⑳ 傷痕〈傷跡〉

月夜の浜辺

教 p.144～145

□ ① 節約のために不便をシノブ《たえる。がまんする》。
□ ② ＊ニンク《くるしみをたえしのぶこと》の年月を経て成功した。

① 忍ぶ
② 忍苦

扇の的――「平家物語」から

教 p.151～157

□ ① オウギの的に矢を射る。
□ ② ワズカ《少ないこと》な手勢しかいない。
□ ③ トツジョとして敵が現れた。
□ ④ 漁師がフネをこぐ。
□ ⑤ 年の若い女ボウ《にょう》。
□ ⑥ 二十歳くらいの男性。
□ ⑦ 二十の誕生日を祝う。
□ ⑧ 馬のタヅナ《馬具の一つで、てに持って馬をあやつるつな》を引く。
□ ⑨ 波に揺られてタダヨウ。
□ ⑩ 恥ずかしさにオモテ《顔》を伏せる。
□ ⑪ ウラ《入り江》一帯に鳴り響く音。
□ ⑫ 彼女はあの任にタエル《その能力がある》人だ。
□ ⑬ 彼は多くのイツワ《その人についての興味深いはなし》を残した。
□ ⑭ ハチジュウヨキ《八十数人の馬に乗った人》の源氏の軍。
□ ⑮ 他人の失敗をチョウショウ《あざわらうこと》する。
□ ⑯ ＊試合はキンサ《わずかなさ》で負けた。
□ ⑰ ＊人の個性をアザケル《小ばかにして笑う》。

① 扇
② 僅(僅)か
③ 突如
④ 舟〈船〉
⑤ 房
⑥ はたち
⑦ はたち
⑧ 手綱
⑨ 漂う
⑩ 面
⑪ 浦
⑫ 堪える
⑬ 逸話
⑭ 八十余騎
⑮ 嘲(嘲)笑
⑯ 僅(僅)差
⑰ 嘲(嘲)る

仁和寺《にんなじ》にある法師――「徒然草《つれづれぐさ》」から

教 p.158～161

□ ① 人間についての考察がスルドイ。
□ ② 聞きしにマサル《よりすぐれている》すばらしさ。
□ ③ ＊エイカク《ちょっかくより小さなかく》なカーブの続く山道。

① 鋭い
② 勝る
③ 鋭角

漢詩の風景

教 p.162～168

□ ① アカツキ《夜明け》の空を見上げる。
□ ② ネドコの中から抜け出せない。

① 暁
② 寝床

□❸ ゾクジンの世界に生きる。（世間一般の人）
□❹ ヘイボンな毎日を送る。
□❺ 暗いフンイキの部屋。
□❻ 最後をシメククル。
□❼ 花びらが庭一面にチリシク。（ちってあたり一面にしきつめたようになる）
□❽ 今年もマタ春が過ぎた。
□❾ 悲しみにシズム声。
□❿ 黄鶴《こうかく》ロウを見上げる。（高い建物）
□⓫ ロウニンの身の上の二人。（職を失った者）
□⓬ キュウレキの八月。
□⓭ ＊犯罪のオンショウとなる。（ある物事や考えが生まれやすい環境）
□⓮ ＊地盤《じばん》がチンカする。（しずんでさがること）

❸ 俗人
❹ 平凡
❺ 雰囲気
❻ 締めくくる
❼ 散り敷く
❽ 又
❾ 沈む
❿ 楼
⓫ 浪人
⓬ 旧暦
⓭ 温床
⓮ 沈下

君は「最後の晩餐《ばんさん》」を知っているか　教 p.170～183

□❶ カイボウガクを研究する。（生物の体の構造や状態について研究するがくもん）
□❷ リクツでは説明できないこと。（筋道のとおったろんり）
□❸ 作品からショウゲキを受ける。（ショック）
□❹ シバイの幕があがる。
□❺ 池にスイモンが広がる。（みずの表面にできる模様）
□❻ キリストのデシたち。（師について教えを受ける人）
□❼ 磔《たっ》ケイに処される。

❶ 解剖学
❷ 理屈
❸ 衝撃
❹ 芝居
❺ 水紋
❻ 弟子
❼ 刑

＊は、新出漢字の教科書本文外の読み方です。

□❽ 美しいヨウボウをもつ人。（顔かたち）
□❾ セマイ廊下を歩く。
□❿ 学問をキワメル。（深く掘り下げて、本質などをつかむ）
□⓫ 壁の色がハゲオチル。
□⓬ 鮮やかなシキサイの絵画。（いろあい）
□⓭ 事件はスデニ解決している。
□⓮ 人物のリンカクを描く。（物の外形を示す線）
□⓯ 絵のうまさにカンタンする。（かんしんしてほめたたえること）
□⓰ ＊キセイの考えにとらわれない。（すでになりたっていること）
□⓱ ＊彼の死をナゲク。（ひどく残念がる）

❽ 容貌
❾ 狭い
❿ 究める
⓫ 剥（剝）げ落ちる
⓬ 色彩
⓭ 既に
⓮ 輪郭
⓯ 感嘆
⓰ 既成
⓱ 嘆く

漢字に親しもう5　教 p.186

□❶ 夏休みにドウクツ探検をする。（ほらあな）
□❷ さんごショウの保全の取り組み。（海面に見え隠れする岩）
□❸ シンジュを作る貝。
□❹ メイオウセイが発見された年。
□❺ 空気の約八割がチッソだ。（色・におい・味のない気体）
□❻ 灯台が建つミサキ。
□❼ キュウリョウから眺める景色。（起伏のゆるやかな低い山）
□❽ 先生のツルの一声で決定した。（ツルの一声＝他の人を従わせるような有力者の一言）
□❾ 彼が試合に出ればオニに金棒だ。（オニに金棒＝強いものがさらに強くなること）

❶ 洞窟
❷ 礁
❸ 真珠
❹ 冥王星
❺ 窒素
❻ 岬
❼ 丘陵
❽ 鶴
❾ 鬼

- □⑩ 弟に何を言ってもヤナギに風だ。（ヤナギに風＝さからうことなく巧妙にあしらうこと）　⑩柳
- □⑪ シツジュンな気候の土地。（水分が多くうるおうこと）　⑪湿潤
- □⑫ ホルモンがブンピツされる。（細胞が生産物を外に出す現象）　⑫分泌
- □⑬ ハンヨウ性の高い技術。（広くもちいられること）　⑬汎用
- □⑭ ヒヨクな地で農業を営む。（土地がこえていて作物がよくできること）　⑭肥沃
- □⑮ かわいいチノミゴ。（にゅうじ）　⑮乳飲み子
- □⑯ オオアザの付く住所。（町や村の中の一区画）　⑯大字
- □⑰ ユエあって、家業を継ぐ。（理由）　⑰故
- □⑱ 祖母のオモカゲを残す。（心にうかぶ顔や姿）　⑱面影
- □⑲ ＊木のホラに住む動物。（中がくうどうの穴）　⑲洞
- □⑳ ＊川リュウをたしなむ。（季語などの制約がない十七字の短詩）　⑳柳

研究の現場にようこそ　教p.188～190

- □① ゼツメツした動物の研究。（ほろびてなくなること）　①絶滅
- □② イルカはホニュウルイだ。（せきつい動物の一つ）　②哺乳類
- □③ ゴウカなメンバーがそろう。　③豪華
- □④ 困難な作業をトモナウ。　④伴う
- □⑤ バイオリンのゲンが切れる。（楽器に張りわたす糸）　⑤弦
- □⑥ 一人でアクセンクトウする。（困難な状況下で、くるしみながら努力すること）　⑥悪戦苦闘
- □⑦ ＊種がホロビルのを阻止する。　⑦滅びる
- □⑧ ＊保護者がドウハンする。（いっしょに行くこと）　⑧同伴

走れメロス　教p.196～213

- □① ジャチボウギャクの王。（悪知恵を働かせて、人を苦しめること）　①邪知暴虐
- □② ハナムコを迎える。　②花婿
- □③ 美しいハナヨメ。　③花嫁
- □④ シュクエンを開く。　④祝宴
- □⑤ 王にケンシンが仕える。（かしこく有能な家来）　⑤賢臣
- □⑥ ヒトジチを差し出す。　⑥人質
- □⑦ 巡回中のケイリ。（けいさつかん）　⑦警吏
- □⑧ ミケンにしわが寄る。（まゆとまゆのあいだ）　⑧眉間
- □⑨ タミに忠誠を誓わせる。　⑨民
- □⑩ 恩にムクイル。（受けたことに応える）　⑩報いる
- □⑪ イノチゴイをする。（殺さないでくれと頼むこと）　⑪命乞い
- □⑫ 宿屋のテイシュ。　⑫亭主
- □⑬ 昨夜はイッスイもしていない。　⑬一睡
- □⑭ 村にトウチャクした時間。　⑭到着
- □⑮ サイダンを飾り付ける。（神事や仏事を行うために設けただん）　⑮祭壇
- □⑯ 正月用の晴れ着をトトノエル。　⑯調える
- □⑰ 依頼をショウダクする。（要望などを受け入れること）　⑰承諾
- □⑱ シンロウシンプの宣誓。　⑱新郎新婦
- □⑲ 狭くてムシアツイ家。　⑲蒸し暑い

□⑳ ショウガイ《いっしょうの間》を共に暮らす。
□㉑ 歓喜にヨウ。
□㉒ コブシを握る。
□㉓ うれしいことが降ってワク。
□㉔ 河川《かせん》がハンラン《川などの水があふれ出ること》する。
□㉕ 強風で海がアレクルウ。
□㉖ 真実の愛とマコト。
□㉗ 峠でサンゾク《やまの中にひそむとうぞく》にあう。
□㉘ 相手がひるむスキに逃げる。
□㉙ 試合に負けた瞬間、天をアオグ《上を向く》。
□㉚ 全身の力がナエル《おとろえて弱る》。
□㉛ イモムシのようにゆっくり進む。
□㉜ ロボウ《道のほとり》の草原に寝転ぶ。
□㉝ シンク《濃い赤》の薔薇《ばら》が咲く。
□㉞ 友達をアザムク《うそをついてだます》。
□㉟ 王のヒレツ《ずるくて、いやしいこと》な行い。
□㊱ ミニクイ争いは避ける。
□㊲ シシ《両足と両手》を伸ばして深呼吸する。
□㊳ ボールをケトバス。
□㊴ あやしいフウテイ《身なり》の男。

⑳ 生涯
㉑ 酔う
㉒ 拳
㉓ 湧く
㉔ 氾濫
㉕ 荒れ狂う
㉖ 誠
㉗ 山賊
㉘ 隙
㉙ 仰ぐ
㉚ 萎える
㉛ 芋虫
㉜ 路傍
㉝ 真紅〈深紅〉
㉞ 欺く
㉟ 卑劣
㊱ 醜い
㊲ 四肢
㊳ 蹴飛ばす
㊴ 風体

＊は、新出漢字の教科書本文外の読み方です。

□㊵ 被写体がゼンラタイの写真。
□㊶ 自分の不運をウラム《残念に思う》。
□㊷ 親友とホウヨウ《だきかかえること》する。
□㊸ バンザイを三唱する。
□㊹ ＊カシコイ犬に救助される。
□㊺ ＊マユゲを動かす。
□㊻ ＊名人の技にシンスイ《こころを奪われること》する。
□㊼ ＊合格の知らせにキョウキ《とてもよろこぶこと》する。
□㊽ ＊ギョウギョウシイ《大げさだ》態度をとる。

㊵ 全裸体
㊶ 恨む
㊷ 抱擁
㊸ 万歳
㊹ 賢い
㊺ 眉毛
㊻ 心酔
㊼ 狂喜〈驚喜〉
㊽ 仰々〈仰仰〉しい

漢字に親しもう3

教 p.214

□① メンエキリョク《感染症などから自身を守るちから》を高める。
□② 祖父はホチョウキ《耳の遠い人のための、ちょうりょくをおぎなう装置》を使う。
□③ 運動をしてヤセル。
□④ ジュンカンキ《心臓や血管など、血液などを体内にめぐらすきかん》の専門医。
□⑤ 腕の傷がチユ《病気やけがなおること》する。
□⑥ ニョウケンサの結果。
□⑦ ヒフカを受診する。
□⑧ 諦めるのはジキショウソウ《それをするにはまだはやすぎること》だ。
□⑨ 企画をハクシテッカイ《決定したことを全てなかったことにすること》する。
□⑩ ユウモウカカン《いさましくて強く、決断力のあること》に敵に挑む。

① 免疫力
② 補聴器
③ 痩せる
④ 循環器
⑤ 治癒
⑥ 尿検査
⑦ 皮膚科
⑧ 時期尚早
⑨ 白紙撤回
⑩ 勇猛果敢

番号	問題	意味	答え
□⑪	シンボウエンリョの名監督《かんとく》。	先のことまでふかく考え、計画すること	深謀遠慮
□⑫	フキュウの名作とされる映画。	いつまでも価値を失わないこと	不朽
□⑬	早寝早起きをショウレイする。	それを良いこととしてするようにすすめること	奨励
□⑭	病気のショウレイを調べる。	病気などのしょうじょうのれい	症例
□⑮	カセンの水位が上がる。		河川
□⑯	ハタオリの体験をする。		機織り
□⑰	リョカクキが離陸する。		旅客機
□⑱	ショウニカの医師になる。		小児科
□⑲	＊受験勉強にハゲム。		励む

言葉3　話し言葉と書き言葉　教p.220～221

番号	問題	意味	答え
□①	アイマイな書き方をする。	はっきりしないこと	曖昧
□②	新聞社のコウエツ部。	文書の誤りを調べること	校閲

漢字3　送り仮名　教p.222～223

番号	問題	意味	答え
□①	ヒジを曲げる。		肘
□②	川岸にツツミを築く。		堤
□③	コトブキを述べる。	お祝いの言葉	寿
□④	郷土のホマレ。	ほこりとなること	誉れ
□⑤	風カオル五月。	よいかおりがする	薫る
□⑥	巧みに人形をアヤツル人。	道具などをうまく使う	操る
□⑦	いたずら者をコラシメル。	制裁を加えてこりるようにする	懲らしめる

番号	問題	意味	答え
□⑧	命令をツツシンデお受けします。	うやうやしくかしこまる	謹んで
□⑨	ネバリヅヨイ取り組み。	非常に根気がある様子	粘り強い
□⑩	体をキタエナオス。		鍛え直す
□⑪	勉強をナマケル。		怠ける
□⑫	運動神経がニブイ。		鈍い
□⑬	ワラベウタが聞こえてくる。	古くから子供のあいだでうたわれてきたうた	童歌
□⑭	ホガラカな歌声が響く。	明るく楽しげな様子	朗らか
□⑮	スコヤカに成長する。	けんこうで体がじょうぶな様子	健やか
□⑯	ウレイを残した表情。	心配	憂い
□⑰	栄養のカタヨリを心配する。		偏り
□⑱	＊川にテイボウが完成する。	河岸や海岸に沿って築いた土などでできた構造物	堤防
□⑲	＊ネンエキで虫をとらえる植物。	ねばりけのあるえきたい	粘液
□⑳	＊日々のタンレンが肝心だ。	れんしゅうなどを積んで心身をきたえること	鍛錬
□㉑	＊漫画をヘンアイする。	かたよってあいすること	偏愛

木　教p.228～230

番号	問題	意味	答え
□①	暗い空にイナズマが光る。	空中の電気が放電する時の火花	稲妻

形　教p.274～276

番号	問題	意味	答え
□①	大和の国から来たさむらい。	旧国名で、現在の奈良県のあたり	やまと

敦盛《あつもり》の最期《さいご》――「平家物語」から　教p.284～288

番号	問題	意味	答え
□①	敵にひと太刀あびせかける。		たち

枕草《まくらのそう》子《し》

教 p.28～31

歴史的仮名遣い

現代仮名遣いを確認しよう。

やうやう	ようよう
をかし	おかし
おほへる	おおえる

古語の意味

意味を確認しよう。

さらなり	言うまでもない
をかし	趣がある
つとめて	早朝
わろし	好ましくない
うつくし	かわいらしい
ちご	幼児

「をかし」「うつくし」は現代とは違う意味で使われるよ。覚えておこう。

ポイント文

現代語訳を確認しよう。

- はた言ふべきにあらず

訳 これもまた、言いようもない（ほど趣深い）

- いとつきづきし

訳 たいへん似つかわしい

作品

作品について確認しよう。

作者	清少納言《せいしょうなごん》
成立	平安時代

扇の的 ――「平家物語」から

教 p.151～157

歴史的仮名遣い

現代仮名遣いを確認しよう。

をりふし	おりふし
揺りすゑ	ゆりすえ
たまふ	たもう
いふぢやう	いうじょう

古語の意味

意味を確認しよう。

酉《とり》の刻	午後六時頃
情けなし	心ないことだ
口《くち》惜《を》しければ	悔しいので

ポイント文

現代語訳を確認しよう。

- 晴れならずといふことぞなき

訳 まことに晴れがましい情景である

- 小兵《こひやう》といふぢやう

訳 小兵とはいいながら

対句

対になる語句を確認しよう。

- 沖には平家、ふなばたをたたいて感じたり、
陸《くが》には源氏、えびらをたたいてどよめきけり。

仁和寺《にんなじ》にある法師 ——「徒然草《つれづれぐさ》」から

教 p.158〜161

古語の意味　意味を確認しよう。

つれづれなるままに	することがなく退屈《たいくつ》であるのに任せて
日暮らし	一日中
心うく覚えて	残念なことに思われて
かたへの人	仲間
年ごろ	長年の間
ゆかしかりしかど	知りたかったけれど

ポイント文　現代語訳を確認しよう。

● あやしうこそものぐるほしけれ

訳 妙に心騒ぎがすることである

● 先達《せんだち》はあらまほしきことなり

訳 その道の先導者はあってほしいものである

係り結び　助詞と文末の結びつきを確認しよう。

● 尊《たふと》くこそおはしけれ。

● 「……山までは見ず。」とぞ言ひける。

作品　作品について確認しよう。

作者	兼好法師《けんこうほうし》
成立	鎌倉《かまくら》時代

係り結びに使われる助詞には、ほかに「や」「か」「なむ」があるよ。

漢詩の風景

教 p.162〜168

語句の意味　意味を確認しよう。

花は然《も》えんと欲《ほっ》す	花は今にも燃えだしそうだ
故人	古くからの親友
煙花	春がすみ
家書	家族からの手紙

漢文の読み方　返り点と書き下し文を確認しよう。

● 春眠不《ず》レ覚エレ暁ヲ

書き下し文 春眠暁を覚えず

● 故人西ノカタ辞シ二黄《くわう》鶴《かく》楼《ろう》ヲ一

書き下し文 故人西のかた黄鶴楼を辞し

● 渾《す》ベテ欲《ほっ》スレ不《ざ》ラントレ勝《た》ヘレ簪《しん》ニ

書き下し文 渾べて簪に勝へざらんと欲す

作品　作品名について確認しよう。

	作者	形式
春暁《しゅんぎょう》	孟浩然《もうこうねん》	五言《ごごん》絶句
絶句	杜甫《とほ》	五言絶句
黄鶴楼《こうかくろう》にて孟浩然の広陵《こうりょう》に之《ゆ》くを送る	李白《りはく》	七言《しちごん》絶句
春望	杜甫	五言律詩

文法への扉1 単語をどう分ける?

教p.59／p.234〜237

活用する自立語

動詞・形容詞・形容動詞を確認しよう。

動詞	「どうする・どうなる・ある」(動作・変化・存在)を表し、言い切りがウ段の音。 例書く・食べる
形容詞	「どんなだ」(状態・性質)を表し、言い切りが「い」。 例暗い・美しい
形容動詞	「どんなだ」(状態・性質)を表し、言い切りが「だ・です」。 例暖かだ・きれいです

●動詞の種類

自動詞…動作の対象を必要としない。 例(門が)開く。

他動詞…動作の対象を必要とする。 例(門を)開ける。

●補助動詞・補助形容詞

補助動詞…補助の関係の文節のうち、下に付いて、上の語に意味を補う動詞。 例食べている。・走ってみる。

補助形容詞…補助の関係の文節のうち、下に付いて、上の語に意味を補う形容詞 例高くない。・来てほしい。

活用しない自立語

名詞・副詞・連体詞・接続詞・感動詞を確認しよう。

名詞	「が・は・も」などをともなって、主語になれる。(＝体言) 例馬・一本
副詞	主に連用修飾語となり、様子・状態・程度を表す。 例ゆっくり・とても
連体詞	連体修飾語にしかならない。 例あの・小さな
接続詞	接続語になる。 例そして・しかし
感動詞	独立語になる。 例やあ・いいえ

●名詞の種類

普通名詞…例山・会社員・町・喜び

代名詞…例僕・それ・あそこ

固有名詞…例東京・平家物語・令和

数詞…例一つ・二本・三回目

形式名詞…例楽しいことを考えよう。

●副詞の種類

状態の副詞	「どのように」という状態を表す。 例のんびり休む。 わいわい騒ぐ。
程度の副詞	「どのくらい」という程度を表す。 例かなり遅い。 ずっと前。
呼応の副詞	下に決まった言い方がくる。 例もし雨なら……。 決して負けない。

文法への扉2 走る。走らない。走ろうよ。

教p.187／p.238～243

動詞の活用

活用形と活用の種類を確認しよう。

活用の種類	基本形	語幹	未然形	連用形	終止形	連体形	仮定形	命令形
五段活用	話す	はな	—さ・—そ	—し	—す	—す	—せ	—せ
上一段活用	起きる	お	—き	—き	—きる	—きる	—きれ	—きろ
下一段活用	閉める	し	—め	—め	—める	—める	—めれ	—めろ
カ行変格活用	来る	○	こ	き	くる	くる	くれ	こい
サ行変格活用	する	○	し・せ・さ	し	する	する	すれ	しろ
主な続き方			—ない —う／よう	—ます —た —て	—。	—とき —ので	—ば	—。

●活用形

未然形…歩か-ない／歩こ-う

連用形…歩き-ます／歩い-た／歩い-て

終止形…歩く。

連体形…歩く-とき／歩く-ので

仮定形…歩け-ば

命令形…歩け。

未然形、連用形は種類が多いよ。見分けられるようにしよう。

●活用の種類（「ない」を付けて見分ける。）

五段活用 …「ア段」＋ない 例 聞く→聞かない

上一段活用 …「イ段」＋ない 例 過ぎる→過ぎない

下一段活用 …「エ段」＋ない 例 受ける→受けない

カ行変格活用…「来る」のみ

サ行変格活用…「する」「○○する」のみ

形容詞の活用

活用形を確認しよう。（命令形はない。）

基本形	語幹	未然形	連用形	終止形	連体形	仮定形	命令形
暑い	あつ	—かろ	—かっ —く	—い	—い	—けれ	○
主な続き方		—う	—た —ない —なる	—。	—とき —ので	—ば	—。

●活用形

未然形…早かろ-う

連用形…早かっ-た／早く-ない

終止形…早い。

連体形…早い-とき／早い-ので

仮定形…早けれ-ば

形容動詞の活用

活用形を確認しよう。（命令形はない。）

基本形	語幹	未然形	連用形	終止形	連体形	仮定形	命令形
静かだ	しずか	—だろ	—だっ —で・—に	—だ	—な	—なら	○
静かです	しずか	—でしょ	—でし	—です	（—です）	○	○
主な続き方		—う	—た —ない —なる	—。	—とき —ので	—ば	—。

●活用形

未然形…元気だろ-う

連用形…元気だっ-た／元気で-ない／元気に-なる

終止形…元気だ。

連体形…元気な-とき／元気な-ので

仮定形…元気なら-ば

文法への扉3　一字違いで大違い

教 p.215／p.244～250

助動詞　助動詞の働きを確認しよう。

れる・られる	受け身	例 先生にほめられる。
	可能	例 誰でも答えられる。
	尊敬	例 先生が説明される。
	自発	例 故人がしのばれる。
せる・させる	使役	例 妹に雨具を持たせる。
たい・たがる	希望	例 音楽が聞きたい。
ない・ぬ(ん)	否定(打ち消し)	例 友達が来ない。
う・よう	推量	例 重さ百キロはあろう。
	意志	例 もう少し食べよう。
	勧誘	例 一緒《いっしょ》に行こう。
た	過去	例 先週、テニスをした。
	完了	例 葉が全て落ちた。
	存続	例 庭に咲いたコスモス。
	想起	例 これは君の絵だったね。
ます	丁寧	例 明日連絡します。
らしい	推定	例 延期になるらしい。
ようだ・ようです	推定	例 議題が決まったようだ。
	比喩	例 まるで映画のようだ。
そうだ・そうです	推定・様態	例 もう終わりそうだ。
	伝聞	例 弟も参加するそうだ。
まい	否定の意志	例 これ以上は語るまい。
	否定の推量	例 気温は上がるまい。
だ・です	断定	例 兄は大学生だ。

助詞　助詞の働きを確認しよう。

格助詞…主に体言に付き、下の語句との関係を示す。

が	主語を作る	例 兄が笑う。
で	連用修飾語を作る	例 湯で薄める。
の	連体修飾語を作る	例 先生のかばん。
	後の動作や状態の主語を表す	例 母の読んだ本。
	体言の代用	例 これは私のだ。
と	並立の関係を作る	例 水と油。

副助詞…いろいろな語句に付き、意味を付け加える。

は	取り立てる	例 サッカーは見ない。
も	他に同類がある	例 英語も話せる。
こそ	強調	例 明日こそ早起きする。
だけ	限定	例 姉だけに話した。

接続助詞…主に活用する語句に付き、前後をつなぐ。

から	理由	例 寒いから上着を着る。
が	逆接	例 探したが見つからない。
ながら	同時	例 歌いながら歩いた。
て(で)	原因・理由	例 浮かれて失敗する。

終助詞…文や文節の終わりに付き、気持ちや態度を示す。

か	疑問	例 どうしたらよいのか。
なあ	感動	例 大きな建物だなあ。
ぞ	強調	例 絶対に勝つぞ。

意味は？

☆☆☆

温故知新

〈おんこちしん〉

12 故…古い事柄《ことがら》。　×古

意味は？

☆☆

臥薪嘗胆

〈がしんしょうたん〉

13 薪…たきぎ。

意味は？

☆☆☆

画竜点睛

〈がりょうてんせい〉

14 睛…瞳《ひとみ》のこと。

意味は？

☆☆☆

玉石混交

〈ぎょくせきこんこう〉

15 玉…宝石。よいもののたとえ。

意味は？

☆☆

捲土重来

〈けんどちょうらい〉

（じゅう）

16 重…再び。

意味は？

☆☆☆

呉越同舟

〈ごえつどうしゅう〉

17 呉・越…昔の中国にあった国。

意味は？

☆☆☆

五里霧中

〈ごりむちゅう〉

18 霧…きり。　×夢

意味は？

☆☆☆

四面楚歌

〈しめんそか〉

19 楚…昔の中国にあった国の名。

意味は？

☆☆☆

切磋琢磨

〈せっさたくま〉

20 磋…磨《みが》く。

意味は？

☆☆☆

大器晩成

〈たいきばんせい〉

21 晩…時期が遅《おそ》い。

意味は？

☆☆☆

朝三暮四

〈ちょうさんぼし〉

22 暮…暮れ。夕方。

意味は？

☆☆☆

竜頭蛇尾

〈りゅうとうだび〉

23 尾…尻尾《しっぽ》。

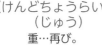

意味 **成功をするために，困難や苦労に耐《た》えること。**

ポイント
ある人は薪《たきぎ》の上に寝《ね》て，ある人は苦い胆《きも》をなめることで受けた苦難を忘れず，やがて成功したという故事から。

意味 **昔の事柄《ことがら》を学ぶことで，新しい知識や考えを得ること。**

ポイント
中国の思想家孔子《こうし》の言葉をまとめた『論語』に記された言葉，「故《ふる》きを温めて新しきを知れば，もって師たるべし。」からできた。

意味 **優《すぐ》れたものと劣《おと》ったものとが混じり合っていること。**

ポイント
ある人が，本物とにせものを取り違《ちが》え，玉と石をいっしょくたにする，と言ったことから。

意味 **物事を完成させるための，最後の大事な仕上げ。**

ポイント
「点睛《てんせい》」は瞳《ひとみ》を入れる，という意味。絵に描《えが》いた竜《りゅう》に瞳を入れると空に昇《のぼ》っていった，という故事から。

意味 **敵と味方が同じ場所にいたり，協力し合ったりすること。**

ポイント
呉《ご》と越《えつ》は仲が悪く，争いが絶えなかったが，同じ舟《ふね》の上で暴風に遭《あ》ったら助け合うだろうと孫子《そんし》が語った故事から。

意味 **一度敗れた者が，再び勢いを盛り返すこと。**

ポイント
戦いに敗れた者に対して，「砂ぼこりをまき上げるような勢いで再起すればよかったのに」と歌った杜牧《とぼく》の詩からできた言葉。

意味 **周りを敵に囲まれて孤立《こりつ》すること。**

ポイント
楚《そ》の項羽《こうう》が，漢軍に四方を囲まれた。漢軍が楚の歌を歌うのを聴《き》いた項羽は，楚が漢に占《せん》領《りょう》されたと嘆《なげ》いた故事から。

意味 **どうしたらよいか見当がつかないこと。**

ポイント
後漢《ごかん》の張楷《ちょうかい》が五里(約20キロメートル)四方に霧《きり》を起こして姿をくらませる術をもっていた，という故事から。

意味 **優《すぐ》れた人物は，立派になるまで時間がかかること。**

ポイント
鐘《かね》や王室の宝である鼎《かなえ》などの大きな器《うつわ》は簡単には完成せず，長い年月をかけて作られることから。

意味 **仲間どうしが励《はげ》まし合い競い合って，向上すること。**

ポイント
骨や象牙《ぞうげ》を切って磨《みが》いたり，玉や石を打ちたたいて磨いたりすることから。

意味 **初めは盛《さか》んだが，終わりは勢いがなくなってしまうこと。**

ポイント
頭は竜《りゅう》のように大きく立派なのに，尾《お》は蛇《へび》のように細い様子から。

意味 **目先の違《ちが》いにとらわれて，結果が同じであることに気づかないこと。**

ポイント
ある朝，猿《さる》に「木の実を朝三つ，夕方四つやる」と言うと怒《おこ》ったので「朝四つ，夕方三つ」と言ったら喜んだことから。

意味は？

☆☆☆

悪戦苦闘

〈あくせんくとう〉

24 悪…不利。

意味は？

☆☆☆

異口同音

〈いくどうおん〉

25 口…くち。 ×句

意味は？

☆☆☆

以心伝心

〈いしんでんしん〉

26 以…～をもって。 ×意

意味は？

☆☆☆

意味深長

〈いみしんちょう〉

27 深…ふかい。 ×慎

意味は？

☆☆

花鳥風月

〈かちょうふうげつ〉

28

意味は？

☆☆☆

完全無欠

〈かんぜんむけつ〉

29 無…ない。

意味は？

☆☆☆

危機一髪

〈ききいっぱつ〉

30 髪…わずかな差のたとえ。

意味は？

☆☆☆

起承転結

〈きしょうてんけつ〉

31 承…受ける。

意味は？

☆☆☆

喜怒哀楽

〈きどあいらく〉

32 哀…かなしむ。

意味は？

☆☆☆

空前絶後

〈くうぜんぜつご〉

33 空…何もない。

意味は？

☆☆

公明正大

〈こうめいせいだい〉

34 大…堂々としていること。

意味は？

☆☆☆

言語道断

〈ごんごどうだん〉

35 道…言うこと。

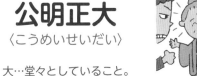

意味 **皆《みな》が同じことを言うこと。**

ポイント

「異句同音」は誤り。「異口」はたくさんの「くち」。異なる多くの口で，同じことを言う（同音），という意味。

意味 **言葉や動作などの裏に，非常に深い意味が含《ふく》まれていること。**

ポイント

「意味深長」を「意味慎重」と書き間違《まちが》えないように。「深長」は「深い含みがある」という意味。

意味 **全く欠点がないこと。**

ポイント

「完全」と「無欠」はどちらも「欠けたところがないこと」。意味が似ている二字熟語を組み合わせた構成。

意味 **文章や物事を組み立てる順序。**

ポイント

もとは漢詩の構成を表す語で，「起」で始め，「承」でそれを受け，「転」で内容を転じ，「結」で結ぶ形式を表した。

意味 **過去・未来にわたって例のないこと。**

ポイント

「空前」（今までに例がないこと）⟷「絶後」（今後二度と起こらないこと）という，意味が対《つい》になる二字熟語を組み合わせた構成。

意味 **もってのほか。言葉も出ないくらいひどいこと。**

ポイント

仏教の奥深《おくぶか》い真理は，なかなか言葉では言い表せないことから。

意味 **苦しみながら闘《たたか》い，努力すること。**

ポイント

「悪戦」と「苦闘《くとう》」は，「苦しみながら闘うこと」。意味が似ている二字熟語を組み合わせた構成。

意味 **黙《だま》っていても，気持ちが相手に通じること。**

ポイント

言葉や文字では伝えにくい仏教の教えを，師から弟子《でし》の心へと伝えたことからできた言葉。

意味 **自然の美しい風物のこと。**

ポイント

「花」「鳥」「風」「月」の字が対等に並ぶ構成。自然の美しい風物をたしなむ風流な心，という意味もある。

意味 **危険な状態がすぐそばまで迫《せま》っている様子。**

ポイント

「危機一髪《いっぱつ》」を「危機一発」と間違《まちが》えないように。髪《かみ》の毛一本くらいのとても近くに危険が迫っている，という意味。

意味 **人間のさまざまな感情。または感情の変化。**

ポイント

喜び・怒《いか》り・哀《かな》しみ・楽しみなど，人のいろいろな感情を表す。四つの字が対等に並ぶ構成。

意味 **公平で隠《かく》し立てをせず，正しいこと。**

ポイント

似た四字熟語に「公平無私」がある。「公平で私情を挟《はさ》まない」という意味。

意味は？

☆☆☆

時期尚早

〈じきしょうそう〉

36 尚…まだ。

意味は？

☆☆☆

自業自得

〈じごうじとく〉

37 業…自分に報《むく》いをもたらす行い。

意味は？

☆☆☆

針小棒大

〈しんしょうぼうだい〉

38 針…小さなもののたとえ。

意味は？

☆☆

晴耕雨読

〈せいこううどく〉

39 読…本を読む。

意味は？

☆☆☆

絶体絶命

〈ぜったいぜつめい〉

40 体…からだ。　×対

意味は？

☆☆

泰然自若

〈たいぜんじじゃく〉

41 泰…落ち着いている。

意味は？

☆☆☆

単刀直入

〈たんとうちょくにゅう〉

42 単…ただ一つ。　×短

意味は？

☆☆☆

東奔西走

〈とうほんせいそう〉

43 奔…勢いよく走る。

意味は？

☆☆

内憂外患

〈ないゆうがいかん〉

44 憂…心配する。　×優

意味は？

☆☆☆

付和雷同

〈ふわらいどう〉

45 付…つく。

意味は？

☆☆☆

無我夢中

〈むがむちゅう〉

46 夢…ゆめのようなもの。

意味は？

☆☆☆

有名無実

〈ゆうめいむじつ〉

47 実…中身。

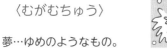

意味 **自分が悪いことを行った報《むく》いを，自分で受けること。**

ポイント

もともとは仏教に関する言葉で，自分の善悪の行為《こうい》によって起こる苦楽の結果を，自らが引き受けることを意味した。

意味 **世の中のことにしばられないで，自由きままに暮らすこと。**

ポイント

「晴耕」(晴れた日に田畑を耕す) ⟷「雨読」(雨の日に家で本を読む)で，意味が対《つい》になる二字熟語を組み合わせた構成。

意味 **落ち着いて物事に動じない様子。**

ポイント

「泰然《たいぜん》」と「自若《じじゃく》」はどちらも落ち着いて動じない様子を表す。似た四字熟語に「沈着《ちんちゃく》冷静・冷静沈着」がある。

意味 **目的を達成するために，あちこち駆《か》け回ること。**

ポイント

「奔《ほん》」「走」は，どちらも走るという意味。「東」へ「西」へとあちこち走り回る様子を表す。

意味 **自分で考えず，人の意見に従うこと。**

ポイント

「付和雷同《らいどう》」を「不和雷同」と間違《まちが》えない。「付和」は他人の意見に同調することを意味する。なお，「雷同」は，共鳴するという意味。

意味 **名ばかりで実質が伴《ともな》わないこと。**

ポイント

「有名」(名は有る) ⟷「無実」(中身は無い) で，意味が対《つい》になる二字熟語を組み合わせた構成。

意味 **事をするには，時期がまだ早すぎること。**

ポイント

「時期」が「尚早《しょうそう》」(まだ早い) のように，上の二字が主語，下の二字が述語の構成になっている。

意味 **小さなことを大げさに言うこと。**

ポイント

「針ほど小さい」ものを「棒ほど大きい」もののように語ることからできた。「針小」⟷「棒大」が対《つい》になっている。

意味 **追い詰《つ》められて，どうにもならない状態。**

ポイント

「絶体絶命」を「絶対絶命」と書かないように注意。「体」や「命」が「絶える」ほど厳しい状態にあることを表す。

意味 **ずばりと重要な点を突《つ》くこと。**

ポイント

「単刀直入」を「短刀直入」と書かないように。一本の刀(単刀)を持ち，一人で敵に切り込《こ》むことからできた語。

意味 **国内の心配事と，海外から受ける心配事。**

ポイント

「憂《ゆう》」「患《かん》」は，どちらも「心配する」という意味。

意味 **あることに心を奪《うば》われて，我を忘れること。**

ポイント

「無我《むが》夢中」を「無我無中」と書き間違《まちが》えないように。無心になって(無我)，我を忘れる(夢中)という意味。

光村図書版

もくじ 国語2年

【図版提供】光村図書出版　【写真提供】アフロ，ピクスタ　【イラスト】artbox

確認のワーク ステージ1 見えないだけ

学習のねらい
●朗読しながら、表現技法の効果を理解しよう。
●言葉が表すものを想像し、詩に込められた作者の思いを捉えよう。

解答 1ページ ｜ 予想問題 138ページ

教科書の要点

1 詩の種類 この詩に合うほうに○を付けなさい。 教 見返し

この詩は、用語で分類すると、現代の話し言葉で書かれているので〔ア 文語詩 イ 口語詩〕であり、形式で分類すると、各行の音数に決まりがなく、自由に書かれているので〔ア 定型詩 イ 自由詩〕である。

2 表現技法 （ ）に教科書の言葉を書き入れなさい。 教 見返し

●対句…言葉を形や意味が対応するように並べる。
・空の上には ↔ ／もっと青い空が浮かんでいる
・（① ）には ↔ ／もっと大きな海が（② ）

●体言止め…文末や句末を体言（名詞）で結ぶ。
・ことばがはぐくんでいる（③ ）
・待ちかねている（④ ）

3 構成のまとめ （ ）に教科書の言葉を書き入れなさい。 教 見返し

まとまり	内容
第一連 今は見えないすばらしいもの	▼今見えているものの向こうには、もっとすばらしいものがある。 **今は見えないすばらしいもの** ・「もっと（① ）」 ・「もっと大きな海」 …世界の広がり ・「優《やさ》しい世界」 ・「美しい季節」 ・「新しい（② ）」 …日常生活での優しく美しく新しい出会い
第二連 未来への思い	▼未来に確かに在るものが まだ （③ ）だけ。 ↓これからきっとすばらしいものに出会うことができる。

おさえよう

主題 今は〔ア 見えている イ 見えない〕が、自分との出会いを待っている世界や人がある。すばらしい〔ア 未来 イ 自然〕があることを信じて、積極的に生きていこう。

★ 基本問題

次の詩を読んで、問題に答えなさい。

教 見返し

見えないだけ

牟礼《むれ》 慶子《けいこ》

空の上には
①もっと青い空が浮かんでいる
波の底には
②もっと大きな海が眠《ねむ》っている
胸の奥で
ことばがはぐくんでいる優《やさ》しい世界
次の垣根《かきね》で
③蕾《つぼみ》をさし出している美しい季節
少し遠くで
待ちかねている新しい友だち
あんなに④確かに在るものが
⑤まだここからは見えないだけ

（＊1～12は行の番号です。）

1 ①もっと青い空　②もっと大きな海　は、どのようなものだといえますか。次から一つ選び、記号で答えなさい。

ア　新しい自然の法則。　イ　ありのままの現実。
ウ　美しい想像の世界。　エ　未知の世界の広がり。
（　　）

2 5・6行目の「胸の奥で／ことばがはぐくんでいる優しい世界」と対句になっているのは、どの行ですか。行の番号で答えなさい。

□・□行目と□・□行目

3 よく出る ③蕾をさし出している美しい季節　で用いられている表現技法を次から二つ選び、記号で答えなさい。

ア　直喩　イ　倒置　ウ　体言止め
エ　反復　オ　擬人法
（　　）（　　）

4 よく出る ④確かに在るもの　として、どのようなものが挙げられていますか。次から五つ選び、記号で答えなさい。

ア　空の上　イ　もっと青い空　ウ　優しい世界
エ　少し遠く　オ　もっと大きな海　カ　新しい友だち
キ　胸の奥　ク　美しい季節　ケ　次の垣根
（　　）（　　）（　　）（　　）（　　）

5 記述 ⑤まだここからは見えないだけ　から、どのような考えが読み取れますか。（　）に当てはまる言葉を考えて書きなさい。

「確かに在るもの」は、今はまだ見えないだけであり、きっと（　　　　）という考え。

攻略！ 「まだ……だけ」という表現に込められた思いを考えよう。

6 この詩で、作者の最も伝えたいことがわかる連続する二行を抜き出しなさい。

（　　　　）

知識の泉 Q 「日照」を「人造→人が造る」のように分解すると？

確認のワーク ステージ1　アイスプラネット

解答 1ページ ｜ スピードチェック 2ページ ｜ 予想問題 139ページ

学習のねらい
- 登場人物の心情や考え方を表現している語句に着目しよう。
- 登場人物の設定を捉え、人物どうしの関係や考え方を読み取ろう。

漢字と言葉

1 漢字の読み　読み仮名《がな》を横に書きなさい。

＊は新出漢字　▼は新出音訓・◎は熟字訓

❶＊赴任　❷＊唯一　❸幼＊稚　❹＊怪しい
❺＊脚（訓読み）　❻＊雄弁　❼＊寂しい　❽＊突然
❾＊慌てる　❿＊握りしめる　⓫＊貼る　⓬＊詰まる

2 漢字の書き　漢字に直して書きなさい。

❶（ふうとう）を開ける。　❷新人を（かんげい）する。
❸（きょくたん）な意見。　❹東京の（こうがい）に住む。
❺写真を（と）る。　❻彼はほら（ふ）きだ。

3 語句の意味　意味を下から選んで、線で結びなさい。

❶精密・　・ア　曲がりくねって進むこと。
❷蛇行・　・イ　言い訳や言い逃れの言葉。
❸口実・　・ウ　細かい点まで正確な様子。

教科書の要点

1 登場人物の関係　（　）に教科書の言葉を書き入れなさい。　教p.14〜15

父 ＝ 母
弟と姉（母 ― ぐうちゃん）
叔父《おじ》と甥《おい》（ぐうちゃん ― 「僕」）
「僕」＝語り手（悠太《ゆうた》・悠君）
ぐうちゃん

【父】
▼ぐうちゃんのいそうろうを（①　　）しているようである。

【「僕」】
●中学生。
▼ぐうちゃんの話は（②　　）と思うし、ぐうちゃんのことが（③　　）だ。

【母】
▼ぐうちゃんのことをいつも（④　　）が、実は気にかけている。

【ぐうちゃん】
●津田由起夫《つだゆきお》、三十八歳。
●「僕」の家の「（⑤　　）」。
●長いこと「（⑥　　）」していることから、「ぐうちゃん」というあだ名が付いた。

「僕」・母・父の、ぐうちゃんに対する思いを捉えよう。

知識の泉　A　**日照→日が照る。**　前後の漢字が，主語と述語の関係になっている。

2 構成のまとめ

（　）に教科書の言葉を書き入れなさい。教p.14〜22

場面	第一場面	第二場面	第三場面	第四場面	第五場面
	教初め〜p.15・⑭	p.15・⑯〜18・⑰	p.18・⑲〜20・⑦	p.20・⑨〜22・②	p.22・④〜終わり
	ぐうちゃんの紹介	ぐうちゃんのほら話	ぐうちゃんへの不満	ぐうちゃんとの別れ	ぐうちゃんからの手紙
ぐうちゃんの様子	▼「いそうろう」。たまに測量の仕事をするが専門家ではない。 ▼母に怒られても、「でもまあもう少し。」と言う。	▼細い目をめいっぱい見開く。…おもしろい話をするときの癖。 ▼話はいつも怪しい。…アマゾンのナマズやアイスプラネットの話。	▼「証拠の写真を見せろよ」と言う「僕」に、ぐうちゃんは整理したら見せると答える。 ▼「僕」が夏休みの間、いつもより少し長い仕事に出た。	▼「旅費がたまったから、これからまた外国をふらふらしてくるよ。」 ▼「（⑨　）」を卒業。	▼アイスプラネットを見たときの感動をつづった手紙と、話が本当だったことを示す写真を「僕」に送る。 **ぐうちゃんの思い** ◆「『（⑩　）』になって世界に出かけていくとおもしろいぞ。」 ◆楽しいこと、悲しいこと、（⑪　）ことで満ち、誰もが一生懸命に生きている世界を**自分の目で確かめてほしい。** ↑ **やがて大人になり、未来へ羽ばたいていく「僕」へのメッセージ。**
「僕」・母・父の様子や心情	母 ぐうちゃんの落ち着かない仕事のしかたが（①　）ようだ。 僕 母には「ぐうちゃんみたいな大人になってはだめだからね。」と言われるが、「僕」はぐうちゃんが（②　）だ。	僕 その表情が好きだ。 僕「ありえねえ。」でもその怪しさがやっぱり（③　）。 僕 今どきの（④　）をなめているのだ。…ぐうちゃんの話はほら話だ。	僕 むっとした。自分の人生が全面的にからかわれた感じだ。…不満 父 ぐうちゃんのことがなんだか（⑤　）ような気がする。 母 ぐうちゃんが「僕」に悪い影響を与えないか（⑥　）だ。 ↓僕 **ぐうちゃんが責められるのは少し（⑦　）気がする。**	僕 以前聞いた「でもまあもう少し。」の意味に気づく。「（⑧　）行けばいいじゃないか。」…置いていかれる寂しさ。 僕 何て言っていいのかわからないまま、ぐうちゃんと別れる。	

おさえよう

主題 「僕」にとってぐうちゃんは、父とも母とも違う生き方をしている大人で、「僕」はぐうちゃんに（ア 親しみ　イ つまらなさ）を感じていた。ぐうちゃんと少し距離をおいてしまった後に、旅先のぐうちゃんから届いた手紙と写真は、世界のすばらしさを（ア 書物のみ　イ 自分の目）で確かめることの大切さを「僕」に伝えるものだった。

知識の泉 Q □に当てはまる漢字は？　真実を聞き，□の虫が治まらなかった。

実力判定テストA ステージ2

アイスプラネット

30分

自分の得点まで色をぬろう！
100点 80 60 0
/100

解答 2ページ

★ 次の文章を読んで、問題に答えなさい。

教 p.18・⑲〜20・⑦

翌日、学校に行く途中で、同じクラスの吉井《よしい》と今村に会った。初めはどうしようかと思ったけど、馬も飲んでしまうでっかいアナコンダや、三メートルもあるナマズの話はおもしろかったし、氷の惑星の話も、本当だったらきれいだろうなと思ったから、つい吉井や今村にその話をしてしまった。二人は僕の話が終わると①顔を見合わせて、「ありえねえ。」「証拠見せろよ。」と言った。「そんなほら話、小学生でも信じないぞ。」そう言われればそうだ。だから、②部活が終わって大急ぎで家に帰ると、僕は真っ先にぐうちゃんの部屋に行って、「昨日の話、本当なら証拠の写真を見せろよ。」と無愛想に言った。ぐうちゃんは少し考えるしぐさをして、「そうだなあ。」と言って、目をパチパチさせている。

「これまで撮ってきた写真をそろそろちゃんと整理して紙焼きにしないと、と思っているんだ。そうしたらいろいろ見せてあげるよ。」

③むっとした。そんな言い逃れをするぐうちゃんは好きではない。なんかぐうちゃんに僕の人生が全面的にからかわれた感じだ。吉井や今村に話をした分だけ④損をした。いや失敗した。僕までほら吹きになってしまったのだ。

それから夏休みになってすぐ、ぐうちゃんはいつもより少し長い仕事に出た。関東地方の各地の川の測量をするということだった。僕は人生を全面的にからかわれて以来、あまりぐうちゃんの部屋に行かなくなっていたから、気にも留めなかった。

夏休みも終わり近く、いつものように週末に帰ってきた父と母が話しているのが、風呂《ふろ》場にいる僕の耳にも入ってきた。

「僕たちは、都市のビルの中にいるからなかなか気がつかないけど、由起夫《ゆきお》君は若い頃に世界のあちこちへ行っていたから、日本の中にいたら気がつかないことがいっぱい見えているんだろうね。⑤なんだか羨ましいような気がするな。」

母は、珍しくビールでも飲んだらしく、いつもよりもっと強烈に雄弁になっている。

「あなたは何をのんきなことを言っているの。由起夫が、いつまでもああやって気ままな暮らしをしているのを見ていると、悠太《ゆうた》に悪い影響が出ないか心配でしかたがないのよ。例えば極端な話、大人になっても毎日働かなくてもいいんだ、なんて思って勉強の意欲をなくしていったとしたら、どう責任取ってくれるのかしら。」

父が何かを答えているようだったが、はっきりとは聞こえなかった。ただ、僕のことでぐうちゃんが責められるのは少し違う気がする。そう思うと、⑥電気の消えたぐうちゃんの部屋が急に寂しく感じられてきた。

〈椎名《しいな》　誠《まこと》「アイスプラネット」による〉

知識の泉　A　**腹。**「腹の虫が治まらない」＝腹が立って我慢《がまん》ができない様子。

1 ①顔を見合わせて　とありますが、このときの吉井と今村の気持ちを次から一つ選び、記号で答えなさい。（10点）

ア　話の内容が全く信じられなくて、あきれている。
イ　ぐうちゃんから直接聞けなかったことを残念がっている。
ウ　「僕」の話術のすばらしさに、心から感動している。
エ　おもしろかったので、続きを聞きたいと望んでいる。

（　　）

2 記述　②部活が終わって大急ぎで……ぐうちゃんの部屋に行ってから、「僕」のどうしたいという気持ちがわかりますか。（10点）

（　　）

攻略！　ぐうちゃんの部屋に行って何と言ったかに着目しよう。

3 ③むっとした。について答えなさい。

(1) 「僕」が「むっとした」のは、なぜですか。（10点）

ぐうちゃんが（　　）をしていると思ったから。

(2) よく出る　このときの「僕」の気分を詳しく言い換えている言葉を、文章中から二十三字で抜き出しなさい。（10点）

（23マスの解答欄）

4 ④損をした。いや失敗した。と思ったのは、なぜですか。（　　）に当てはまる言葉を、文章中から抜き出しなさい。（10点）

「僕」も、ぐうちゃんと同じ（　　）から。

5 ⑤なんだか羨ましいような気がするな。について答えなさい。

(1) 父がぐうちゃんについて「羨ましいような気がする」と言ったのは、なぜですか。次から一つ選び、記号で答えなさい。（15点）

ア　仕事をせずに、好きなことだけをして暮らしているから。
イ　川の測量の仕事が、やりがいがあっておもしろそうだから。
ウ　話をするのがうまく、いつも子供たちを喜ばせているから。
エ　世界のあちこちへ行って、いろいろなことを見ているから。

（　　）

(2) (1)のように考える父に対し、母はどのような心配をしていますか。文章中の言葉を使って書きなさい。（20点）

（　　）

攻略！　(2)母は「僕」のことを考えている。

6 よく出る　⑥電気の消えたぐうちゃんの部屋が急に寂しく感じられてきた　とありますが、このとき、「僕」はどのような気持ちでしたか。次から一つ選び、記号で答えなさい。（15点）

ア　ほら話を聞かせたと友達に思われたのが悔しくて、ぐうちゃんに帰ってきて責任を取ってほしいと思っている。
イ　「僕」のことで両親が言い争いをするのが悲しくて、ぐうちゃんの勝手な生き方がいけないのだと腹立たしく感じている。
ウ　「僕」のせいで悪く言われるぐうちゃんをかわいそうに思い、ぐうちゃんがいないことに改めて物足りなさを感じている。
エ　「僕」が母親から責められることに納得できず、自由気ままに暮らすぐうちゃんの生き方を羨ましいと思っている。

（　　）

知識の泉　Q「快調」の対義語は？

実力判定テストB　ステージ3

アイスプラネット

次の文章を読んで、問題に答えなさい。

教 p.20・⑫〜22・⑱

30分

自分の得点まで色をぬろう！
100点 80 60 0
/100

解答 2ページ

残暑が厳しい日だった。久しぶりにぐうちゃんのほら話を聞きたいと思った。またからかわれてもいい。暑いから、今度は寒い国の話が聞きたい感じだ。

ところが、ぐうちゃんの話は、でっかい動物のでも、暑い国のでも、寒い国の話でもなかった。

「旅費がたまったから、これからまた外国をふらふらしてくるよ。」

ぐうちゃんは突然そう言った。「でもまあもう少し。」にはこんな意味があったのか。ぐうちゃんはいつもと変わらずに話を続けている。それなのに、ぐうちゃんの声はどんどん遠くなっていく。気がつくと、僕はぶっきらぼうに言っていた。

①「勝手に行けばいいじゃないか。」

ぐうちゃんは、そのときちょっと驚いた表情をした。何かを話しかけようとするぐうちゃんを残して僕は部屋を出た。

それ以来、僕は二度とぐうちゃんの部屋には行かなかった。母は、そんな僕たちに、あきれたり慌てたりしていたけれど、父は何も言わなかった。

十月の初めに、ぐうちゃんは小さな旅支度をして②「いそうろう」を卒業してしまった。

出発の日、僕は、何て言っていいのかわからないまま ぐうちゃんの前に立っていた。ぐうちゃんは僕に近づき、あの表情で笑った。そして、何も言わずに僕の手を握りしめ、力の籠もった強い握手をして、大股で僕の家を出ていった。

③「ほらばっかりだったじゃないか。」

「いそうろう」がいなくなってしまった部屋の前で、僕はそう思った。

ぐうちゃんから外国のちょっとしゃれた封筒で僕に手紙が届いたのは、それから四か月ぐらいたってからだった。珍しい切手がいっぱい貼ってあった。

「あのときの話の続きだ。以前若い頃に、北極まで行ってイヌイットと暮らしていたことがあるんだ。そのとき、④アイスプラネットを見に行こう、と友達になったイヌイットに言われてカヌーで北極海に出た。アイスプラネット。わかるだろう。氷の惑星だ。それが北極海に本当に浮かんでいたんだ。きれいだったよ。厳しい自然に生きている人だけが目にできる、もう一つの宇宙なんだな、と思ったよ。地上十階建てのビルぐらいの高さなんだ。そして、海の中の氷は、もっともっとでっかい。悠《ゆう》君にもいつか見てほしい。若いうちに勉強をたくさんして、いっぱい本を読んで、⑤いっぱいの『不思議アタマ』になって⑥世界に出かけていくとおもしろいぞ。世界は、楽しいこと、悲しいこと、美しいことで満ち満ちている。誰もが一生懸命生きている。それこそありえないほどだ。それを自分の目で確かめてほしいんだ。」

知識の泉　**A　不調。**　打ち消しの意味を表す漢字を付けてできた対義語。

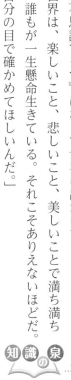

手紙には、ぐうちゃんの力強い文字がぎっしり詰まっていた。
そして、封筒からは写真が二枚出てきた。一枚は人間の倍ぐらいあるでっかいナマズの写真。もう一枚は、北極の海に浮かぶ、見た者を幸せにするという氷の惑星《アイスプラネット》の写真だった。

〈椎名《しいな》 誠《まこと》「アイスプラネット」による〉

1 よく出る ①勝手に行けばいいじゃないか。とありますが、このときの「僕」の気持ちを次から一つ選び、記号で答えなさい。（15点）

ア 楽しみにしていたほら話を聞かせてもらえず、すねる気持ち。
イ 旅立ちを決意したぐうちゃんを、応援しようと思う気持ち。
ウ 突然いなくなることを告げられ、裏切られたような気持ち。
エ ありえないほら話でからかわれるのに、あきあきする気持ち。

（　）

2 記述 ②「いそうろう」を卒業 とは、具体的にはぐうちゃんがどうすることですか。二十字以内で書きなさい。（15点）

3 よく出る ③ほらばっかりだったじゃないか。とありますが、このときの「僕」の様子を次から一つ選び、記号で答えなさい。（10点）

ア ぐうちゃんが気ままな旅に出ることにあきれている様子。
イ ぐうちゃんとの別れの寂しさを素直に表せないでいる様子。
ウ ぐうちゃんがいなくなることにほっとしている様子。
エ ぐうちゃんが無事に旅立てたか心配している様子。

（　）

4 ④アイスプラネット を見たぐうちゃんは、アイスプラネットをどのような存在だと思いましたか。文章中から二十八字で抜き出し、初めと終わりの五字を書きなさい。（10点）

〜

5 レベルUP ⑤いっぱいの『不思議アタマ』とは、どういうことですか。次から一つ選び、記号で答えなさい。（10点）

ア 多くのことに興味をもち、知的好奇心にあふれていること。
イ 他の誰とも違う、独創的なアイデアが次々と浮かぶこと。
ウ どんな質問にも答えられる、広い知識をもっていること。
エ 人生でわからないことが増えて、混乱していること。

（　）

6 ⑥世界 はどのようなところだと、ぐうちゃんは考えていますか。文章中の言葉を使って、二つに分けて書きなさい。10点×2（20点）

7 記述 ぐうちゃんは、手紙を通して、「僕」にどのようなことを伝えたかったのですか。「世界」という言葉を使って書きなさい。（20点）

知識の泉 Q「石橋をたたいて渡る」と意味の近い熟語はどっち？　ア＝丁寧《ていねい》　イ＝慎重《しんちょう》

確認のワーク　ステージ1
枕草子《まくらのそうし》

学習のねらい
- 作者が「をかし」「うつくし」と感じているものを読み取ろう。
- 作者のものの見方や感じ方を捉えよう。

解答　3ページ　スピードチェック　2・16ページ　予想問題　140ページ

漢字

1 漢字の読み　読み仮名《がな》を横に書きなさい。

❶ *蛍（訓読み）　❷ *霜（訓読み）　❸ *踊る　❹ 水*晶

*は新出漢字
▼は新出音訓・◎は熟字訓

2 漢字の書き　漢字に直して書きなさい。

❶（おもむき）がある。　❷ 耳を（かたむ）ける。
❸（むらさき）がかった空。　❹ 熊の（ね）どころ。

教科書の要点

1 作品　（　）に教科書の言葉を書き入れて、「枕草子《まくらのそうし》」についてまとめなさい。　教p.28

作者	①（　）　※一条《いちじょう》天皇の中宮定子《ちゅうぐうていし》に仕えた。
成立	②（　）時代
文章の種類	③（　）
内容	宮仕えで見聞きしたことや、④（　）の感想、⑤（　）などを、独自のするどい⑥（　）と簡潔な文章で表現したもの。

2 歴史的仮名遣い　（　）に現代仮名遣いを書きなさい。

歴史的仮名遣い	現代仮名遣い	例
（語頭以外の）はひふへほ	わいうえお	あはれなり→あ（①）れなり　とらへて→とら（②）て
ゐ・ゑ・を	い・え・お	ゐど→いど　をかし→（③）かし
ぢ・づ	じ・ず	もみぢ→もみじ　しみづ→しみず
（母音が）au・iu・eu	ô・yû・yô	やうやう→（④）（yauyau→yôyô）

3 古典の言葉　作品の中での意味を書きなさい。

現代とは意味の違う言葉
- ① をかし　現 おもしろい　古（　）
- ② あはれなり　現 かわいそうだ　古（　）

現代では使われていない言葉
- ③ やうやう（　）
- ④ さらなり（　）

4 構成のまとめ （　）に教科書の言葉を書き入れなさい。 教 p.28〜29

● 春はあけぼの（第一段）

季節	風情《ふぜい》のある時刻	風情のある風物と筆者の感想
春	（①　　）＝明け方	・山ぎわが少し明るくなって、紫がかった（②　　）が細くたなびいている様子。
夏	（③　　）	・（④　　）の出ている頃。＝さらなり ・月のない闇の夜。 ・（⑤　　）が多く飛びかっている様子。また、一、二匹ほのかに光って飛んでいく様子。＝をかし ・（⑥　　）などが降る様子。＝をかし
秋	（⑦　　）	**夕日が差して山の端《は》に近づいた頃** ・（⑧　　）がねぐらへ飛び急ぐ様子。＝あはれなり ・（⑨　　）などが列を作って飛ぶのが、小さく見える様子。＝をかし **日がしずんだ後** ・（⑩　　）の音や虫の音《ね》。
冬	（⑪　　）＝早朝	・（⑫　　）が降っているとき。 ・霜が真っ白なところ。 ・たいそう寒いときに、火をおこして、炭を持って通っていく様子。　つきづきし ・昼になって火桶《ひおけ》の火が白い（⑬　　）ばかりになる様子。　わろし

● うつくしきもの（第百四十五段） 教 p.30

・（⑭　　）に描いてある幼児の顔。
・（⑮　　）の子が、ねずみの鳴きまねをして呼ぶと、踊るようにやって来る様子。
・幼児が小さい（⑯　　）を愛らしい指でつまんで、大人たち一人一人に見せている様子。
・髪はあまそぎにしている幼女が、目にかかっている髪をかき払わずに、顔を（⑰　　）物などを見ている様子。

● 月のいと明《あ》かきに（第二百十六段） 教 p.30

・月のとても明るい夜に川を渡るとき、牛が歩くにつれて、（⑱　　）などが割れたように水が飛び散る様子。＝をかし

おさえよう

主題 「枕草子」には、清少納言《せいしょうなごん》の感性が光る多様な文章が並んでいる。〔ア 四季　イ 場所〕それぞれにおける最もふさわしい〔ア 天候　イ 時刻〕や風物を簡潔に述べた章段や、〔ア 小さい　イ 珍しい〕ものや幼いものをかわいらしいと感じる気持ちを描いた章段などがある。

知識の泉 Q 慣用句「襟を正す」の意味は？

実力判定テストA ステージ2

枕草子《まくらのそうし》

30分

自分の得点まで色をぬろう!
100点 80 60 0
/100

解答 3ページ

★ 次の古文と現代語訳を読んで、問題に答えなさい。 教 p.28〜29

①春はあけぼの。やうやう白くなりゆく②山ぎは、すこしあかりて、紫だちたる雲のほそくたなびきたる。

夏は夜。③月のころはさらなり、闇もⓐなほ、蛍の多く飛びちがひたる。また、ただ一つ二つなど、ほのかに④うち光りて行くもをかし。雨など降るもをかし。

秋は夕暮れ。夕日のさして⑤山の端《は》いとⓑ近《ちか》うなりたるに、烏《からす》の寝どころへ行くとて、⑥三《み》つ四《よ》つ、二つ三つなど、飛びいそぐさへあはれなり。まいて雁《かり》などのつらねたるが、いと小さく見ゆるはいとをかし。日入り果てて、風の音、虫の音《ね》など、はた言ふべきにあらず。

冬はつとめて。雪の降りたるは言ふべきにもあらず、霜のいと白きも、またさらでもいと寒きに、火などいそぎおこして、炭もて渡るもいと⑦つきづきし。昼になりて、ぬるくゆるびもていけば、火桶《ひをけ》の火も白き灰がちになりて⑧わろし。

（第一段）〈「枕草子《まくらのそうし》」による〉

春は明け方。だんだんと白んでいく山ぎわが、少し明るくなって、紫がかった雲が細くたなびいている（のは風情《ふぜい》がある）。

夏は夜。月の頃は言うまでもないが、闇もやはり、蛍が多く飛びかっている（のがよい）。また、ほんの一、二匹ほのかに光って飛んでいくのも趣がある。雨などが降るのもいい。

秋は夕暮れ。夕日が差して山の端にとても近づいた頃に、烏がねぐらへ行くというので、三、四羽、二、三羽などと飛び急ぐことまでもしみじみとしたものを感じさせる。まして、雁などが列を作っているのが、たいそう小さく見えるのはたいへんおもしろい。日がすっかりしずんでしまって、風の音、虫の音など（がするのも）、これもまた、言いようもない（ほど趣深い）。

冬は早朝。雪が降っているのは、言うまでもない。霜が真っ白なのも、またそうでなくても、たいそう寒いときに、火などを急いでおこして、炭を持って（廊下などを）通っていくのも、たいへん似つかわしい。昼になって、（寒さが）だんだんゆるんでいくと、火桶の火が白い灰ばかりになって、好ましくない。

1 よく出る ⓐなほ ⓑ近う を現代仮名遣《かな》いに直し、全て平仮名で書きなさい。 5点×2（10点）

ⓐ（　　　）

ⓑ（　　　）

2 ①春はあけぼの。とありますが、作者は春の「あけぼの」をどうであると思っていますか。古文中から三字で抜き出しなさい。（10点）

攻略! 「枕草子《まくらのそうし》」は、「○○○の文学」ともいわれている。

3 よく出る ②山ぎは ⑤山の端 は、下の図では、どちらを指す言葉ですか。記号で答えなさい。

完答（10点）

②（　　）　⑤（　　）

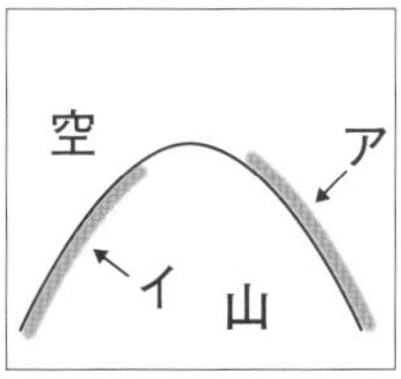

4 春の段の情景の描き方を次から一つ選び、記号で答えなさい。（10点）

ア　幾つもの趣ある風物を、生活者の視点から表現している。
イ　細部から全体に視線を移動させながら、大らかに描いている。
ウ　少しずつ微妙に変化する情景を、色彩《しきさい》豊かに表現している。
エ　特別に見ることができた情景を、細密に描いている。

（　　）

5 ③月のころはさらなり とありますが、「月のころ」と対比されている言葉を、古文中から一字で抜き出しなさい。（5点）

6 ④うち光りて行く ものは、何ですか。古文中から一字で抜き出しなさい。（5点）

7 ⑥三つ四つ、二つ三つ という表現は、鳥のどのような様子を表していますか。次から一つ選び、記号で答えなさい。（10点）

ア　親子が仲良く並んで飛ぶ様子。
イ　一列に連なり整然と飛ぶ様子。
ウ　小さな群れがあちらこちらに飛ぶ様子。
エ　大きな群れにまとまって飛ぶ様子。

（　　）

8 よく出る 秋の段では、季節を捉える作者の感覚が、視覚から聴《ちょう》覚《かく》へと変化しています。聴覚で捉えた部分を古文中から一文で抜き出し、初めの五字を書きなさい。（10点）

9 ⑦つきづきし とありますが、どのような様子が、いつに似つかわしいのですか。現代語で書きなさい。（10点）

攻略！「何をする様子」が「どの季節と時間帯」に似つかわしいのか考えよう。

10 ⑧わろし とありますが、作者はどのような様子を「わろし」と思っているのですか。次から一つ選び、記号で答えなさい。（10点）

ア　雪や霜がないのに、とても寒い朝の様子。
イ　急いで火をおこして、炭を部屋へ運ぶ様子。
ウ　昼になってもまだ寒さが残っている様子。
エ　火桶の火が白い灰ばかりになっている様子。

攻略！どのような状況のほうがいいと思っているのか読み取ろう。

11 この文章の内容を説明したものを次から一つ選び、記号で答えなさい。（10点）

ア　四季を代表する景色を取り上げて、写実的に表現している。
イ　四季折々の趣を、時間帯と季節感のある風物で表している。
ウ　四季それぞれについて、よい面と悪い面の両方を挙げている。
エ　四季にふさわしい風物を挙げ、理由を客観的に説明している。

（　　）

知識の泉　Q「必然」の対義語はどっち？　ア＝偶然　イ＝突然

実力判定テストB ステージ3　枕草子《まくらのそうし》

1 次の文章を読んで、問題に答えなさい。

教 p.30・上①〜上⑨

①うつくしきもの。瓜《うり》にかきたるちごの顔。雀《すずめ》の子の②ねず鳴きするに③をどり来る。④二つ三つばかりなるちごの、いそぎてⓐ這《は》ひ来る道に、いと小さき塵《ちり》のありけるを、目ざとに見つけて、⑤いとをかしげなる指《および》にとらへて、大人ごとに見せたる、いとうつくし。⑥頭《かしら》はあまそぎなるちごの、目に髪のⓑおほへるを、かきはやらで、うちかたぶきて物など見たるも、うつくし。

（第百四十五段）
〈「枕草子《まくらのそうし》」による〉

1 ⓐ這ひ来る　ⓑおほへる　を現代仮名遣《かな》いに直し、全て平仮名で書きなさい。　5点×2（10点）

ⓐ（　　　　）　ⓑ（　　　　）

2 ①うつくしきもの。について答えなさい。

(1) 「うつくしきもの」の意味を書きなさい。　（5点）

（　　　　）

(2) その例として、幾つのものが挙げられていますか。漢数字で答えなさい。　（5点）

□つ

3 ②ねず鳴きする　の意味を次から一つ選び、記号で答えなさい。　（5点）

ア　ねずみが鳴いている
イ　ねずみの鳴きまねをする
ウ　寝ないで鳴いている
エ　寝たり鳴いたりする

（　　）

4 ③をどり来る　について答えなさい。

(1) よく出る　「をどり来る」の主語に当たる言葉を、文章中から抜き出しなさい。　（5点）

（　　　　）

(2) 「をどり来る」の後に補うことができる言葉を、文章中から抜き出しなさい。　（5点）

（　　　　）

5 レベルUP　④二つ三つばかりなるちご　のしぐさのどのようなところを、作者は「うつくし」と感じていますか。次から一つ選び、記号で答えなさい。　（10点）

ア　いつも大人たちの注目を得ようと、熱心に訴えかけるところ。
イ　大人たちが普通は気づかないものを、すぐ見つけ出すところ。
ウ　一生懸命何かをしていても、他のものにすぐ気移りするところ。
エ　小さなごみにも好奇心を示し、むじゃきに見せびらかすところ。

（　　）

30分

自分の得点まで色をぬろう！
100点　80　60　0
合格！　もう一歩　がんばろう

/100

解答 4ページ

知識の泉　A　ア。「必然」＝必ずそうなること。「偶然」＝思いがけずそうなること。

6 ⑤いとをかしげなる の意味を次から一つ選び、記号で答えなさい。（5点）

ア とてもおもしろい　イ とてもすぐれている

ウ とても愛らしい　エ とても趣がある

（　　　）

7 ⑥頭はあまそぎなるちご のどのような様子を、作者は「うつくし」と感じていますか。次から一つ選び、記号で答えなさい。（10点）

ア 目に髪がかかるのを結んで、自分の姿を眺める様子。

イ 目に髪がかかるのを気にせず、遠くを眺める様子。

ウ 目に髪がかかるのをかき払いながら、熱心に物を見る様子。

エ 目に髪がかかったままで、顔を傾けて物を見る様子。

（　　　）

8 **記述** 作者が「うつくし」と感じているのは、どのようなものですか。（10点）

（　　　）

2 次の文章を読んで、問題に答えなさい。

教p.30・上⑩〜上⑫

月のいと明《あ》かきに、川をわたれば、牛の歩むままに、水晶《すいさう》などのわれたるやうに、水の散りたるこそをかしけれ。（第二百十六段）

〈「枕草子《まくらのそうし》」による〉

1 川をわたれば とありますが、どのように川を渡ったのですか。次から一つ選び、記号で答えなさい。（5点）

ア 牛の前を歩いて。　イ 牛に乗って。

ウ 牛車に乗って。　エ 牛を引いて。

（　　　）

2 **よく出る** 作者は、どのような様子を「をかし」と感じているのですか。次から一つ選び、記号で答えなさい。（10点）

ア 川を渡る牛が水晶のような水を浴びる様子。

イ 水晶をよけるように牛が左右に歩く様子。

ウ 明るい月が水晶のように光り輝く様子。

エ 水晶が割れたように川の水が飛び散る様子。

（　　　）

3 図を参考にして、「枕草子《まくらのそうし》」に関連する事柄について述べた文中の□①〜③に当てはまる言葉を後から一つずつ選び、記号で答えなさい。

5点×3（15点）

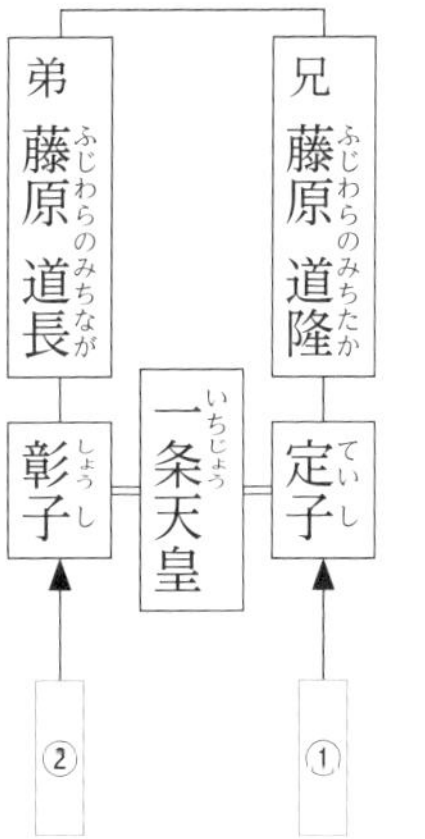

● ① は、一条天皇の中宮《ちゅうぐう》であった定子に教育係として仕え、② は、後に一条天皇の中宮となった彰子に仕えた。

● 紫式部《むらさきしきぶ》の「源氏物語」がしみじみとした趣の「あはれ」を特徴としているのに対し、「枕草子」は、明るく知的な「③」の文学といわれている。

ア 紫式部　イ 清少納言《せいしょうなごん》　ウ 兼好法師《けんこうほうし》

エ をかし　オ あはれ　カ うつくし

①（　　　）②（　　　）③（　　　）

知識の泉 Q 「思うようにいかずもどかしい」という意味のことわざは？　二階から□

確認のワーク ステージ1

情報整理のレッスン 思考の視覚化
多様な方法で情報を集めよう 職業ガイドを作る

解答 5ページ スピードチェック 3ページ

学習のねらい
- 問題を考えるための、視覚化による思考の整理の方法を知ろう。
- 情報を集めて整理する方法とまとめ方を学ぼう。

漢字

1 漢字の読み 読み仮名《がな》を横に書きなさい。

＊は新出漢字 ▼は新出音訓・◎は熟字訓

① 土＊壌
② ＊排水
③ ＊笑み

2 漢字の書き 漢字に直して書きなさい。

① 生活（はいすい）。
② （どじょう）を改良する。

★基本問題 情報整理のレッスン

次の会話文と図を読んで、問題に答えなさい。

放課後に委員会がある日なんだけど、連絡もなしに帰っちゃう人が多くて、同じ委員の人が困ってるよ。

面倒で帰ってしまう人もいるけど、うっかり忘れてしまう人もいるんじゃないかな。

委員会の日は、お昼の校内放送で委員会があることを連絡してもらおうかな。

それはいい考えだけど、校内放送を聞いていない人もいるんじゃないかな。

[課題（現状）]
放課後の委員会に出ない人がいる。

[原因１]
うっかり忘れてしまう。

[原因２]
面倒で帰ってしまう。

[解決策１]
□

[解決策２]
厳しい罰則を科す。

[利点・問題点]
○実現性が高い。
△校内放送を聞かない人もいる。

[利点・問題点]
○課題が解決する可能性が高い。
△実現性が低い。

1 よく出る さまざまな意見を右のような図に整理することで、どのような利点がありますか。次から二つ選び、記号で答えなさい。

ア 次に何を調べればいいのかがわかりやすくなる。
イ 原因と解決策を切り離して考えることができる。
ウ 頭の中が整理でき、情報共有がしやすくなる。
エ どのような課題でも、確実な解決策を導き出せる。
オ 話の筋道や論点が見えやすくなる。

（　）（　）

2 □に当てはまる言葉を書きなさい。

（　）

攻略！ 会話の中から、解決策を話している人を探そう。

知識の泉 **A 目薬。** 二階から階下の人に目薬を差す様子を想像してみよう。

基本問題　多様な方法で情報を集めよう

1　「職業ガイド」を作るための情報を次のようにまとめました。これを読んで、問題に答えなさい。

	調べたこと	考えたこと
看護師の仕事とは	・医師の診療《しんりょう》の補助 ・疾患《しっかん》やけがを抱える人の…… （「○○になろう」○○社・○○年）	かなり専門的な知識が……
［　　］	・「看護師国家試験」に合格し、看護師免《めん》許《きょ》を取得する。 （「○○」○○社・○○年／○○のサイト）	国家資格取得のためには、専門学校や大学で学ぶ必要が……
一日の仕事の流れ	・午前七時　　出勤 ・午前七時半〜…… （佐藤《さとう》さんにインタビュー）	一日中びっしりと予定があって……

1　［　　］に当てはまるものを次から一つ選び、記号で答えなさい。

ア　看護師の収入は
イ　看護師の主な職場
ウ　看護師になるには
エ　看護師と医師の関係

2　「○○」○○社・○○年／○○のサイト　のように複数の情報源が必要なのは、なぜですか。次から一つ選び、記号で答えなさい。

ア　古い情報と新しい情報を共に紹介するため。
イ　複数の人間で調べたことをはっきりさせるため。
ウ　一生懸命調べたことをアピールするため。
エ　複数の情報を比較し、正確性を確かめるため。

2　次の職業ガイド（一部）を読んで、問題に答えなさい。

> **看護師について**　　2年2組　木村健人
>
> ■看護師の仕事とは
> 医師の診療の補助をし，患者さんの健康を守るだけでなく，精神的な助けにも……
>
> 〜〜〜
>
> ［　　］
>
> 佐藤さんにインタビューをしました。
> Q 看護師になってよかったと思うのはどんなときですか？
> A 病気が治った患者さんから，「ありがとう」と言ってもらえることと……
> Q 大変なのはどんなときですか？
> A 救急の患者さんが多い日ですね。一日中慌ただしいです。……
> Q 佐藤さんの病院での1日を教えてください。
> A シフトによって違いますが，普通に朝出勤する日ですと，7時に病院に入って，まず着替えます。7時半にナースステーションに行って，カルテのチェックをしたり，夜勤担当者から患者さんの引き継ぎをしたりします。8時からは……

1　［　　］に当てはまるものを次から一つ選び、記号で答えなさい。

ア　佐藤さんに取材しました。
イ　現役看護師の佐藤さんに取材！
ウ　看護師さんの好きなこと！
エ　佐藤さんについて説明します。

攻略！　見出しは、記事の内容を端的に、読み手の興味を引くように書く。

2　よく出る　インタビュー記事を見やすくする工夫として適切なものを次から全て選び、記号で答えなさい。

ア　佐藤さんの働いている様子がわかる写真を入れる。
イ　佐藤さんの気持ちの部分は書かないようにする。
ウ　仕事時間については、箇条書《かじょう》きのタイムスケジュールを示す。
エ　QやAなどの記号は使わず、言葉で表現する。

知識の泉　Q「退席」を「洗顔→顔を洗う」のように分解すると？

確認のワーク ステージ1

漢字1 熟語の構成 漢字に親しもう1

解答 5ページ スピードチェック 3ページ

学習のねらい
- 熟語の構成には、どのようなものがあるかを確認しよう。
- 漢字一字一字の意味を考えながら、熟語の構成を捉えよう。

漢字

1 漢字の読み 読み仮名《がな》を横に書きなさい。

*は新出漢字 ▼は新出音訓・◎は熟字訓

❶ *搭乗 ❷ *禍福 ❸ *遷都 ❹ *俊足
❺ *猛犬 ❻ *肖像画 ❼ 喜怒*哀楽 ❽ 軽挙*妄動
❾ *疾風*迅雷 ❿ 温▼厚*篤実 ⓫ 要*旨 ⓬ 名*簿
⓭ 記入*欄 ⓮ 宣*誓 ⓯ *箇条書き ⓰ *阻止

2 漢字の書き 漢字に直して書きなさい。

❶ （だとう）な意見。 ❷ 注意を（かんき）する。
❸ （ちつじょ）を守る。 ❹ （のうむ）注意報。
❺ （せいじょう）な水。 ❻ （げんこう）用紙に書く。
❼ （けいたい）電話。 ❽ （にちぼつ）の時刻。

教科書の要点 漢字1

1 熟語の構成 （　）に教科書の言葉を書き入れなさい。 教p.38〜39

二字熟語の構成	● 意味が似ている漢字の組み合わせ。	例 開始
	● 意味が（①）漢字の組み合わせ。	例 売買
	● （②）と述語の関係。	例 雷鳴
	● 下の漢字が上の漢字の目的や対象を示す。	例 閉会
	● 上の漢字が下の漢字を（③）する。	例 清流
	● 同じ漢字を重ねる。	例 次次（次々）
三字熟語の構成	● 漢字一字の言葉の組み合わせ。	例 松竹梅
	● 漢字一字の言葉と二字熟語の組み合わせ。	例 新商品 例 始業式
	・上に（④）の意味の「不・無・非・未」が付いたもの。	例 不公平
	・下に「的・性・化」などが付いたもの。	例 合理的
四字以上の熟語の構成	● 漢字一字の言葉の組み合わせ。	例 春夏秋冬
	● （⑤）の組み合わせ。	例 固定観念
	● 漢字一字の言葉と二字熟語の組み合わせ。	例 制限時間内

知識の泉 A **退席→席を退く。** 後の漢字が前の漢字の目的や対象を示す構成。

基本問題 漢字1

1 次の熟語の構成を後から一つずつ選び、記号で答えなさい。

① 補足（　） ② 離任（　） ③ 堂々（　）
④ 予感（　） ⑤ 善悪（　） ⑥ 国立（　）

ア 意味が似ている漢字の組み合わせ。
イ 意味が対になる漢字の組み合わせ。
ウ 主語と述語の関係。
エ 下の漢字が上の漢字の目的や対象を示す。
オ 上の漢字が下の漢字を修飾する。
カ 同じ漢字を重ねる。

2 よく出る 次の各組の中から、熟語の構成が他と異なるものを一つずつ選び、記号で答えなさい。

① ア 連続 イ 早速 ウ 精密 エ 強力（　）
② ア 日照 イ 地震 ウ 洗顔 エ 気絶（　）
③ ア 作文 イ 就職 ウ 軽傷 エ 帰国（　）
④ ア 牛乳 イ 時々 ウ 青空 エ 仮病（　）
⑤ ア 攻守 イ 習慣 ウ 寒冷 エ 規則（　）

3 □に漢字を書き、①〜③は意味が似ている漢字の組み合わせでできた熟語を、④〜⑥は意味が対になる漢字の組み合わせでできた熟語を完成させなさい。

① 温□ ② □秀 ③ □富
④ 慶□ ⑤ 利□ ⑥ □雄

4 次の熟語を、例にならって文に直しなさい。

例 人造 → 人が造る。 読書 → 書を読む。

① 兼業（　）
② 市営（　）

攻略！ 訓読みに直すと、動詞になる漢字を含んでいる。

5 次の熟語を、例にならって分解しなさい。

例 松竹梅 → 松＋竹＋梅 機械化 → 機械＋化

① 非常口（　）
② 上中下（　）

攻略！ 結び付きが強い二字がないかどうかを探す。

6 よく出る ①〜③には「不・無・非・未」、④〜⑥には「的・性・化」のいずれかを入れて、三字熟語を完成させなさい。

① □常識 ② □可能 ③ □意識
④ 安全□ ⑤ 自由□ ⑥ 楽観□

7 次の四字熟語の意味を下から選んで、線で結びなさい。

① 東奔西走・ ・ア 不足や欠点が全くないこと。
② 針小棒大・ ・イ よくなったり悪くなったりすること。
③ 一進一退・ ・ウ あちこち駆け回ること。
④ 完全無欠・ ・エ ちょっとしたことを大げさに言うこと。

確認のワーク ステージ1

クマゼミ増加の原因を探る

解答 6ページ　スピードチェック 4ページ　予想問題 141ページ

学習のねらい
・文章全体と部分の関係や、文章と図表の関係を捉えよう。
・文章の構成や展開に注意して、内容を読み取ろう。

漢字と言葉

1 漢字の読み　読み仮名《がな》を横に書きなさい。

*は新出漢字　▼は新出音訓・◎は熟字訓

①▼羽化　②*顕著　③抜け*殻　④*舗装
⑤*枯れ枝　⑥産▼卵　⑦*緩和　⑧*零度
⑨*軟らかい　⑩*狙う　⑪必*須　⑫*硬化

2 漢字の書き　漢字に直して書きなさい。

①（きゅうみん）中の植物。　②空気が（かんそう）する。
③海に（もぐ）る。　④事故に（あ）う。
⑤虫を（と）る。　⑥暑さに（た）える。

3 語句の意味　意味を下から選んで、線で結びなさい。

①左右する・　・ア　なくてはならないこと。
②必須・　・イ　決定的な影響を与える。
③うのみにする・　・ウ　疑うことなくそのまま受け入れる。

教科書の要点

1 話題　筆者はどのような研究を行いましたか。（　）に教科書の言葉を書き入れなさい。　教p.43

大阪市内で、クマゼミの占める割合が（　　）なった原因を調べる研究。

2 内容理解　クマゼミの一生について答えなさい。　教p.44

(1) 次の図の［　］A〜Dに当てはまる言葉を［　］から一つずつ選び、記号で答えなさい。

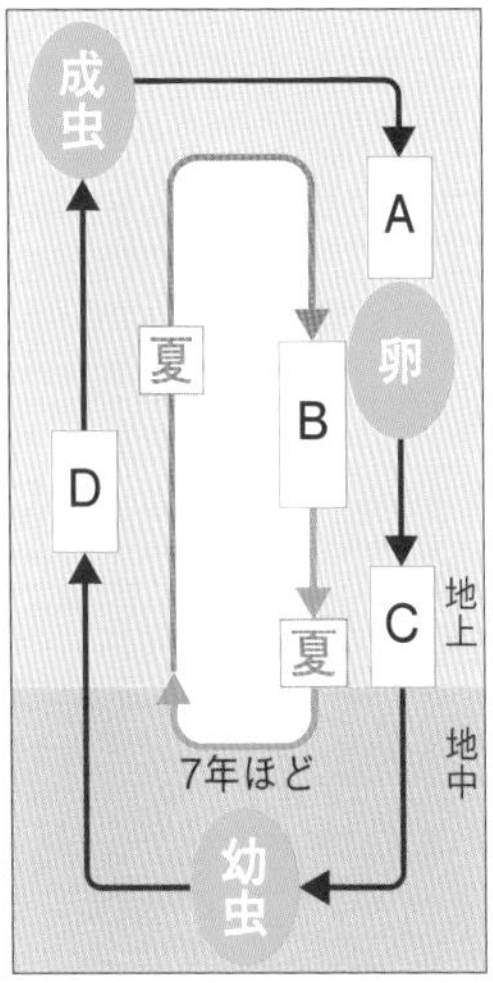

A（　　）　B（　　）　C（　　）　D（　　）

ア　羽化
イ　産卵
ウ　孵化《ふか》
エ　越冬

(2) 地中で過ごすのは、卵、幼虫、成虫のうち、いつの段階ですか。（　　）

3 構成のまとめ

（　）に教科書の言葉を書き入れなさい。教p.42〜49

	序論	本論				結論
まとまり	教初め〜p.43・⑳	p.44・①〜44・⑳	p.45・①〜46・⑤	p.46・⑥〜47・⑭	p.47・⑮〜48・⑬	p.49・①〜終わり
	研究のきっかけ	三つの仮説と検証				まとめ

内容

序論（研究のきっかけ）

●クマゼミの声が以前よりよく聞こえることに疑問をもち、抜け殻調査を行う。

▼調査の結果「大阪市内で（①　　）の占める割合が高い」ことが判明。→なぜか〈問い〉

▼（②　　）現象による環境変化が有利に働いたのではないか。→大きな仮説

前提

クマゼミの一生　①卵（地上）→②孵化（土に潜る）→③幼虫（地中）→④成虫（地上）

▼①・②・④の段階は気温や湿度の影響を受けやすい。特に①と②の段階は危険で、環境に生存が左右される。

仮説1

気温上昇の影響で、（③　　）できる卵が増えた。

実験・観察
- ●低温への耐性
- ●長く続く寒さへの耐性
- ●野外の冬の寒さへの耐性

検証結果

▼クマゼミの卵は（④　　）に強い。

↓冬の寒さの緩和は原因ではない。仮説の明確な（⑤　　）。

仮説2

気温上昇で孵化が早まり、（⑥　　）に重なったことで、孵化できる卵が増えた。

実験・観察
- ●クマゼミを含む四種のセミの卵を野外に置いて、孵化の時期を観察。

検証結果

▼他のセミは梅雨《つゆ》の期間内、クマゼミは梅雨明けにかかった。

↓クマゼミ増加の原因の一つではあるが、他のセミのほうが有利。

仮説3

クマゼミの幼虫は土を掘る力が強く、ヒートアイランド現象による乾燥と地表整備で硬化した地面にも潜ることができる。

実験・観察
- ●セミの幼虫が（⑦　　）能力を実験で比較。

検証結果

▼硬い土に潜る能力は、クマゼミが圧倒的に（⑧　　）。

↓クマゼミの占める割合が高まった原因。

結論（まとめ）

◆検証の結果、大阪市内でクマゼミの占める割合が高まった背景には、ヒートアイランド現象の影響があることが判明。

気温上昇による孵化時期の早期化で孵化率が向上・乾燥や地表整備で硬化した地面にも潜れる能力↓クマゼミ増加

要旨　大阪市内でクマゼミが増えた原因が（ア 時代　イ 環境）の変化にあると考えた筆者たちは、三つの仮説を立て、実験や（ア 推測　イ 観察）を通して検証した。物事の原因を追究するには、世間一般にいわれていることをうのみにせず、（ア 科学的　イ 論理的）な根拠を一歩一歩積み上げて臨む姿勢が大切である。

知識の泉　Q「原因」の対義語は？

実力判定テストA　ステージ2

クマゼミ増加の原因を探る

30分

自分の得点まで色をぬろう！　100点　80　60　0　/100

解答　6ページ

★次の文章を読んで、問題に答えなさい。　教p.46・⑥〜47・⑭

［仮説２］気温上昇による孵化《ふか》の時期の変化

私たちは、気温上昇が及ぼす他の影響を検討するために「②**孵化して土に潜る段階**」に着目した。クマゼミに限らず卵で越冬するセミは、春、気温が上がると体を作り始め、一、二か月で孵化できる状態になる。つまり、気温の上がった近年のほうが早く孵化できる状態になる。

重要なのは、セミの卵が①この状態で雨を待つことだ。生まれたばかりの幼虫は、小さくて体が軟らかく、前述のとおり一時間以内に地中に潜らないと、アリに襲われたり乾燥したりして死んでしまう。そのため、土がぬかるんで軟らかくなる雨の日を狙って孵化するのだ。

確実に雨を捉えるために、セミの卵は高い湿度を感知して孵化する。孵化には雨が必須であり、そもそも雨が降らないと、孵化できない仕組みになっているのだ。これは、孵化の時期が雨の多い梅雨《つゆ》に当たれば、無事に孵化できる確率が高まることを意味する。いっぽう気象庁の記録によると、過去五十年間、梅雨明けの時期は、ほとんど変わっていない。②以上のことから、私たちは、次のような仮説を立てた。

［仮説２］気温上昇で孵化が早まり、梅雨に重なったことで、孵化できる卵が増えた。

私たちは二〇〇八年、クマゼミを含む四種のセミに産卵させ、卵を野外に置いて観察した。③図6を見てほしい。他のセミは、孵化がほぼ梅雨の期間に収まっているのに対し、孵化が遅いクマゼミだけは、孵化する時期の後半に梅雨が明けてしまった。今より気温が低かった一九六〇年代には、梅雨明け後にようやく孵化の準備が整い、そのまま雨に遭えずに死んでいく卵がさらに多かったことになる。

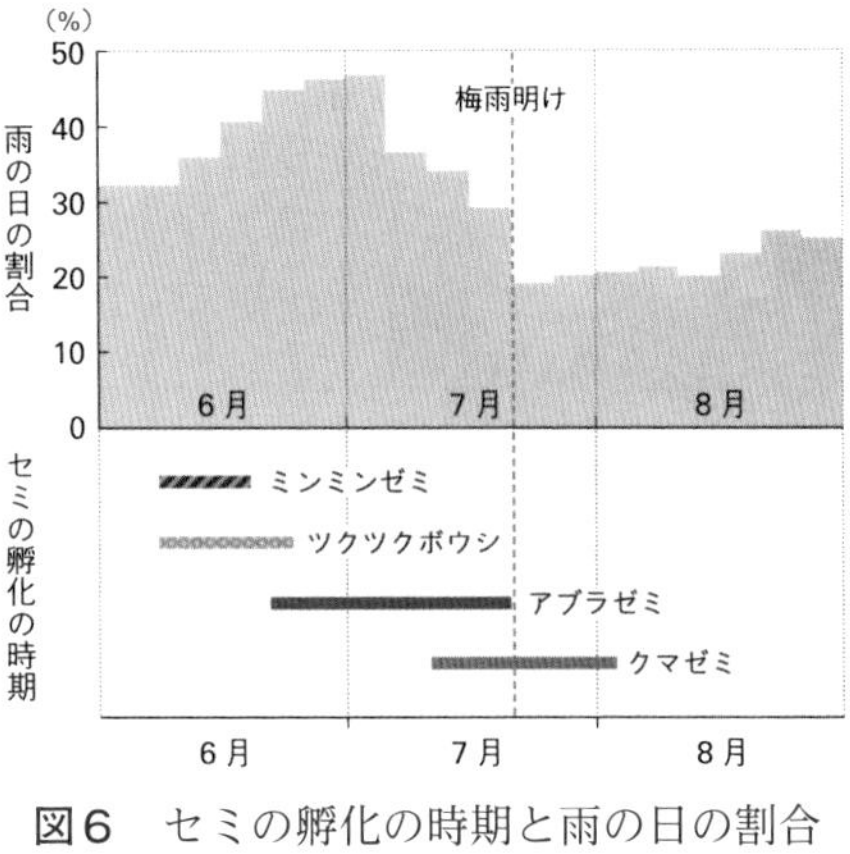

図6　セミの孵化の時期と雨の日の割合

つまり、気温上昇で孵化が早まり、梅雨の時期と重なったことは、クマゼミ増加の原因の一つと考えられる。ただ、梅雨の期間に孵化が終わる点では、他のセミのほうが依然として有利だ。④クマゼミが増えた原因ではあっても、クマゼミだけが増えた原因とはいえない。

〈沼田《ぬまた》　英治《ひではる》「クマゼミ増加の原因を探る」による〉

知識の泉　**A　結果。**「原因」の類義語には，「理由」「動機」などがある。

1
(1) よく出る ①この状態で雨を待つ について答えなさい。
「この状態」とは、どのような状態ですか。□に当てはまる言葉を、文章中から抜き出しなさい。 (10点)
□状態。
(2) セミの卵が「雨を待つ」のは、なぜですか。( )に当てはまる言葉を書きなさい。 5点×2 (10点)
雨で土が軟らかくなると、孵化した直後のセミの幼虫がすばやく( )ことができるので、( )や乾燥から身を守れるから。

攻略！ 生まれたばかりの幼虫は、すぐどうする必要があるのかを捉える。

2 ②以上のこと とありますが、どのようなことですか。( )に当てはまる言葉を、文章中から抜き出しなさい。 5点×3 (15点)
・セミは、孵化の時期が①( )に当たれば、孵化できる確率が高まること。
・気温上昇によりセミの孵化は②( )こと。
・過去五十年間、梅雨明けの時期は、③( )こと。

3 ③図6 について答えなさい。
(1) この図から読み取れる事実は、どのようなことですか。Ⅰ…クマゼミと、Ⅱ…他のセミについて書きなさい。 10点×2 (20点)
Ⅰ( )
Ⅱ( )

(2) よく出る 筆者は、何のためにこの図を示したのですか。次から一つ選び、記号で答えなさい。 (15点)
ア [仮説2]を立てるに至った経緯の観察結果を提示するため。
イ [仮説2]を立証する材料となる観察結果を提示するため。
ウ [仮説2]以外の説を証明する観察結果を提示するため。
エ [仮説2]が否定されたという観察結果を提示するため。
( )
(3) (1)の事実から、気温上昇が起こる前のクマゼミの孵化について、筆者たちはどのように推測しましたか。文章中から一文で抜き出し、初めの五字を書きなさい。 (10点)
□

攻略！ (2)は、図6が表す観察結果と、仮説2の関係を捉える。

4 ④クマゼミが増えた原因ではあっても、クマゼミだけが増えた原因とはいえない。のは、なぜですか。次から一つ選び、記号で答えなさい。 (20点)
ア 気温上昇で孵化が梅雨の期間に収まるようになったのはクマゼミ増加の一因だが、他のセミの孵化の時期は変わらないから。
イ 気温上昇で孵化の時期が梅雨に重なるようになったのはクマゼミ増加の一因だが、他にも増加の原因があると推測できるから。
ウ 梅雨明け後に孵化の準備が整うようになったのはクマゼミ増加の一因だが、他のセミは梅雨の期間に孵化が終わるから。
エ 気温上昇による孵化の時期の早まりはクマゼミ増加の一因だが、他のセミも同様に孵化は梅雨と重なっているから。
( )

攻略！ クマゼミと他のセミとを比較して考えよう。

知識の泉 Q 四字熟語の□に当てはまる共通の漢字は？ 以□伝□

実力判定テストB　ステージ3

クマゼミ増加の原因を探る

30分

自分の得点まで色をぬろう！

解答　7ページ

/100

次の文章を読んで、問題に答えなさい。

教 p.47・⑮〜49・⑮

〔仮説3〕ヒートアイランド現象による乾燥と地表の整備による土の硬化

大阪市内では、なぜクマゼミの占める割合が、これほど高くなったのか。私たちは、幼虫が「②孵化《ふか》して土に潜る段階」に注目した。〔仮説2〕でも述べたとおり、雨が降ると土がぬかるんで軟らかくなり、幼虫が地面に潜りやすくなる。しかし、都市化の進んだ大阪市内では、地表の大半が舗装されており、セミは地面に潜れない。さらに、公園などに残された土も、人の足で踏み固められ、ヒートアイランド現象の影響で乾燥しきっている。雨が降っても、野原や森林の土のように、ぬかるむことはない。

私たちは、図1に示した抜け殻調査をする際に、それらの地点の土の硬さも測定していた。その結果、クマゼミが多い市内の公園は土が硬く、クマゼミが少ない市外の緑地や森林は土が軟らかいことがわかった。私たちは、①この違いに注目し、②次のような仮説を立てた。

〔仮説3〕クマゼミの幼虫は土を掘る力が強く、ヒートアイランド現象による乾燥と地表の整備によって硬化した地面にも潜ることができる。

この仮説を検証するために、私たちは、セミの幼虫が土に潜る能力を実験で比較した。まず、四段階の硬さに押し固めた土を用意して、そこに孵化したばかりの幼虫を入れた。そして、一時間以内に潜れるかどうかを観察した。結果が③図7である。クマゼミは他のセミと比べ、硬い土に潜る能力が圧倒的に高かった。乾燥と地表整備で、他のセミが潜れなくなるほど硬くなった地面にも、クマゼミだけは潜ることができる。これが、大阪市内でクマゼミの占める割合が高まった原因と考えられる。

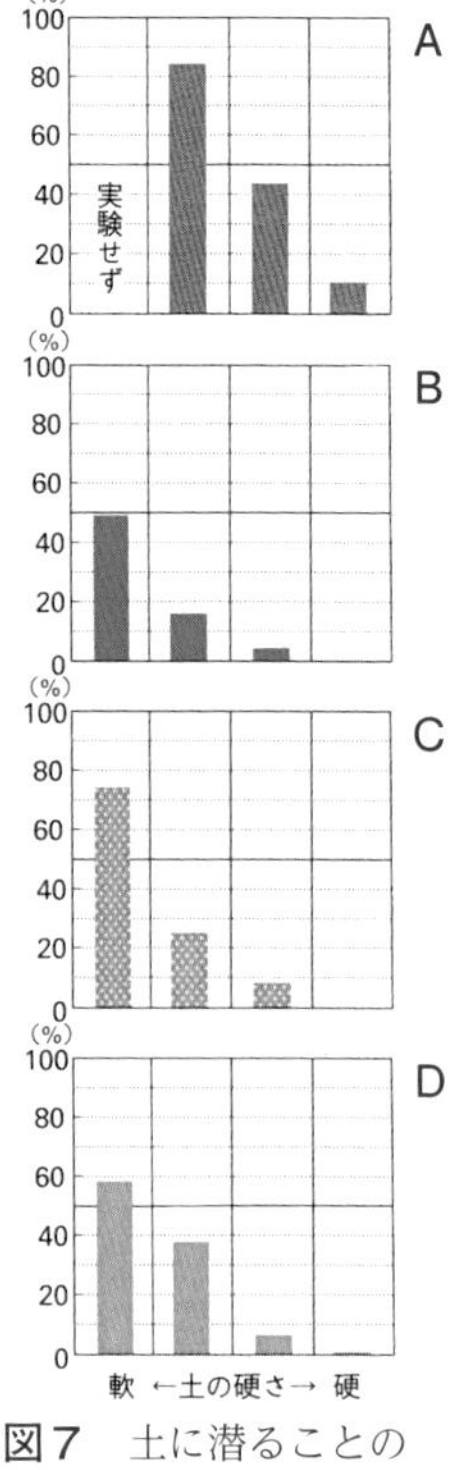

図7　土に潜ることのできた幼虫の割合

まとめ

以上のことから、大阪市内でクマゼミの占める割合が高まった背景には、④都市部におけるヒートアイランド現象の影響があることが明らかになった。ただし、冬の寒さの緩和は関係がなかった。私たちの検証の範囲で関連が認められるのは、気温上昇で孵化の準備が早まり、梅雨《つゆ》と重なってクマゼミの孵化率が向上したこと、そして、ヒートアイランド現象による乾燥や地表整備で硬化した都市部の土に潜る能力が他のセミと比べて圧倒的に高かったことの二点である。

環境の変化と、生物の数や分布の変化は、簡単に関連づけて語られることが多い。しかし、私たちがクマゼミについてこの結論を得るまでには、何年もの間、実験や観察を重ねる必要があった。物事の原因を追究するには、世間一般にいわれていることをうのみにするのではなく、⑤科学的な根拠を一歩一歩積み上げて臨む姿勢が大切である。

〈沼田《ぬまた》 英治《ひではる》「クマゼミ増加の原因を探る」による〉

1 よく出る ①この違い とは、どのような違いですか。（　）に当てはまる言葉を文章中から抜き出しなさい。 5点×4（20点）

クマゼミが多い（　　）は土が（　　）、

クマゼミが少ない（　　）は土が（　　）、

という違い。

2 ②次のような仮説を立てた のは、どのようなことに注目したからですか。（　）に当てはまる言葉を書きなさい。 5点×2（10点）

土が乾燥して、セミの幼虫が地面に潜り（　　）はずの大阪市内で、クマゼミの占める割合が（　　）こと。

3 ③図7 について答えなさい。

(1) この図は、何を調べるための実験結果をまとめたものですか。文章中から十二字で抜き出しなさい。（15点）

(2) 図中のA～Dは、クマゼミを含む四種のセミの実験結果です。クマゼミの実験結果に当たるものを一つ選び、記号で答えなさい。（15点）（　　）

4 レベルUP ④都市部におけるヒートアイランド現象の影響がある とありますが、大阪市内でクマゼミの占める割合が高まった原因として考えられることを次から二つ選び、記号で答えなさい。 10点×2（20点）（　　）（　　）

ア 都市化で地表整備が進み、土が軟らかくなってクマゼミの幼虫が地面に潜りやすくなったこと。

イ 気温上昇で孵化の準備が早まり、梅雨と重なってクマゼミの孵化率が向上したこと。

ウ 緑地や森林が減って地表の大半が乾燥し、硬くなったことで、クマゼミの孵化が早まったこと。

エ 冬の寒さの緩和で、寒さに弱いクマゼミの卵の多くが冬を越せるようになったこと。

オ クマゼミは、硬化した都市部の土に潜る能力が他のセミと比べて圧倒的に高かったこと。

5 記述 ⑤科学的な根拠を一歩一歩積み上げて臨む姿勢が大切である とありますが、筆者がこの姿勢を大切にしていることは、どのようなところに表れていますか。「原因」という言葉を使って書きなさい。（20点）

知識の泉 Q 「救いようがないと見放す」という意味の慣用句は？ ＿＿を投げる

確認のワーク ステージ1

思考のレッスン1　具体と抽象
魅力的な提案をしよう／漢字に親しもう2

解答　7ページ　スピードチェック　5ページ

学習のねらい
- 具体化と抽象化を生かして伝え合うことを知ろう。
- 相手の理解を得るために、資料を使って提案する方法を学ぼう。

漢字と言葉

1 漢字の読み　読み仮名《がな》を横に書きなさい。

❶*抽象　❷医*療費　❸*玄関　❹遺*憾　❺*慈愛　❻素*朴　❼*寛大　❽*煩雑　❾危*惧　❿*妨げる　⓫*茂る　⓬*娯楽

*は新出漢字　▼は新出音訓・◎は熟字訓

2 漢字の書き　漢字に直して書きなさい。

❶部活の（かんゆう）。　❷（よゆう）のある計画。
❸（かべ）の落書き。　❹言葉を（ひか）える。
❺（かた）がこる。　❻話に（あ）きる。

3 語句の意味　意味を下から選んで、線で結びなさい。

❶具体・　　・ア　複数の物事から共通点を取り出してまとめたもの。
❷抽象・　　・イ　言葉から姿や形が明確に思い浮かぶ物事。

基本問題　思考のレッスン1

★ 次の会話文を読んで、問題に答えなさい。

今度の文化祭のポスターは、よくできたと思うんだ。[A]、学校のイラストは実物そっくりで、すぐ私たちの中学校だとわかるよ。人気の出そうな展示や発表も、しっかりアピールしてあるんだ。

要するに、[B]工夫がしてあるということだね。

1　[A]に当てはまる言葉を次から一つ選び、記号で答えなさい。

ア　ところで　イ　例えば
ウ　つまり　エ　すなわち　（　　）

2　よく出る　[B]に当てはまる言葉を次から一つ選び、記号で答えなさい。

ア　特定の展示や発表に人気が出るような
イ　文字情報を多用することで、正確に伝える
ウ　誰がイラストを描いたのかがひと目でわかる
エ　ひと目でわかりやすく、見る人の興味を引く
（　　）

攻略！　前の具体的な発言を受けて、「要するに」と抽象化している。

知識の泉　A　さじ。〈例〉私のあまりの不器用さに，親切な兄もついにさじを投げた。

★ 基本問題 魅力的な提案をしよう

次のプレゼンテーションの案を読んで、問題に答えなさい。

プレゼンテーションのテーマ

・転校生の安田さんに，わが町を楽しくめぐるコースを提案する。

相手に関する情報

・歴史が好き。
・写真を撮るのが好き。
・体を動かすのが好き。

▶

提案する内容

・サイクリングで，絵になる［ A ］をめぐる。

[進行案]

資料（要素）	分担	説明内容	時間
・班名・テーマ名 ・キャッチコピー	川辺	初めに ・自転車に乗って，遺跡で写真！	30秒
・三つのポイント ・イメージイラスト	中村	ポイント ・自転車・遺跡・写真 ・安田さんの「好き」を楽しむ	15秒
①自転車で移動 ・集合場所の地図。	山中	好きなこと① ・［ B ］ことが好きな安田さん →移動は，バスや電車ではなく自転車	2分
②遺跡あれこれ ・町中にある遺跡を写真やイラストで示す。	谷口	好きなこと② ・歴史が好きな安田さん 町に複数ある遺跡を紹介	
③写真で映《は》える遺跡	西野	好きなこと③	
・コースの全体像（自転車やカメラのイラスト付きの地図）	中村	まとめ ・２～３時間で回れる ・ぜひいっしょに行こう	15秒

1 プレゼンテーションをする相手は、誰ですか。
（　　　　）

2 よく出る このプレゼンテーションの目的を次から一つ選び、記号で答えなさい。
ア　クラス全体に、班の提案を認めてもらうこと。
イ　安田さんに行ってみたいと思ってもらうこと。
ウ　先生から休日に町をめぐる許可を得ること。
エ　班の友達との結束力を高めること。
（　　）

3 この案では、どのようにして何を提案していますか。（　）に当てはまる言葉を［　］から選び、書き入れなさい。

相手の（　　　　）を踏まえたうえで、（　　　　）を提案している。

［困っていること　解決策　情報や実現方法　興味や関心のあること］

4 攻略！ 相手のことを考えて、提案内容を決めていることを押さえる。

［　］A・Bに当てはまる言葉を、案の中から抜き出しなさい。

A（　　　　）　B（　　　　）

5 よく出る ［進行案］にある資料を作る際の注意点として、当てはまらないものを次から一つ選び、記号で答えなさい。
ア　熱意が伝わるように、できるだけ多くの情報を盛り込む。
イ　イメージしやすいように、写真などを効果的に配置する。
ウ　資料にのせる情報は最低限にし、説明で内容を補足する。
エ　アピールしたい点が効果的に伝わるように、資料の順番を工夫する。
（　　）

確認のワーク ステージ1

文法への扉1 単語をどう分ける？（文法1　自立語）

解答 8ページ　スピードチェック 18ページ

学習のねらい
- 言い切りの形にして、動詞・形容詞・形容動詞を見分けよう。
- 何を修飾しているかに注目して、副詞・連体詞を見分けよう。

教科書の要点

1 単語の分類　（　）に教科書の言葉を書き入れて、単語の分類のしかたをまとめなさい。　教p.59

- 単独で文節を作ることができる①（　　）か、単独では文節を作ることができない付属語か。
- 後ろに付く語によって、形が変わる（活用する）かどうか。
- 主語・述語・修飾語など、どんな②（　　）になるか。

2 活用する自立語　（　）に教科書の言葉を書き入れなさい。　教p.234～235

- 活用する自立語＝用言ともいう。

品詞	働きや性質	語例
①（　　）	●「どうする・どうなる・ある」（動作・変化・存在）を表す。 ●言い切りが「ウ」段の音になる。	起きる　笑う　泳ぐ
②（　　）	●「どんなだ」（状態・性質）を表す。 ●言い切りが「い」になる。	寒い　やさしい
③（　　）	●「どんなだ」（状態・性質）を表す。 ●言い切りが「だ・です」になる。	きれいだ　便利です

- 動詞の種類…他動詞と自動詞がある。
  - 他動詞……動作の対象を必要とする。例 皆が部員を集める。
  - 自動詞……動作の対象を必要としない。例 部員が集まる。
- 補助動詞・補助形容詞…補助の関係にある文節のうち、下に付いて、上の語に意味を補う単語。
  - 補助（形式）動詞　例 服を着てみる。（「試しにする」の意味）
  - 補助（形式）形容詞　例 今日は暑くない。（「打ち消し」の意味）

3 活用しない自立語　（　）に教科書の言葉を書き入れなさい。　教p.235～237

品詞	働きや性質	語例
①（　　）	●「が・は・も」などをともなって、主語になれる。＝体言（活用しない自立語で主語になる） ●生き物・物・事柄などを表す。	時計　勇気　コップ
②（　　）	●主に連用修飾語になる。（用言を修飾する。） ●様子・状態・程度を表す。	はっきり　にこにこ
③（　　）	●連体修飾語にしかならない。（体言を修飾する。） ●後に必ず体言が付く。	この　大きな
④（　　）	●接続語になる。	そして・さて
⑤（　　）	●独立語になる。	はい・ああ

知識の泉　A　ア。　年齢とともに成長・変化すること。輪＝リン・わ，輸＝ユ，論＝ロン。

●名詞の種類

・普通名詞……ある種類に属する事物を広く表す。例木

・⑥（　　）……人・物・場所などを指し示す。例私

・⑦（　　）……特定の物事の名前を表す。例日本

・数詞……物の数量や順序を表す。数字を含む。例五つ

・形式名詞……本来の意味が薄れている。例君のこと

●副詞の種類

・状態の副詞……「どのように」を表す。例しっかり

・程度の副詞……「どのくらい」を表す。例かなり

・⑧（　　）の副詞…下に決まった言い方がくる。例決して

●接続詞の種類

⑨（　　）	前のことが、後のことの原因・理由となる。	例それで・だから・すると・したがって
⑩（　　）	前のことと後のことは逆になることが後にくる。	例しかし・けれども・ところが・だが
並列・累加	前のことと並べたり、付け加えたりする。	例また・そして・しかも・それから
対比・選択	前のことと比べたり、どちらか選んだりする。	例または・あるいは・それとも
説明・補足	前のことをまとめたり、補ったりする。	例つまり・なぜなら・例えば
転換	前のことと話題を変える。	例さて・ところで・では

基本問題

1 よく出る **次の――線の単語が動詞・形容詞・形容動詞のどれに当たるかを書きなさい。**

① この学校はまだ新しい。（　　）

② 隣の家の子犬は、いつも元気だ。（　　）

③ 川沿いの遊歩道を走る。（　　）

④ 私は山よりも海が好きです。（　　）

攻略！ 形容詞は言い切りが「い」、形容動詞は言い切りが「だ・です」。

2 **次の文の副詞には――線を、連体詞には~~~線を引きなさい。**

① 近所でおかしな事件が起こる。

② 学校の前の道はとても広い。

③ 日曜日に家でのんびり過ごす。

④ ある日、友達からの手紙が届いた。

攻略！ 副詞は主に用言を修飾し、連体詞は体言だけを修飾する。

3 **次の文の接続詞に、――線を引きなさい。また、接続詞の種類を後から一つずつ選び、記号で答えなさい。**

① 僕は行かなかった。なぜなら、頭痛がしたからだ。（　　）

② 約束の時間になった。しかし、彼女は来なかった。（　　）

③ カーテンを開けた。すると、朝日が差し込んだ。（　　）

ア　順接　　イ　逆接　　ウ　並列・累加

エ　対比・選択　　オ　説明・補足　　カ　転換

知識の泉 Q ――線の使い方は○か×か？　雨で発表会が中止になり，今までの準備も水泡《すいほう》に帰した。

実力判定テストA ステージ2
文法への扉1 単語をどう分ける？（文法1 自立語）

30分

自分の得点まで色をぬろう！ /100

解答 8ページ

1 次の文の動詞に、——線を引きなさい。　1点×4（4点）

① 放課後、友達と公園で遊ぶ。
② ポケットからハンカチが落ちる。
③ ラジオで英会話の番組を聞く。
④ 明日の会議で、今後の方針を示す。

2 次の——線の動詞が自動詞ならア、他動詞ならイの記号で答えなさい。　1点×6（6点）

① 悲しみの涙をこぼす。
② 悲しみの涙がこぼれる。
③ 赤信号で車が止まる。
④ 車を駐車場に止める。
⑤ 運動をしておなかを減らす。
⑥ 運動したのでおなかが減る。

攻略！「……を」という動作の対象を必要とするのが他動詞。

3 よく出る 次の文の形容詞・形容動詞に——線を引き、それが形容詞ならア、形容動詞ならイを（　）に書きなさい。　完答2点×4（8点）

① 検診で、歯並びがきれいですとほめられた。
② 窓から美しい夕焼けが見える。
③ 税率の変更は、社会への影響が大きいと思う。
④ 最初は簡単な問題から取り組む。

4 次の各組から、——線が補助動詞・補助形容詞であるほうを選び、記号で答えなさい。　2点×3（6点）

① ア 人が歩道にいる。　イ 人が歩いている。
② ア 筆箱がどこにもない。　イ その情報は正しくない。
③ ア 新刊書を読んでみる。　イ 寝転がって星空をみる。

5 よく出る 次の文の名詞に、——線を引きなさい。また、名詞の種類を後から一つずつ選び、記号で答えなさい。　完答2点×5（10点）

① 彼はいつも忙しい。　② 万葉集を読む。
③ 六人で遊ぶ。　④ 楽しい遠足。
⑤ 続けることが重要だ。

ア 普通名詞　イ 代名詞　ウ 固有名詞
エ 数詞　オ 形式名詞

攻略！ 名詞は、「が」を後に付けて主語になれる。

6 次の各組の名詞の中から、種類の異なるものを一つずつ選び、記号で答えなさい。　2点×3（6点）

① ア 二つ　イ 四番目　ウ 三冊　エ 年月
② ア 富士山　イ 日本人　ウ 京都　エ スイス
③ ア それ　イ あなた　ウ 兄　エ 彼女

知識の泉　A ○。「水泡《すいほう》に帰す」＝せっかくの努力がむだになること。

7 次の文の副詞に——線を、その副詞が修飾している文節に〰〰線を引きなさい。また、副詞の種類を後から一つずつ選び、記号で答えなさい。　完答2点×3（6点）

① もし明日が雨なら、大会は中止になる。（　）

② 弟は手紙をそっと机に置いた。（　）

③ ずいぶん歩いたので、汗が出てきた。（　）

ア 状態の副詞　イ 程度の副詞　ウ 呼応の副詞

攻略！ アは「どのように」という状態、イは「どのくらい」という程度を表す。

8 よく出る 次の□に当てはまる副詞を後から一つずつ選び、記号で答えなさい。　2点×4（8点）

① □失敗したのか、よく考えてみよう。（　）

② 彼女の目は、□宝石のようだ。（　）

③ 私は□最後まであきらめない。（　）

④ □試合に負けても、思い残すことはない。（　）

ア 決して　イ たとえ　ウ まるで　エ なぜ

9 次の文の連体詞に——線を、その連体詞が修飾している文節に〰〰線を引きなさい。　完答2点×5（10点）

① あの人が持ってきた本は、ここにあります。

② 広い海に小さなヨットが浮かんでいる。

③ 姉は、あらゆるジャンルの音楽をきく。

④ わが国が抱えている問題を検討する。

⑤ それはたいした問題ではないとわかった。

攻略！ 連体詞は、体言（名詞）を含む文節を修飾する。

10 よく出る 次の□に当てはまる接続詞を後から一つずつ選び、記号で答えなさい。　2点×6（12点）

① 練習は厳しい。□、部活をやめるつもりはない。（　）

② 久しぶりですね。□、ご両親はお元気ですか。（　）

③ 熱が出た。□、学校を休んだ。（　）

④ 大豆の加工食品、□、豆腐は健康にいい。（　）

⑤ 夏休みは海へ行こうか。□、山へ行こうか。（　）

⑥ 彼は歌がうまい。□、ピアノも上手だ。（　）

ア だから　イ けれども　ウ しかも
エ それとも　オ 例えば　カ ところで

攻略！ □の前後の文や語句がどのような関係かを考える。

11 次の文の感動詞に——線を引きなさい。また、感動詞の意味を後から一つずつ選び、記号で答えなさい。　完答2点×4（8点）

① ねえ、明日はプールに行こうよ。（　）

② こんにちは、今日はいい天気ですね。（　）

③ まあ、なんてかわいい子猫。（　）

④ はい、この作品は私が作りました。（　）

ア 応答　イ 呼びかけ　ウ 感動　エ 挨拶《あいさつ》

12 よく出る 次の——線の品詞名を書きなさい。　2点×8（16点）

・①あら、②そこに③青い花が咲いているわ。

・駅まで④歩きます。⑤そして、電車に乗ります。

・⑥静かな海の中で、⑦大きな⑧魚がゆっくり泳いでいる。

①（　）②（　）③（　）④（　）

⑤（　）⑥（　）⑦（　）⑧（　）

知識の泉
Q 「全世界」と同じ構成の熟語はどっち？　ア＝初対面　イ＝市町村

確認のワーク ステージ1

メディアを比べよう／メディアの特徴を生かして情報を集めよう
「自分で考える時間」をもとう

解答 9ページ　スピードチェック 5ページ　予想問題 142ページ

学習のねらい
- 身近なメディアを比較して特徴を理解し、情報収集に役立てよう。
- 「編集」の在り方を理解し、正しく情報を受け取れるようになろう。

漢字

1 漢字の読み 読み仮名《がな》を横に書きなさい。

＊は新出漢字 ▼は新出音訓・◎は熟字訓

① ＊宛て　② 開＊催　③ ＊津波　④ 書＊籍

2 漢字の書き 漢字に直して書きなさい。

① ひがい（　　）が出る。　② ひなんじょ（　　）に行く。

③ かつやく（　　）する選手。　④ 新聞にけいさい（　　）する。

教科書の要点

メディアを比べよう
メディアの特徴を生かして情報を集めよう

1 メディアの比較の観点 （　）に教科書の言葉を書き入れなさい。 教p.60

①（　　） 報道が配信される速さ。

詳細さ 情報の詳しさ。

信頼性
・発信者名や情報の②（　　）が明記されているか。
・③（　　）に基づいているか。

2 メディアの比較 次の文に当てはまるメディアを後から一つずつ選び、記号で答えなさい。 教p.60〜61

① 速報性はネットニュースに劣るが、文字で詳細な情報を伝えることができ、記者名が明記されるので信頼性が高い。（　　）

② 速報性にすぐれているが、匿名《とくめい》で発信されることも多いため、情報の受け手は信頼性を見極める必要がある。（　　）

ア SNS　イ 新聞　ウ テレビ

3 目的に応じたメディア 昨年のノーベル賞を題材に学級新聞を作ることになりました。次の①・②の情報を集めるために最も適したメディアを後から一つずつ選び、記号で答えなさい。 教p.62

① 昨年の受賞者の一覧や略歴をまとめたい。（過去の正確な情報を知りたい場合。）（　　）

② 昨年の受賞者の一人を詳しく紹介したい。（受賞者の発言や人柄、日常のエピソードを知りたい場合。）（　　）

ア ノーベル賞が好きな人のSNS
イ 新聞記事や公式ウェブサイト
ウ 受賞者のSNSや雑誌の特集

4 状況に応じたメディア 災害直後で停電が発生し、テレビやインターネットが使えない場合、どのメディアを使えば情報を得ることができますか。 教p.63

（　　）

知識の泉 A ア。「全世界」→全＋世界。「初対面」→初＋対面。「市町村」→市＋町＋村。

教科書の要点　「自分で考える時間」をもとう

教p.64〜65

1 構成のまとめ　（　）に教科書の言葉を書き入れなさい。

（各段落に、1〜11の番号を付けて読みましょう。）

まとまり	序論	本論	結論
	1〜3段落	4〜9段落	10〜11段落
内容	情報の編集	情報の編集の具体例	筆者の考え
	▼日頃接する情報は、どれも編集されている。 ▼①（　）や書籍、テレビ番組、インターネットの情報も編集されている。	テレビのニュースの例 ・②（　）による違い ・放送局による違い ・③（　）による違い ・担当者の判断や好み →編集のしかたが変わってくる。 違いが出るのは当然。 ▼ミスによる誤った情報やフェイクニュースなどもある。	情報の受信者として ▼大事なことは、まずは情報を疑ってみること。 ・自分で④（　）時間をもつこと。 ・⑤（　）のメディアに当たること。 情報の発信者として ▼情報を注意深く受け止めることで、間違った情報を⑥（　）危険性が薄らぐ。

2 ニュース項目の選び方　次の①・②のニュース項目について、全国放送で取り上げられるのに適しているほうにはAを、地方の放送局で取り上げられるのに適しているほうにはBを書きなさい。

①
・県内各地に雷注意報
・○○町の町長、本日任期満了で退任

②
・明日の全国の天気予報
・外務大臣、欧州《おうしゅう》各国を訪問のため出発

①（　）
②（　）

3 統計や調査の方法　統計や調査の方法について説明した次の文章の（　）に当てはまる言葉を後の[　]から選び、書き入れなさい。

同じことを調査しても、調査結果に大きな違いが出ることがある。それは、①（　）の違いによるところが大きい。統計調査を見る際には、②（　）を対象にしたものか、どのように調査されたものか（例③（　）なのかインターネット上でのアンケートなのか等）、確認するようにしよう。

[誰　どこ　調査方法　個別面接　質問内容　複数]

おさえよう

要旨　私たちが日常的に接している新聞やテレビ番組、インターネットの情報などは、全て〔ア 編集　イ 統一〕されている。まずは情報を〔ア 疑って　イ 信じて〕みて、自分で考える時間をもつという姿勢が大切である。そうすることで、情報を〔ア 受信　イ 発信〕する立場になったときに、間違った情報を伝える危険性が薄らぐ。

知識の泉　Q「欠点がない」という意味の慣用句は？　□の打ちどころがない

実力判定テストA ステージ2

「自分で考える時間」をもとう

30分

自分の得点まで色をぬろう！

100点 80 60 0

/100

解答 9ページ

1 次の文章を読んで、問題に答えなさい。

教p.64・上⑩〜65・上⑩

私たちが日常的に接している新聞や書籍、テレビ番組、インターネットの情報も、同じように編集されています。ここでは、テレビのニュースを例に考えてみましょう。

①朝のニュースは、会社や学校に出かける前の人たちに向け、前日の夜までに起きた出来事と、当日の予定を中心に伝えます。いっぽう、夜のニュースは、仕事帰りの人たちに向けた、政治や経済、国際問題などの話題が多くなります。深夜のニュースでは、夜に行われたスポーツの最新情報が入ってくるでしょう。同じ放送局でも、時間帯によって、ニュースの扱いは異なるのです。

また、同じ時間帯でも、放送局が異なれば、扱うニュースは違ってきます。経済を大きく扱う放送局もあれば、スポーツを重点的に放送するところもあります。

さらに、東京の放送局と大阪の放送局では、取り上げるニュースの項目も違います。プロ野球のどの球団を大きく取り上げるかも、地域によって異なるでしょう。

②これらの違いに加え、各担当者の判断や、時には好みによっても編集のしかたは変わってきます。

だからといって、そのニュースが間違っているわけではありません。人間のすることですから、違いが出るのは当然なのです。

ただ、あってはならないことですが、時にはミスから誤った情報が入り込むことや、どちらかの立場に肩入れした情報を伝えることもありえます。近年では、③「フェイクニュース」という、事実無根のにせのニュースもインターネット上に出現し、社会の混乱を招いています。

④大事なことは、大量の情報に押し流されず、まずは情報を疑ってみること。情報を見たり聞いたりしたら、すぐにうのみにせず、「この情報をどう考えたらよいだろう。自分なら、違う取り上げ方をするかもしれない。」などと自分で考える時間をもつようにしましょう。また、一つのメディアのみではなく、複数のメディアに当たることも、情報を整理し、冷静に考える助けになります。

〈池上《いけがみ》 彰《あきら》「『自分で考える時間』をもとう」による〉

1 ①朝のニュース について答えなさい。

(1) 主にどのような人を対象にしていますか。文章中から抜き出しなさい。（5点）

(2) 朝のニュースと比較されているものを二つ、文章中から抜き出しなさい。5点×2（10点）

2 よく出る ②これらの違い とありますが、何が異なるときのニュースの扱いの違いを指していますか。文章中から三字以内で三つ抜き出しなさい。 5点×3（15点）

□　□　□

3 よく出る テレビのニュースにおける編集とは、ここではどうすることですか。次から一つ選び、記号で答えなさい。（10点）

ア 新聞や書籍、インターネットなどから最新の情報をすくい上げ、テレビ用に加工すること。
イ ニュースを視聴《しちょう》してほしい人を担当者が決定し、それに合わせて取り上げるニュースなどを決めること。
ウ 視聴者層や局の方針、地域性などを考慮に入れ、ニュースの取り上げ方や紹介の順序などを決めること。
エ 担当者の判断や好みによって、プロ野球のどの球団を大きく扱うのかを決めること。

（　　）

攻略！ テレビのニュースについての複数の具体例から考えよう。

4 筆者は編集によるニュースの違いについて、どう考えていますか。（　）に当てはまる言葉を、文章中から抜き出しなさい。 5点×2（10点）

違いが出るのは（　　）で、そのニュースが（　　）いるわけではない。

5 ③フェイクニュース とは、どのようなニュースのことですか。文章中から抜き出しなさい。（10点）

（　　）

6 ④大事なことは、……疑ってみること。について答えなさい。

(1) 何のために大事なのですか。次から一つ選び、記号で答えなさい。（10点）

ア 文章を正しく読むため。
イ テレビのニュースを楽しむため。
ウ 社会の混乱を防ぐため。
エ 正しく情報を受け取るため。

（　　）

(2) 記述 実際にはどのようにすることを筆者は勧めていますか。二つにまとめなさい。 10点×2（20点）

（　　）
（　　）

攻略！ 「また」でつながれている前後をそれぞれまとめよう。

2 **次の新聞の見出しは、同じ日のものです。それぞれ何を強調する記事内容となっていますか。後から一つずつ選び、記号で答えなさい。** 5点×2（10点）

① 東京都の九月の平均気温　八月と二度しか違わず
② 東京都　九月の平均気温が昨年より三度上昇

ア 今年の九月は、昨年に比べてかなり暑かったこと。
イ 今年の九月は、例年に比べて極端に暑かったこと。
ウ 九月になっても、暑い日が続いていたこと。
エ 九月になって、前月よりもぐっと涼しくなったこと。

①（　　）　②（　　）

確認のワーク ステージ1
短歌に親しむ
短歌を味わう

解答 10ページ スピードチェック 6ページ 予想問題 143ページ

学習のねらい
●筆者のものの見方や表現のしかたなどを味わい、短歌に親しもう。
●歌われている情景を捉え、作者の思いを読み取ろう。

漢字と言葉

1 漢字の読み
読み仮名《がな》を横に書きなさい。 *は新出漢字 ▼は新出音訓・◎は熟字訓

❶ *託す ❷ ▼丁*寧 ❸ ▼優しさ ❹ ▼牧（訓読み）
❺ *鮮やか ❻ *爽やか ❼ 恐*竜 ❽ 水*仙
❾ ▼我が物顔 ❿ *悠然 ⓫ ▼優れる ⓬ 一*滴

2 漢字の書き
漢字に直して書きなさい。

❶ （ていねい）に話す。 ❷ 絵画を（かんしょう）する。
❸ （いってき）のしずく。 ❹ （ゆうぜん）と構える。
❺ 希望を（たく）す。 ❻ （あざ）やかな色。

3 語句の意味
意味を下から選んで、線で結びなさい。

❶ みずみずしい・ ・ア 自分のもののように振る舞うこと。
❷ 臨場感 ・ ・イ つやがあって新鮮な様子。
❸ 我が物顔 ・ ・ウ その場に実際にいるような感じ。

教科書の要点

1 短歌の形式
●短歌は、五・七・五・七・七の（　）音から成る。

初句 五 第二句 七 第三句 五
みづうみの 氷は解けて なほ寒し …上《かみ》の句
三日月の影 波にうつろふ …下《しも》の句 島木赤彦《しまきあかひこ》
第四句 七 結句 七

●定型の音数より多いものを字余り、少ないものを字足らずという。
●歌の意味や調子の切れ目になるところを句切れという。
・初句切れ 五／七 五 七 七 ・二句切れ 五 七／五 七 七
・三句切れ 五 七 五／七 七 ・四句切れ 五 七 五 七／七
・句切れなし 五 七 五 七 七

2 表現技法
（　）に当てはまる表現技法を書きなさい。

①（　）…句末を体言（名詞）で結ぶ。
例 ゆく秋の大和《やまと》の国の薬師寺《やくしじ》の塔の上なる一ひらの雲 佐佐木信綱《ささきのぶつな》

②（　）…言葉を形や意味が対応するように並べる。
例 かにかくに渋民村《しぶたみむら》は恋《こひ》しかり／おもひでの山／おもひでの川 石川啄木《いしかわたくぼく》

知識の泉 **A 権利。** 義務＝しなければいけないこと。権利＝自分の意思で自由にできること。

3 内容の理解 「短歌に親しむ」について、（　）に教科書の言葉を書き入れなさい。

教p.68〜70

正岡子規《まさおかしき》の歌	優しい調子で、季節の情感を大切にして歌う。	▼「くれなゐの二尺」→①（　）（「くれなゐ」）と長さ（二尺）…薔薇《ばら》の芽を丁寧に描写。 ▼「くれなゐの｜」「薔薇の芽の｜」「春雨《はるさめ》の｜」→助詞「②（　）」を続けて優しさを添える。
与謝野晶子《よさのあきこ》の歌	爽やかな夏の風に、生命への賛歌をのせて歌う。	▼「三百の牧の若馬」→「三百」という③（　）を生かすことで、臨場感を与える。 ▼山（遠く）→牧場→若馬の耳（目の前）→④（　）の動きが爽やかな流れを作る。
斎藤茂吉《さいとうもきち》の歌	母の死と向き合う悲しみを、自然と共に歌う。	▼「死に近き母に添寝《そひね》の」→危篤状態の母を見つめる作者。 ▼「⑤（　）」という言葉が、夜がふけてゆく状況と⑥（　）の声が空に響く様子を表現。
馬場《ばば》あき子《こ》の歌	短い詩の中で、時間や時代の在り方を壮大《そうだい》に歌う。	▼「鯨の世紀 恐竜の世紀」→安らかで悠然としていた時代 ↕ ⑦（　）が我が物顔をしている現在 →とてつもなく長い時間 ↕ ⑧（　）の時間＝「水仙の白」
俵《たわら》万智《まち》の歌	口語の息遣いが、読む者に勇気を与える。	▼「蛇行の⑨（　）あり」→蛇行はむだではない。生きることそのものを暗示している。 ▼「急げばいいってもんじゃないよと」→すぐ近くから⑩（　）てくるような温かさ。

4 大意 「短歌を味わう」について、（　）に教科書の言葉を書き入れなさい。

教p.72

若山牧水《わかやまぼくすい》の歌	●白鳥はかなしくないのだろうか。空や①（　）の青に染まることなくただよっている。
石川啄木《いしかわたくぼく》の歌	●城跡の草の上に寝転んで②（　）を眺めていたら、吸い込まれそうな気がした、十五歳の頃の心よ。
佐佐木幸綱《ささきゆきつな》の歌	●のぼり坂でペダルをこぎながら、子供が大声で「③（　）」と問う。そうだ、どんどんのぼれ。
河野裕子《かわのゆうこ》の歌	●秋の青空にぽぽぽぽと④（　）が浮いている。子供たちはどこか遠くへ遊びに行っているようだ。
栗木京子《くりききょうこ》の歌	●観覧車よ、どんどん回れ。この想《おも》い出は、あなたには一日でも、私には⑤（　）のものだから。
穂村《ほむら》弘《ひろし》の歌	●ゼラチンの菓子をスプーンですくえば、雨の匂いに包まれた⑥（　）の自分を強く感じる。

おさえよう

要旨 〔ア 千三百年　イ 五百年〕以上前から受け継がれてきた短歌が現在に至るまで多くの人々に愛されているのは、調べに〔ア 事実を見いだす　イ 気持ちを託す〕ことができるからだ。短歌を鑑賞したり作ったりすることで、その人の世界はきっと豊かになるだろう。

知識の泉 Q 「模倣《もほう》」の対義語はどっち？　ア＝現実　イ＝創造

実力判定テストA　ステージ2

短歌に親しむ
短歌を味わう

30分

自分の得点まで色をぬろう!　100点　80　60　0　/100

解答　10ページ

★ 次の文章を読んで、問題に答えなさい。　教 p.68・⑦～69・⑯

くれなゐの二尺伸びたる薔薇《ばら》の芽の針やはらかに春雨《はるさめ》のふる
　正岡子規《まさおかしき》

四季の変化に富む日本では、季節の情感を大切にしながら短歌が作られてきました。この歌は「くれなゐ」(紅色《べにいろ》)という色彩《しきさい》や「二尺」(約六十・六センチメートル)という長さによって、①薔薇の芽を丁寧に描写しています。さらに、薔薇のとげを「針」と表現し、②「針やはらかに」と続けたところが巧みです。新芽のとげのみずみずしく柔らかな様子が伝わってきます。「くれなゐの」「薔薇の芽の」「春雨の」と、助詞「の」が続いていることも、歌に優しさを添えています。

夏のかぜ山よりきたり三百の牧の若馬耳ふかれけり
　与謝野晶子《よさのあきこ》

こちらも③季節感が生き生きと伝わってくる歌です。牧場の若い馬たちが気持ちよさそうに風に吹かれています。「三百」は、たくさんという意味で使われていますが、「たくさんの牧の若馬」よりも④「三百の牧の若馬」と表現したほうが鮮やかな印象を残します。数量や順序を示す語を「数詞」といいますが、ここでは数詞を生かすことで情景に臨場感が備わっているといえるでしょう。遠い山に向けられていた視線が、やがて牧場へとくだり、最後には目の前の若馬の耳に移っていきます。こうした動きが歌の中に爽やかな流れを作り、言葉の背後から生命への賛歌が聞こえてくるようです。

死に近き母に添寝《そひね》の⑤しんしんと遠田《とほだ》のかはづ天に聞《きこ》ゆる
　斎藤茂吉《さいとうもきち》

生きる喜びを歌った晶子の歌に対し、茂吉のこの歌では⑥死にゆく母を見つめています。一九一三(大正二)年五月、母危篤の知らせを受け、作者は東京から実家のある山形県に帰りました。母の看病をしていると、遠くの田から蛙《かえる》の声が聞こえてきます。その声は、まるで天まで届くように感じられたのでした。「しんしんと」は夜がふけてゆく状況とともに、蛙の声が空に響く様子を表しています。母の死と向き合う悲しみを、ふるさとの大きな自然が包み込んでいます。

〈栗木《くりき》 京子《きょうこ》「短歌に親しむ」による〉

知識の泉　A イ。「模倣《もほう》」=まねること。「創造」=新たにつくり出すこと。

1 ①薔薇の芽を丁寧に描写 とありますが、何と何によって描写していますか。文章中からそれぞれ二字で抜き出しなさい。 5点×2（10点）

□ □

2 よく出る ②針やはらかに とありますが、何のどのような様子を表していますか。文章中から抜き出しなさい。（10点）

（　　　）

攻略！ まず「針」が何を表しているかを捉えよう。

3 「くれなゐの……」の短歌の調べの特徴として挙げられていることは、何ですか。（　）に当てはまる言葉を、文章中から抜き出しなさい。 5点×2（10点）

（　　　）が続くことで、歌に（　　　）を添えていること。

4 ③季節感 とありますが、「夏のかぜ……」の短歌から感じられるものを次から一つ選び、記号で答えなさい。（10点）

ア 暑苦しくて、荒々しい夏。
イ 爽やかで、生命力あふれる夏。
ウ 寂しげで、活気のない夏。
エ おだやかで、しっとりとした夏。

（　　　）

5 記述 ④「三百の牧の若馬」と表現したほうが鮮やかな印象を残します とありますが、なぜですか。（10点）

（　　　）

6 「夏のかぜ……」について、筆者はどのように感じていますか。□に当てはまる言葉を、文章中から抜き出しなさい。 5点×3（15点）

視線が、遠い□から牧場へとくだり、目の前の□へと移っていく。この動きが歌に流れを作り、言葉の背後から□が聞こえてくるようだ。

7 よく出る ⑤しんしんと は何を表していますか。文章中から二つ抜き出しなさい。 10点×2（20点）

（　　　）（　　　）

8 ⑥死にゆく母 を表している部分を、短歌の中から五字で抜き出しなさい。（5点）

□□□□□

9 「死に近き……」の短歌には、作者のどのような思いが歌われていますか。文章中から抜き出しなさい。（10点）

（　　　）

攻略！ 「思い」をきかれているので、気持ちを表す言葉を探そう。

知識の泉 Q 「百聞は一見にしかず」の意味は？

実力判定テストB ステージ3

短歌に親しむ
短歌を味わう

30分

自分の得点まで色をぬろう！

解答 11ページ

/100

1 次の文章を読んで、問題に答えなさい。

教 p.70・①〜70・⑩

①鯨の世紀恐竜の世紀いづれにも戻れぬ地球の水仙の白　馬場《ばば》あき子《こ》

二十世紀から二十一世紀へ時代が移るときに作られた歌です。地球上に人類が誕生するよりもはるか前に、鯨や恐竜が栄えている時代がありました。人間は今、我が物顔で新しい世紀へ歩み出していますが、それでよいのだろうか。遠い昔の地球は、もっと安らかで悠然としていたのではないか。そんな問いかけが聞こえます。そして、この歌の優れた点は、「水仙の白」と歌い収めたところです。鯨の世紀、恐竜の世紀といった、とてつもなく長い時間が「水仙の白」という一滴の時間の中に、すっと回収されていきます。大きな時間と小さな時間が、一首の中でダイナミックに溶け合っているのがわかって、②思わずため息が出ます。短歌は短い詩ですが、このように壮大《そうだい》なことを表現することもできるのです。

蛇行する③川には蛇行の理由あり急げばいいってもんじゃないよと　俵《たわら》万智《まち》

〈栗木《くりき》京子《きょうこ》「短歌に親しむ」による〉

1 ①鯨の世紀恐竜の世紀について答えなさい。

(1) 現代と比べて、どのような時代だと捉えられていますか。(10点)

(2) どのような時間に当たりますか。(5点)

(3) よく出る 対照的に歌われているものを、短歌の中から抜き出しなさい。(10点)

時間。

2 ②思わずため息が出ますとありますが、なぜですか。次から一つ選び、記号で答えなさい。(10点)

ア 難しそうな歌が身近な内容で終わることが意外だから。
イ 短歌で壮大なことを表現した見事さに感動するから。
ウ 歌に二つの時間が混ざっていたのを残念に思うから。
エ 自分にはすばらしい歌が作れないのが悔しいから。

3 「蛇行する……」の短歌は定型の音数ではありませんが、このようなものを何といいますか。三字で書きなさい。(5点)

4 よく出る ③川は、何と重ね合わせて歌われたと考えられますか。漢字二字で書きなさい。(10点)

2 次の短歌を読んで、問題に答えなさい。

教 p.72

A 白鳥はかなしからずや空の青海のあをにも染まずただよふ　若山牧水《わかやまぼくすい》

B 不来方《こずかた》のお城の草に寝ころびて
空に吸はれし
十五の心　石川啄木《いしかわたくぼく》

C のぼり坂のペダル踏みつつ子は叫《さけ》ぶ「まっすぐ？」、そうだ、どんどんのぼれ　佐佐木幸綱《ささきゆきつな》

D 観覧車回れよ回れ想《おも》ひ出は君には一日《ひとひ》我には一生《ひとよ》　栗木京子《くりききょうこ》

〈「短歌を味わう」による〉

1 A～Dの短歌の中から、二句切れの短歌を全て選び、記号で答えなさい。　完答（3点）
（　）

2 A～Dの短歌の中から、「三行書き」の形式が使われている短歌を一つ選び、記号で答えなさい。（3点）
（　）

3 Aの短歌について答えなさい。

(1) 「かなしからずや」の意味を次から一つ選び、記号で答えなさい。（5点）

ア かなしいのだろう。　イ かなしくないのだろうか。
ウ かなしいはずはない。　エ かなしいかもしれない。
（　）

(2) よく出る 作者は、白鳥をどのような思いで見つめているのですか。次から一つ選び、記号で答えなさい。（10点）

ア 堂々と力強く飛ぶ白鳥の姿に、生きる勇気を与えられている。
イ はなやかでひときわ目立つ白鳥の姿に、憧れを感じている。
ウ 仲間を求める白鳥の哀れな姿に、人生の厳しさを見ている。
エ 広大な空間に浮かぶ白鳥の孤独《こどく》な姿に、共感を覚えている。
（　）

4 Bの短歌で、作者が歌いたかったものを次から一つ選び、記号で答えなさい。（10点）

ア 少年時代に見たお城のすばらしさ。
イ 今ではもう見られない昔の自然の美しさ。
ウ 希望や不安を抱えていた少年の頃の思い出。
エ 少年に戻ったかのように明るく弾む心。
（　）

5 どんどんのぼれ には、作者のどのような気持ちが込められていますか。次から一つ選び、記号で答えなさい。（10点）

ア 子供をはげまし、応援する気持ち。
イ 子供を突き放し、きたえようとする気持ち。
ウ 子供に負けずに、がんばろうとする気持ち。
エ 子供に置いていかれ、寂しく思う気持ち。
（　）

6 レベルUP Dの短歌について、（　）に当てはまる言葉を書きなさい。　3点×3（9点）

「君」と「（　）」、「一日」と「（　）」という対句による対比で二人の想いの強さの違いがきわだって、恋《こい》する作者の（　）気持ちが伝わってくる。

知識の泉 Q ——線の使い方は○か×か？　人だかりができて，枯れ木も山のにぎわいだ。

確認のワーク ステージ1 言葉の力

学習のねらい
●桜と言葉のどのような点が同じなのかを読み取ろう。
●言葉の本質についての筆者の考えを捉えよう。

解答 12ページ スピードチェック 6ページ 予想問題 144ページ

漢字と言葉

1 漢字の読み 読み仮名《がな》を横に書きなさい。

*は新出漢字 ▼は新出音訓・◎は熟字訓

❶語*彙 ❷*淡い ❸▼秘める ❹*華やか ❺*煮詰める ❻脳▼裏 ❼精*髄

2 漢字の書き 漢字に直して書きなさい。

❶日本文化の（せいずい）。 ❷（はな）やかな色。

❸しるを（に）詰める。 ❹（あわ）い黄色。

3 語句の意味 意味を下から選んで、線で結びなさい。

❶いやおうなしに ・ ・ア うまく言葉では言い表せない。
❷ささやか ・ ・イ 物事の大切なところ。本質。
❸秘める ・ ・ウ ちょっとした様子。
❹上気 ・ ・エ 好む好まないに関係なく。
❺えもいわれぬ ・ ・オ 隠して内部にもつ。
❻精髄 ・ ・カ のぼせて赤くなること。

教科書の要点

1 話題 筆者は、最初の段落で、何について述べていますか。次から一つ選び、記号で答えなさい。 教p.74 （　）

ア 言葉の決まり。 イ 言葉と人間の関わり。
ウ 美しい言葉の例。 エ 話し手と聞き手の関係。

2 筆者の考え 筆者は、言葉と人間について、どのように考えていますか。（　）に教科書の言葉を書き入れなさい。 教p.74

言葉の本質は、それを発している（　）の世界を背負ってしまうところにある。

3 内容理解 筆者は、どのような話を交えて、言葉の本質について考えていますか。（　）に教科書の言葉を書き入れなさい。 教p.74〜75

京都に住む（　）である志村《しむら》ふくみさんから聞いた、（　）の皮から美しい（　）の色を取り出すという話。

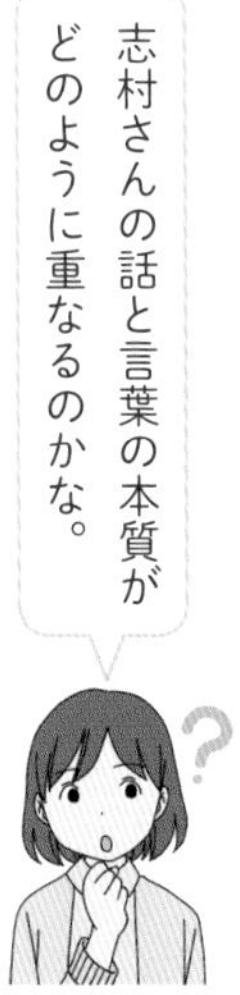
志村さんの話と言葉の本質がどのように重なるのかな。

知識の泉 A ×。「枯れ木も山のにぎわい」＝つまらないものでも，ないよりはましだ。

おさえよう

4 構成のまとめ

（　）に教科書の言葉を書き入れなさい。教p.74〜76

まとまり		内容
第一のまとまり 教初め〜p.74・⑦	言葉の本質	**筆者の考え** 単独にそれだけで美しいと決まっている言葉、正しいと決まっている言葉は（①　　）。 **理由** 言葉の本質＝・言葉を発している人間全体の世界を背負うから。 ・言葉の一つ一つに、それを発している人間全体が（②　　）するから。
第二のまとまり p.74・⑨〜75・⑰	桜の話	**染織《せんしょく》家志村ふくみさんの話** ●美しい桜色に染まった糸で織った着物を見せてくれた。 ●桜の花が咲く（③　　）の頃、山の桜の皮をもらってきて染める。すると、黒っぽいごつごつした桜の皮から、美しいピンクの色が取り出せる。 **筆者の感動** ▼桜は（④　　）で春のピンクに色づいている。 （幹のピンク・樹皮のピンク・樹液のピンク） ・花びらはそのピンクが、ほんの（⑤　　）だけ姿を出したものにすぎない。 ↓木全体の一刻も休むことない活動の（⑥　　）という一つの現象になるにすぎない。 春という時節に桜の（⑦　　）が、
第三のまとまり p.75・⑲〜終わり	言葉に対する考え	**筆者の考え** 桜の話と言葉の世界には同じところがある。 ・桜の花びら一枚一枚は、大きな（⑧　　）を背負っている。 ＝　＝ ・言葉の（⑨　　）は、人間全体の世界を背負っている。 こういうことを念頭において、言葉というものを考える必要がある。 ⇦そうすれば （⑩　　）言葉、正しい言葉が身近になる。

主題 桜の花びらの背後に桜の木全体の活動があるように、言葉は、背後にそれを使う〔ア 時代　イ 人間〕全体の世界を背負っている。美しい言葉、正しい言葉は、その言葉を発する人の〔ア 人間性　イ 理解力〕から生まれるものであることを意識して、言葉と向かい合うべきである。

知識の泉 Q □に当てはまる漢字は？　五里□中

実力判定テストA ステージ2　言葉の力

次の文章を読んで、問題に答えなさい。

教p.74・①〜76・⑥

30分

自分の得点まで色をぬろう！

100点　80　60　0

/100

解答 12ページ

人はよく美しい言葉、正しい言葉について語る。しかし、私たちが用いる言葉のどれをとってみても、単独にそれだけで美しいと決まっている言葉、正しいと決まっている言葉はない。①ある人があるとき発した言葉がどんなに美しかったとしても、別の人がそれを用いたとき同じように美しいとはかぎらない。それは、言葉というものの本質が、口先だけのもの、語彙だけのものではなくて、それを発している人間全体の世界をいやおうなしに背負ってしまうところにあるからである。人間全体が、ささやかな言葉の一つ一つに反映してしまうからである。

京都の嵯峨《さが》に住む染織《せんしょく》家志村《しむら》ふくみさんの仕事場で話していたおり、志村さんがなんとも美しい桜色に染まった糸で織った着物を見せてくれた。そのピンクは、淡いようでいて、しかも燃えるような強さを内に秘め、華やかでしかも深く落ち着いている色だった。その美しさは目と心を吸い込むように感じられた。

「この色は何から取り出したんですか。」

「桜からです。」

と志村さんは答えた。素人《しろうと》の気安さで、私はすぐに桜の花びらを煮詰めて色を取り出したものだろうと思った。実際はこれは桜の皮から取り出した色

なのだった。②あの黒っぽいごつごつした桜の皮からこの美しいピンクの色がとれるのだという。志村さんは続けてこう教えてくれた。この桜色は、一年中どの季節でもとれるわけではない。桜の花が咲く直前の頃、山の桜の皮をもらってきて染めると、こんな、上気したような、えもいわれぬ色が取り出せるのだ、と。

③私はその話を聞いて、体が一瞬揺らぐような不思議な感じに襲われた。春先、もうまもなく花となって咲き出《い》でようとしている桜の木が、花びらだけでなく、木全体で懸命になって最上のピンクの色になろうとしている姿が、私の脳裏に揺らめいたからである。花びらのピンクは、幹のピンクであり、樹皮のピンクであり、樹液のピンクであった。桜は全身で春のピンクに色づいていて、花びらはいわばそれらのピンクが、ほんの尖端《せんたん》だけ姿を出したものにすぎなかった。

考えてみれば④これはまさにそのとおりで、木全体の一刻も休むことない活動の精髄が、春という時節に桜の花びらという一つの現象になるにすぎないのだった。しかしわれわれの限られた視野の中では、桜の花びらに現れ出たピンクしか見えない。たまたま志村さんのような人がそれを樹木全身の色として見せてくれると、はっと驚く。

このように見てくれば、⑤これは言葉の世界での出来事と同じことではないかという気がする。言葉の一語一語は、桜の花びら一

枚一枚だといっていい。一見したところ全然別の色をしているが、しかし本当は全身でその花びらの色を生み出している大きな幹、それを、その一語一語の花びらが背後に背負っているのである。そういうことを念頭におきながら、言葉というものを考える必要があるのではなかろうか。⑥そういう態度をもって言葉の中で生きていこうとするとき、一語一語のささやかな言葉の、ささやかさそのものの大きな意味が実感されてくるのではなかろうか。美しい言葉、正しい言葉というものも、そのとき初めて私たちの身近なものになるだろう。

〈大岡《おおおか》 信《まこと》「言葉の力」による〉

1 よく出る ①ある人があるとき発した言葉が……かぎらない。とありますが、それはなぜですか。□に当てはまる言葉を、文章中から抜き出しなさい。 5点×2（10点）

言葉の□が、それを発する人間□の世界を背負ってしまうところにあるから。

2 ②あの黒っぽいごつごつした桜の皮から という表現から感じられる筆者の気持ちを次から一つ選び、記号で答えなさい。（10点）

ア 言われてみれば、まさにそのとおりだと思っている。
イ 美しい染め物の色との違いに不快感をもっている。
ウ 自然が作り出す不思議な現象を理解しかねている。
エ 思ってもみないことで、大きな驚きを感じている。 （ ）

攻略！ 筆者は最初、桜の花びらから色を取り出したのだろうと思った。

3 ③私はその話を聞いて、体が一瞬揺らぐような不思議な感じに襲われた。について答えなさい。

(1) 「その話」とは、どのような話ですか。□に当てはまる言葉を、文章中から抜き出しなさい。 5点×2（10点）

桜の花が咲く□の頃にだけ、桜の□からえもいわれぬ美しいピンクの色が取り出せるという話。

(2) 筆者がこのような気持ちになったのは、どのようなものを思い描いたからですか。文章中から抜き出し、初めと終わりの五字を書きなさい。（15点）

□～□

4 ④これ が指している一文を文章中から抜き出し、初めの五字を書きなさい。（15点）

□

5 よく出る ⑤これは言葉の世界での出来事と同じことではないかとありますが、何と何が同じだというのですか。次の表に当てはまる言葉を、文章中から抜き出しなさい。 10点×2（20点）

同じ	
①（ ）	言葉の一語一語
↑大きな幹を背負っている。	↑②（ ）を背負っている。

6 記述 ⑥そういう態度 とは、どのような態度ですか。（20点）

（ ）

攻略！ 前の部分にある「そういうこと」の内容も明らかにして書こう。

知識の泉 Q 「短慮」の対義語はどっち？ ア＝考慮 イ＝熟慮

確認のワーク ステージ1

言葉1 類義語・対義語・多義語
言葉を比べよう もっと「伝わる」表現を目ざして

学習のねらい
- 類義語・対義語・多義語を調べ、言葉の幅を広げよう。
- 類義語の比較から、抽象的な概念を表す言葉の理解を深めよう。

解答 13ページ　スピードチェック 6ページ

漢字

1 漢字の読み 読み仮名《がな》を横に書きなさい。

＊は新出漢字 ▼は新出音訓・◎は熟字訓

❶ ＊裂く　❷ 風＊鈴　❸ ＊廉価　❹ 真＊摯
❺ 実＊践　❻ ＊慎重　❼ ＊概念　❽ ＊鍋

2 漢字の書き 漢字に直して書きなさい。

❶ （　　）《じゅよう》と供給。　❷ 服を（　　）《こうにゅう》する。

教科書の要点

1 類義語・対義語・多義語 （　）に教科書の言葉を書き入れなさい。 教p.78〜79　言葉1

①（　　）	●似た意味をもつ語のグループ。	例 つかむ＝握る
②（　　）	●意味が反対の関係や対《つい》の関係にある二語。	例 売る↔買う
③（　　）	●一つの語で多くの意味や用法をもつ語。	例 日記をつける。電気をつける。後をつける。

基本問題　言葉1

1 次の（　）に当てはまる語を□から選び、書きなさい。

① A 自分でネクタイを（　　）。
　 B ひもで犬を（　　）。
　 結ぶ　つなぐ

② A 彼女の身が（　　）になる。
　 B 突然、（　　）に襲われる。
　 心配　不安

2 よく出る 次の語の類義語を、□に漢字を書き入れて答えなさい。

① 準備＝用□　② 進歩＝□上
③ 容易＝□単　④ 欠点＝□所

3 ↔の両側が対義語の関係になるように、□①・②に当てはまる言葉を書きなさい。

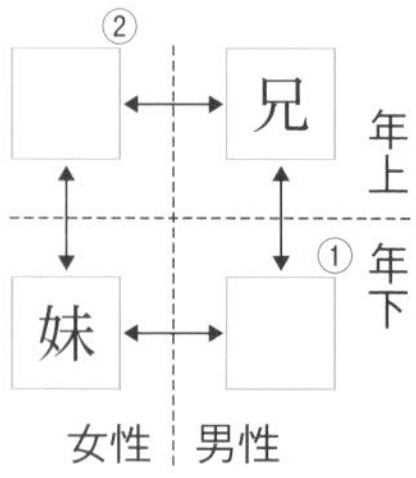

4 次の――線の語の対義語を書きなさい。

① A 高い所に生える植物。（　）
　 B 最近はキャベツが高い。（　）

② A 戸が開く。（　）
　 B どんどん差が開く。（　）

攻略！ ①Aの「高い」は、位置のこと。Bの「高い」は、値段のこと。

5 よく出る 次の語の対義語を、□の漢字を使って書きなさい。

① 縮む ↔（　）びる　② 軽い ↔（　）い
③ 否定 ↔（　）　④ 現実 ↔（　）
⑤ 義務 ↔（　）　⑥ 増加 ↔（　）
⑦ 支出 ↔（　）　⑧ 原因 ↔（　）
⑨ 客観的 ↔（　）的　⑩ 積極的 ↔（　）的

想　結　定　伸　収　消　観　極　減
権　肯　入　主　果　重　利　少　理

攻略！ 対義語は、一字が共通の漢字の場合と、二字とも違う場合がある。

6 次の――線の語の意味を後から一つずつ選び、記号で答えなさい。

① 波が岩に当たる。（　）　② 駅の西に当たる。（　）
③ 答えが当たる。（　）

ア ぴったり合う。　イ ぶつかる。　ウ その方向にある。

7 次の――線の語と同じ意味で使われている語をそれぞれ後から一つずつ選び、記号で答えなさい。

① 壁に絵をかける。（　）
ア 肉に塩をかける。　イ 企画を会議にかける。
ウ 服をハンガーにかける。

② 人の話に口を挟む。（　）
ア 袋の口をしめる。　イ 口が重い。
ウ 口をゆすぐ。

8 □に共通して当てはまる多義語を、漢字を使って書きなさい。

① ・電車に□。・時流に□。・相談に□。・調子に□。（　）
② ・□を挙げる。・□がかかる。・□が足りない。・□を尽くす。（　）

基本問題　言葉を比べよう

☆ 次の文章の「　」①～③に当てはまる文を、後から一つずつ選び、記号で答えなさい。

「体験」と「経験」には、「実際に見たり、聞いたり、やってみたりすること」という共通した意味があるので、「①」には、どちらの語も当てはまる。時間の経過や積み重ねを表す「②」には「経験」が、体を使って直接という印象が強い「③」には「体験」が当てはまる。

① （　）② （　）③ （　）

ア 野球部に一週間□入部する。
イ 文化祭実行委員で□したことを話す。
ウ 外国で生活した□がある。

知識の泉 Q □に当てはまる漢字は？　朱《しゅ》に交われば□くなる

確認のワーク　ステージ1

翻訳作品を読み比べよう
読書コラム　「わからない」は人生の宝物

解答　13ページ　スピードチェック　7ページ

学習のねらい
● 翻訳の違いによる、作品や登場人物の印象の違いを読み取ろう。
● 翻訳家が考える翻訳小説の魅力を捉えよう。

漢字と言葉

1 漢字の読み 読み仮名《がな》を横に書きなさい。

＊は新出漢字
▼は新出音訓・◎は熟字訓

❶ ＊翻訳

2 漢字の書き 漢字に直して書きなさい。

❶ （ほんやく）作品を読む。

3 語句の意味 「翻訳」の意味を次から一つ選び、記号で答えなさい。

ア 外国語で書かれた文章を、日本語に置き換えること。
イ ある言語で書かれた文章を、他の言語に置き換えること。
ウ 難解な文章を、わかりやすい言葉に置き換えること。
エ 日本語で書かれた文章を、外国語に置き換えること。
（　　）

★ 基本問題　翻訳作品を読み比べよう

教科書の次の翻訳作品を読んで、問題に答えなさい。

● 教 p.85 「星の王子さま」サン＝テグジュペリ
内藤《ないとう》 濯《あろう》 訳／池澤《いけざわ》 夏樹《なつき》 訳

1 教 p.85・上⑥「すると、王子さまは、大声を上げて言いました。」とありますが、同じ部分を池澤訳ではどう表現していますか。文章中から抜き出しなさい。

（　　）

2 教 p.85・下⑩「そう言って王子さまがけらけらと笑ったので」とありますが、同じ部分を内藤訳ではどう表現していますか。文章中から一文で抜き出しなさい。

（　　）

3 よく出る　攻略！ 前後の部分に着目して、対応箇所を絞り込もう。

次の各文は内藤訳、池澤訳のどちらの説明に当たりますか。内藤訳ならA、池澤訳ならBを（　）に書きなさい。

① 敬体（「です・ます調」）が使われ、全体的に柔らかい雰囲気《ふんいき》の翻訳となっている。（　）
② 常体（「だ・である調」）が使われ、テンポがよい印象を与える翻訳となっている。（　）
③ 児童向けであることを、より意識した言葉を選んだ翻訳となっている。（　）
④ 王子さまを「彼」と表現するなど、すっきりした現代的な翻訳となっている。（　）

知識の泉　A 赤。「人は交わる相手や環境によって，よくも悪くもなる」という意味。

☆ 基本問題 「わからない」は人生の宝物

次の文章を読んで、問題に答えなさい。 教p.86・下②〜86・下⑰

①翻訳小説は、「アレクセイ・ヒョードロウィチ・カラマーゾフ」など、覚えにくい人名が出てくるので苦手、外国の文化を知らないとよく理解できないから敬遠してしまう、という人もいます。確かに外国文化への知識があれば、より深く味わえるでしょう。でも聞いてください。文学や小説というのは、何もかもいっぺんにわからなくていいんです。私にとっては、むしろ②「わからない」ところが魅力でした。日本語の日常生活で出会えないものや考え方、それは新しい世界への扉に見えました。

例えば、「あしながおじさん」に出てきた「かもじゅ」というのが長年わかりませんでした。それが「かもじ」のなまったもので、「かもじ」とは付け毛のことだと知ったとき、「ああ、なるほど！」と。どうしてその場面に「かもじゅ」が出てきたのか、二十年分のなぞが解けて感動しました。

小説って、③これぐらいのんびりした理解でもかまわないんです。二十年かけた「なるほど」は人生の宝物。「違和感」と「不思議」に満ちた海外文学をもっと読んでみませんか？

〈鴻巣《こうのす》 友季子《ゆきこ》『「わからない」は人生の宝物』による〉

1 ①翻訳小説が苦手で敬遠する人がいるのはなぜだと筆者は述べていますか。二つに分けて書きなさい。

( )

( )

2 ②「わからない」ところとありますが、筆者にはこれがどのように見えたと述べていますか。文章中から八字で抜き出しなさい。

□□□□□□□□

3 ③これくらいのんびりした理解とは、具体的にはどのようなことですか。( )に当てはまる言葉を、文章中から抜き出しなさい。

「あしながおじさん」に出てきた「( )」という言葉の意味が、( )を意味する「かもじ」のなまったものだと、( )たってやっとわかったこと。

4 よく出る 筆者にとって、翻訳小説とはどのようなものだと考えられますか。次から一つ選び、記号で答えなさい。

ア わからないことだらけでも全く気にならないほど、日本より優れた文化や考え方に触れられるすばらしいもの。

イ 日常生活では出会えないものや考え方が新鮮で、時間をかけた理解は人生の宝物にもなる魅力的なもの。

ウ 間違った翻訳が時間をかけて正しいものとなり、その過程が「なるほど！」という感動を与えてくれるもの。

エ 長い時間をかけてしか理解することのできない、「違和感」や「不思議」に満ちた難解なもの。

( )

攻略！ 「私にとって」という言葉や、「扉」「宝物」などの表現に着目しよう。

確認のワーク ステージ1

盆土産《みやげ》

学習のねらい
●登場人物の言動や情景描写から、作品のもつ雰囲気《ふんいき》を捉えよう。
●場面の状況と登場人物の言動から、人柄や心情を読み取ろう。

解答 14ページ　スピードチェック 7ページ　予想問題 145ページ

漢字と言葉

1 漢字の読み 読み仮名《がな》を横に書きなさい。

*は新出漢字 ▼は新出音訓・◎は熟字訓

① *漬ける ② *釣る ③ かき*揚げ ④ すり*潰す
⑤ *唾液 ⑥ *粒(訓読み) ⑦ *跳ねる ⑧ *蓋(訓読み)
⑨ *偉い ⑩ *焦げる ⑪ *緻密 ⑫ 不明*瞭

2 漢字の書き 漢字に直して書きなさい。

① 番号の(ていせい)。 ② (しょくたく)を囲む。
③ 音に(びんかん)だ。 ④ (ふきつ)な夢。
⑤ かみ(くだ)く。 ⑥ 川が(にご)る。

3 語句の意味 意味を下から選んで、線で結びなさい。

① 心もとない ・　・ア ごく普通であること。
② 尋常 ・　・イ わざとらしく不自然な様子。
③ とって付けたよう ・　・ウ 頼りなくて不安な様子。

教科書の要点

1 設定 (　)に教科書の言葉を書き入れなさい。 教 p.92〜103

●主な登場人物
・少年(主人公)…小学校三年生。
・(①　)…中学生。
・祖母(=婆《ば》っちゃ)
・(②　)…東京へ働きに出ている。

●時期
・(③　)を中心とした二日間。

2 題名 「盆土産《みやげ》」とは、具体的には何ですか。 教 p.93〜95

父親が東京から持ち帰った(　)。

3 内容理解 えびフライを食べる前の、少年のえびフライに寄せる気持ちを次から一つ選び、記号で答えなさい。 教 p.93〜95 (　)

ア 大きな期待。 イ 高まるいらだち。
ウ 十分な満足。 エ 強い疑い。

少年は「えびフライ……。」とつぶやいてみずにはいられないんだよ。

知識の泉 **A イ。** 必要なものをあらかじめそろえること。「支度」も類義語。

4 構成のまとめ

（　）に教科書の言葉を書き入れなさい。教p.92〜103

	第一場面 盆入りの前日	第二場面 盆入りの前日	第三場面 盆入りの当日	
場面	教初め〜p.96・⑥ 川での釣り	p.96・⑧〜100・⑲ 父の帰郷	p.101・①〜102・① 墓参り	p.102・②〜終わり 父との別れ
出来事や様子	少年 川で雑魚《ざこ》釣りをする。↓父親の好きな生そばのだしを作るため。 ゆうべ ●東京から速達が届く。↓家中でひやりとさせられた。 父親からの知らせ『盆には帰る。……土産は、えびフライ。』 …→姉も祖母も、えびフライの正体をはっきり知らないらしい。 少年「えびフライ……。」と、つぶやいてみないではいられない。	父親 えびフライを一晩中冷やし続けながら、持って帰ってきた。 姉と少年 えびの大きさに目をみはる。←父親 満足そう。 父親「お前《め》と姉《あんね》は（　③　）ずつ食《け》え。おらと婆っちゃは一匹ずつでええ。」 少年 えびフライをかむと、（　④　）うまさが口の中に広がった。	祖母 念仏の合間に「えんびフライ……。」↓昨夜の食卓の様子を報告。 少年 墓を（　⑤　）でしか見られなくなる。	父親「こんだ正月に帰るすけ」と、とって付けたような言い方。 少年 不意に（　⑥　）そうになる。 父親 少年の（　⑦　）をわしづかみにした。 少年 さいならと言うつもりが、「（　⑧　）。」と言ってしまった。
心情	▼父親を喜ばせたい。 ▼父親の事故を心配。 ▼父親が帰ってくるのはうれしいが、土産が少し（　①　）た。 ▼とびきり（　②　）ものにはちがいない。どんなものか気になる。	▼家族を喜ばせたい一心。 ▼大きなえびに対する驚き。 ▼子供への愛情。 ▼えびフライに夢中になる。	▼母親はあんなにうまいものは食べたことがないだろう。…→申し訳ない。	▼うまく話せない。 ▼別れがつらい。 ▼子供への愛情。 ▼頭が混乱…→寂しさをこらえている。

主題　〔ア 正月休み　イ 盆〕に帰ってきた父親が土産として持ってきたえびフライをめぐる出来事を通して、家族のそれぞれが互いを〔ア 思いやる　イ なぐさめ合う〕気持ちを見せる様子や、家族の深いきずなが描かれている。

知識の泉

Q「わずかな努力では効果が出ない」という意味のことわざは？　□に水

実力判定テストA ステージ2

盆土産《みやげ》

30分

自分の得点まで色をぬろう！
100点　80　60　0
/100

解答 14ページ

次の文章を読んで、問題に答えなさい。

教p.99・⑪〜100・⑲

普段、おかずの支度は全て姉がしているが、今夜はキャベツを細く刻むだけにして、フライは父親が自分で揚げた。煮えた油の中でパン粉の焦げるいい匂いが、家の中に籠もった。四人家族に六尾では、配分がむつかしそうに思われたが、父親は明快に、

「お前《めえ》と姉《あんね》は二匹ずつ食《け》え。おらと婆《ば》っちゃは一匹ずつでええ。」

と言って、その代わりに、今朝釣ってきた雑魚《ざこ》をビールの肴《さかな》にした。串焼きにしたまま囲炉裏の灰に立てておいたのを、あぶり直して、一尾ずつ串から抜いてはしょう油をかけて食った。ビールは三本あるから、①はらはらして、

「あんまり食《け》えば、そばのだしがなくならえ。」

と言うと、父親は薄く笑って、

「わかってらぁに。人のことは気にしねで、えびフライをじっくと味わって食《け》え。」

と言った。

揚げたてのえびフライは、口の中に入れると、しゃおっ、というような音を立てた。かむと、緻密な肉の中で前歯がかすかにきしむような、いい歯応えで、この辺りでくるみ味といっているえもいわれないうまさが口の中に広がった。

二尾も一度に食ってしまうのは惜しいような気がしたが、明日からは盆で、精進しなければならない。最初は、自分のだけ先になくならないように、横目で姉を見ながら調子を合わせて食っていたが、②二尾目になると、それも忘れてしまった。

③不意に、祖母がむせてせき込んだ。姉が背中をたたいてやると、小皿にえびのしっぽをはき出した。

「歯がねえのに、しっぽは無理だえなあ、婆っちゃ。えびは、しっぽを残すのせ。」

と、父親が苦笑いして言った。

そんなら、食う前にそう教えてくれればよかった。姉の皿を見ると、やはりしっぽは見当たらなかった。姉もこちらの皿を見ていた。顔を見合わせて、首をすくめた。

④「歯があれば、しっぽもうめえや。」

姉が誰にともなくそう言うので、

「んだ。うめえ。」

と同調して、⑤その勢いで二尾目のしっぽも口の中に入れた。

父親の皿には、さすがにしっぽは残っていたが、案の定、焼いた雑魚はもうあらかたなくなっていた。

〈三浦《みうら》哲郎《てつお》「盆土産《みやげ》」による〉

知識の泉　A　**焼け石。**　焼けた石に少しの水をかけても蒸発してしまい，石は冷めないことから。

1 子供を大切に思い、子供を優先する父親の気持ちが最も強く表れている会話文を、文章中から抜き出しなさい。（10点）

2 ①はらはらして とありますが、はらはらしたのは誰ですか。次から一つ選び、記号で答えなさい。（10点）

ア 少年　イ 姉
ウ 父親　エ 祖母

3 よく出る 揚げたてのえびフライを食べたときの食感を表している擬声語を、文章中から抜き出しなさい。（10点）

4 ②二尾目になると、それも忘れてしまった について答えなさい。

(1) どうすることを忘れてしまったのですか。（10点）
姉に（　　　）食べること。

(2) 記述 忘れてしまったのは、なぜですか。（15点）

攻略！「それ」を忘れてしまうくらい、何かに心を奪われているよ。

5 ③不意に、祖母がむせてせき込んだ。とありますが、それは何を喉に詰まらせたからですか。（10点）

6 よく出る ④歯があれば、しっぽもうめえや。とありますが、このとき、姉はどのような気持ちでしたか。次から一つ選び、記号で答えなさい。（10点）

ア 歯があればかたいしっぽも食べられると、安心している。
イ しっぽが食べられない人のことを、かわいそうに思っている。
ウ 食べてはいけないしっぽを食べてしまい、後悔している。
エ しっぽを食べてしまったことを、気恥ずかしく思っている。

7 ⑤その勢いで二尾目のしっぽも口の中に入れた とありますが、このとき、少年はどのような気持ちでしたか。次から一つ選び、記号で答えなさい。（10点）

ア しっぽまで食べて、父親がえびフライを持って帰ってきてくれたことに対する感謝を表したい。
イ えびフライがとてもおいしかったので、しっぽを残すのはもったいない。
ウ 首をすくめた姉が気の毒だったので、えびフライのしっぽを食べることで元気づけたい。
エ えびフライのしっぽはまずかったが、自分の失敗を認めたくない。

8 記述 この場面の少年や姉、祖母の様子から、三人にとって、えびフライがどのような食べ物であることがわかりますか。（15点）

攻略！ みんながしっぽまで食べてしまった理由を考えよう。

知識の泉 Q 「半信半疑」と同じ構成の熟語はどっち？　ア＝花鳥風月　イ＝晴耕雨読

実力判定テストB　ステージ3

盆土産《みやげ》

30分

自分の得点まで色をぬろう!
100点　80　60　0
/100

解答 15ページ

次の文章を読んで、問題に答えなさい。

教 p.101・⑥〜103・⑪

午後から、みんなで、死んだ母親が好きだった①コスモスとききょうの花を摘みながら、共同墓地へ墓参りに出かけた。盛り土の上に、ただ丸い石を載せただけの小さすぎる墓を、せいぜい色とりどりの花で埋めて、供え物をし、細く裂いた松の根で迎え火をたいた。

祖母は、墓地へ登る坂道の途中から絶え間なく念仏を唱えていたが、祖母の南無阿弥陀仏《なむあみだぶつ》は、いつも『なまん、だあうち』というふうに聞こえる。ところが、墓の前にしゃがんで迎え火に松の根をくべ足していたとき、祖母の『なまん、だあうち』の合間に、ふと、

②「えんびフライ……。」

という言葉が混じるのを聞いた。

祖母は歯がないから、言葉はたいがい不明瞭だが、そのときは確かに、えびフライではなくえんびフライという言葉をもらしたのだ。

祖母は昨夜の食卓の様子を（えびのしっぽが喉につかえたことは抜きにして）祖父と母親に報告しているのだろうかと思った。そういえば、祖父や母親は生きているうちに、えびのフライなど食ったことがあったろうか。祖父のことは知らないが、まだ田畑を作っている頃に早死にした母親は、あんなにうまいものは一度も食わずに死んだのではなかろうか――そんなことを考えているうちに、③なんとなく墓を上目でしか見られなくなった。父親は、少し離れた崖っぷちに腰を下ろして、黙ってたばこをふかしていた。

父親が夕方の終バスで町へ出るので、独りで停留所まで送っていった。谷間はすでに日がかげって、雑魚《ざこ》を釣った川原では早くも河鹿《かじか》が鳴き始めていた。村外れのつり橋を渡り終えると、父親はとって付けたように、

「こんだ正月に帰るすけ、もっとゆっくり。」

と言った。すると、なぜだか④不意にしゃくり上げそうになって、とっさに、

「冬だら、ドライアイスもいらねべな。」

と言った。

「いや、そうでもなかべおん。」と、父親は首を横に振りながら言った。「冬は汽車のスチームがききすぎて、汗こ出るくらい暑いすけ。ドライアイスだら、夏どこでなくいるべおん。」

それからまた、停留所まで黙って歩いた。

バスが来ると、⑤父親は右手でこちらの頭をわしづかみにして、

「んだら、ちゃんと留守してれな。」

と揺さぶった。それが、いつもより少し手荒くて、それで頭が混乱した。んだら、さいなら、と言うつもりで、⑥うっかり、

「えんびフライ。」

と言ってしまった。

バスの乗り口の方へ歩きかけていた父親は、ちょっと驚いたように立ち止まって、苦笑いした。

「わかってらぁに。また買ってくるすけ……。」

父親は、まだ何か言いたげだったが、男車掌が降りてきて道端に痰《たん》をはいてから、

「はい、お早くう。」

と言った。


〈三浦《みうら》哲郎《てつお》「盆土産《みやげ》」による〉

1 登場人物のいる場所に着目して二つの場面に分けるとき、後半はどこからになりますか。初めの五字を抜き出しなさい。（5点）

2 ①コスモスときょうの花を摘みながら　とありますが、このようなことをしたのは、何のためですか。（15点）

3 ②えんびフライ……。とありますが、少年はこの言葉から、祖母がどのようなことをしていると想像していますか。文章中から一文で抜き出し、初めの五字を書きなさい。（5点）

4 記述　③なんとなく墓を上目でしか見られなくなった　とありますが、それはなぜですか。このときの少年の気持ちを想像して、理由を書きなさい。（15点）

5 記述　④不意にしゃくり上げそうになって　とありますが、それはなぜですか。（15点）

6 よく出る　⑤父親は右手でこちらの頭をわしづかみにして、……と揺さぶった　とありますが、ここから、父親のどのような気持ちが読み取れますか。次から一つ選び、記号で答えなさい。（15点）

ア　頼りない少年をはげます気持ち。
イ　黙っている少年にいらだつ気持ち。
ウ　土産《みやげ》の心配をする少年にあきれる気持ち。
エ　少年との別れを惜しむ気持ち。

7 よく出る　⑥うっかり、「えんびフライ。」と言ってしまった　とありますが、このときの少年の心の奥には、本当はどのような思いがあったと考えられますか。次から一つ選び、記号で答えなさい。（15点）

ア　いろいろなものがある東京へ行きたいという思い。
イ　おいしいものをまた食べたいという思い。
ウ　父親ともっといっしょにいたいという思い。
エ　父親に手荒に扱われたくないという思い。

8 レベルUP　少年が父親を送っていく場面で描かれているのは、どのようなことですか。次から一つ選び、記号で答えなさい。（15点）

ア　えびフライをきっかけに本音を言い合い、初めて深めることができた父と子の心の交流。
イ　別れの言葉をうまく口にできない父と子の間にある、ぬくもりのある家族のきずな。
ウ　別れるまぎわまで互いに涙も見せない、陽気であっけらかんとした父と子のつながり。
エ　最後までえびフライに振り回され、思いを伝えることができない父と子の悲しいすれ違い。

知識の泉　Q「安全」の対義語は？

確認のワーク ステージ1 字のない葉書《はがき》

漢字と言葉

1 漢字の読み 読み仮名《がな》を横に書きなさい。

*は新出漢字 ▼は新出音訓・◎は熟字訓

① *挨*拶　② 照れ▼性　③ ◎木綿　④ *縫う
⑤ 雑*炊　⑥ ぼた*餅　⑦ *叱る　⑧ *叫ぶ

2 漢字の書き 漢字に直して書きなさい。

① 他人（　）《ぎょうぎ》。　② （　）《はだぎ》を洗う。
③ 大声で（　）《さけ》ぶ。　④ ガムを（　）《は》き出す。
⑤ 洋服を（　）《ぬ》う。　⑥ 向田邦子《むこうだくにこ》（　）《どの》。

3 語句の意味 意味を下から選んで、線で結びなさい。

① 三日にあげず・　　・ア 楽しそうに騒ぐ。
② こそばゆい・　　・イ やっとのことで。
③ 命からがら・　　・ウ 毎日のように。
④ おびただしい・　　・エ 照れくさい。
⑤ はしゃぐ・　　・オ 数や量が非常に多い。

解答 16ページ | スピードチェック 8ページ | 予想問題 146ページ

学習のねらい
- 二つの思い出から、人物の人柄や心情を捉えよう。
- 文章の構成や表現に注意し、父親に対する筆者の思いを捉えよう。

教科書の要点

1 題材 この文章は、手紙と葉書《はがき》の思い出を中心に書かれています。それについて答えなさい。

(1) どのような手紙と葉書ですか。（　）に教科書の言葉を書き入れなさい。 教 p.106〜108

	いつのものか	どのような手紙・葉書か
父親から「私」への手紙	「私」が①（　）歳で初めて②（　）を離れたときのもの。	③（　）な父親が三日にあげずよこした手紙。
妹からの「字のない葉書」	④（　）の年、末の妹が⑤（　）をしたときのもの。	父親が自分で宛名を書き、「元気な日は⑥（　）を書いて出すように」と、妹に持たせた葉書。

(2) この思い出は、いつ書かれたものですか。□に教科書の言葉を書き入れなさい。 教 p.109

終戦の年から□年たち、□が当時の父親に近い年になった頃。

2 構成のまとめ

（　）に教科書の言葉を書き入れなさい。教p.106〜109

場面	前半 教初め〜p.107・⑫ 父親から「私」への手紙	後半 p.107・⑭〜終わり 妹からの「字のない葉書」
出来事や父親の様子	● 手紙の中の父親…他人行儀↔照れ性だった。 ・娘への宛名に「（①　　）」を使う。 ・折り目正しい時候の挨拶で始まる。 ・文中では「私」を（②　　）とよび、訓戒も添えられていた。 →威厳と愛情にあふれた非の打ちどころのない父親 ● 日常の父親…罵声やげんこつがあたりまえ。 ・「おい、邦子《くにこ》!」と呼び捨てにされる。 ・大酒を飲む。 ・（④　　）を起こして家族に手を上げる。 →暴君 ↔ 突然の変わりよう	■ 妹の学童疎開…幼く不憫《ふびん》だと親元に残していたが、大空襲に遭い、疎開が決まる。 父親 おびただしい葉書に自分宛ての宛名を書いて妹に持たせ、（⑥　　）な日はマルを書いて出すように言った。…子供を心配する気持ち。 妹 〈出発〉（⑦　　）にでも行くようにはしゃいでいた。 〈葉書〉大マル→小マル→バツ→来なくなる。…徐々《じょじょ》に元気がなくなる。 ■ 妹の帰宅 「私」と弟 かぼちゃを全部収穫して客間に並べた。 父親 （⑧　　）で表へ飛び出した。妹の肩を抱き、声を上げて（⑨　　）。 …無事に帰ってきたことに安心。つらい思いをさせてすまないと思う気持ち。
筆者の思い	▼ひどくびっくりした。 ▼（③　　）ような晴れがましいような気分。 ▼日頃気恥ずかしくて演じられない父親を、手紙の中でやってみたのかもしれない。 ▼（⑤　　）父の姿を見せたのは、この手紙の中だけである。	▼父が宛名を書いた葉書＝最も心に残るもの。 ▼妹を喜ばせたい。 ▼父が、大人の男が声を立てて泣くのを初めて見た。…驚きと感動。

おさえよう

主題 手紙と葉書の思い出を通して、日頃は〔ア 他人行儀　イ 暴君〕だった父親が、実は子供たちへの深い〔ア 失望　イ 愛情〕をもっていたことが描かれている。大人になった筆者は、父親を〔ア なつかしく　イ 苦々しく〕思い出し、家族のきずなを感じている。

知識の泉 Q 「迫真」と同じ構成の熟語はどっち？　ア＝就職　イ＝存在

実力判定テストA ステージ2

字のない葉書《はがき》

次の文章を読んで、問題に答えなさい。

教 p.107・⑱〜109・⑩

終戦の年の四月、小学校一年の末の妹が甲府《こうふ》に学童疎開をすることになった。幼く不憫《ふびん》だと手放さなかった両親が、大空襲に遭い、決心したのだ。

妹の出発が決まると、暗幕を垂らした暗い電灯の下で、母は当時貴重品になっていたキャラコで肌着を縫って名札を付け、父はおびただしい葉書《はがき》にきちょうめんな筆で①自分宛ての宛名を書いた。

②「元気な日はマルを書いて、毎日一枚ずつポストに入れなさい。」と言ってきかせた。妹は、まだ字が書けなかった。

宛名だけ書かれたかさ高な葉書の束をリュックサックに入れ、雑炊用の丼を抱えて、妹は遠足にでも行くようにはしゃいで出かけていった。

一週間ほどで、初めての葉書が着いた。③紙いっぱいはみ出すほどの、威勢のいい赤鉛筆の大マルである。付き添っていった人の話では、地元婦人会が赤飯やぼた餅を振る舞って歓迎してくださったとかで、かぼちゃの茎まで食べていた東京に比べれば大マルにちがいなかった。

ところが、次の日から④マルは急激に小さくなっていった。情けない黒鉛筆の小マルは、ついにバツに変わった。その頃、少し離れた所に疎開していた上の妹が、下の妹に会いに行った。

下の妹は、校舎の壁に寄り掛かって梅干しの種をしゃぶっていたが、姉の姿を見ると、種をぺっと吐き出して泣いたそうな。

まもなくバツの葉書も来なくなった。三月目に母が迎えに行ったとき、百日ぜきをわずらっていた妹は、しらみだらけの頭で三畳の布団《ふとん》部屋に寝かされていたという。

妹が帰ってくる日、⑤私と弟は家庭菜園のかぼちゃを全部収穫した。小さいのに手をつけると叱る父も、この日は何も言わなかった。私と弟は、ひと抱えもある大物からてのひらに載るうらなりまで、二十数個のかぼちゃを一列に客間に並べた。これぐらいしか妹を喜ばせる方法がなかったのだ。

⑥夜遅く、出窓で見張っていた弟が、

「帰ってきたよ！」

と叫んだ。茶の間に座っていた父は、はだしで表へ飛び出した。防火用水桶《おけ》の前で、やせた妹の肩を抱き、声を上げて泣いた。⑦私は父が、大人の男が声を立てて泣くのを初めて見た。

あれから三十一年。父はなくなり、妹も当時の父に近い年になった。だが、⑧あの字のない葉書は、誰がどこにしまったのかそれともなくなったのか、私は一度も見ていない。

〈向田《むこうだ》　邦子《くにこ》「字のない葉書《はがき》」による〉

30分

自分の得点まで色をぬろう！

100点　80　60　0

/100

解答 16ページ

知識の泉　**A**　ア。「迫真」「就職」は，後の漢字が前の漢字の目的や対象。「存在」は類義の漢字どうし。

1 ①自分宛ての宛名を書いた　とありますが、なぜ、宛名を書く必要があったのですか。その理由が書かれた一文を、文章中から抜き出しなさい。（10点）

（　　　　）

2 ②元気な日はマルを書いて、毎日一枚ずつポストに入れなさい。という言葉から、父親の、疎開する娘に対するどのような気持ちがわかりますか。次から一つ選び、記号で答えなさい。（10点）

ア　親元から離れても、規則正しく暮らしてほしい。
イ　手紙を書くのが好きな人に育ってもらいたい。
ウ　周りに迷惑《めいわく》をかけず立派に生きていってほしい。
エ　遠くへ行ってしまう娘が心配でしかたがない。

（　　）

攻略！ 末の妹は小学校一年で、初めて親元を離れることから考える。

3 ③紙いっぱいはみ出すほどの、威勢のいい赤鉛筆の大マル　とありますが、ここから、妹のどのような様子がわかりますか。（10点）

とても（　　　　）様子。

4 **記述** ④マルは急激に小さくなっていった。情けない黒鉛筆の小マルは、ついにバツに変わった。とありますが、ここから、妹のどのような様子がわかりますか。（10点）

（　　　　）

5 **よく出る** ⑤私と弟は家庭菜園のかぼちゃを全部収穫した　とありますが、このようなことをしたのは、何のためですか。文章中の言葉を使って書きなさい。（10点）

（　　　　）

6 **攻略！** 疎開先から帰ってくる妹を思いやった行動であることを押さえよう。

記述 ⑥夜遅く、出窓で見張っていた弟　とありますが、ここから、弟のどのような気持ちがわかりますか。（10点）

（　　　　）

7 妹に対する父親の思いが、その行動に強く表れている部分はどこですか。文章中から連続する二文で抜き出し、一文目の初めの五字を書きなさい。（10点）

8 **よく出る** ⑦私は父が、大人の男が声を立てて泣くのを初めて見た。とありますが、このとき、「私」はどのような気持ちでしたか。（　）に当てはまる言葉を考えて書きなさい。10点×2（20点）

父親が人前で泣いたことに（　　　　）と同時に、それほどまでに子供を思う父親の愛情に（　　　　）ていた。

9 ⑧字のない葉書　は、「私」にとってどのようなものだと思われますか。次から一つ選び、記号で答えなさい。（10点）

ア　戦争があった時代のつらい暮らしぶりを思い出させるもの。
イ　小さい頃の末の妹のかわいらしさを思い出させるもの。
ウ　家族に深い愛情を注いだ父親をなつかしく思い出させるもの。
エ　手紙や葉書を書くことのすばらしさを思い出させるもの。

（　　）

知識の泉　Q　「一石二鳥」と反対の意味なのはどっち？　ア＝あぶはち取らず　イ＝鶴《つる》の一声

確認のワーク ステージ1

聞き上手になろう
表現を工夫して書こう／［推敲《すいこう》］表現の効果を考える

学習のねらい
・インタビューの聞き手としての準備と心構えを学ぼう。
・手紙と電子メールの性質を理解し、正しい書き方を知ろう。

解答 16ページ

基本問題　聞き上手になろう

☆ 次のインタビューを読んで、問題に答えなさい。

聞き手　森さんの「今、夢中になっていること」は、「トランペットを吹くこと」だそうですが、詳しく教えてください。

森　私は吹奏楽部でトランペットを吹いています。トランペットを始めたのは去年からですが、やっと最近、自分が思うような音が出せるようになってきました。練習すればするだけ上達が感じられるので、練習に熱が入ります。

聞き手　なるほど、そうなんですね。そういえば、この前、同じ吹奏楽部の佐藤《さとう》さんが、「森さん、一年のときから比べると、ものすごくトランペットが上達したんだよな。」と言っていましたよ。□

森　それはうれしいですね。自分だけではなく、周りにも評価されている……。（後略）

1 ——詳しく教えてください　とありますが、この質問の意図を次から一つ選び、記号で答えなさい。

ア　話し手に対して、思いや考えをきく。
イ　話し手に対して、理由を尋ねる。
ウ　話し手に対して、具体化を促す。
エ　話し手に対して、言い換えを促す。

（　　）

2 □に当てはまる言葉を次から一つ選び、記号で答えなさい。

ア　佐藤さんがこう言ったのは、なぜだと思いますか。
イ　ところで、トランペットを吹くのは難しいですか。
ウ　これについて、どう思いますか。
エ　これは、どういうことですか。

（　　）

攻略！　直後の森さんの言葉から考えよう。

3 よく出る　聞き手の姿勢として適切でないものを次から一つ選び、記号で答えなさい。

ア　一問一答で終わる相手が答えやすい質問を用意する。
イ　相手が答えやすいように、具体的な質問を心がける。
ウ　相手の話をしっかり受け止め、誠実な態度で聞く。
エ　相手の話を受けて、さらに話を深める質問をする。

（　　）

基本問題　表現を工夫して書こう／［推敲《すいこう》］

1 **次のような場合、A…手紙と、B…電子メールのどちらで伝えるのが適切ですか。それぞれ記号で答えなさい。**

① 仕事の用件で、急いで返事が必要な場合。
② 頂きものに対して、感謝の気持ちを丁寧に伝えたい場合。

①（　　）　②（　　）

攻略！　届くまでの速さと、相手に与える印象を考えよう。

知識の泉　**A ア。**　「鶴《つる》の一声」は，意見が対立する多くの人を従わせる，権威者の一言。

2 次の手紙を読んで、問題に答えなさい。

拝啓

［　A　］。東山工房《こうぼう》の皆様には、いかがお過ごしでいらっしゃいますか。

　さて、先日はお忙しい中、私たちの職場見学のためにお時間を①もらい、ありがとうございました。親切な皆様のおかげで、楽しい時間を過ごすことができました。

　②皆様のお仕事の様子を見学し、帯を作るには、多くの行程と技術が必要なことがわかりました。こだわりの技術について熱心に説明される職人さんからは、織物に対する愛情が伝わってきました。もし、あの説明が③なくても、帯を作る労力をきちんと理解できなかったと思います。貴重なお話を聞かせて④もらい、本当にありがとうございました。

［　B　］

十月十三日

京都市立北山中学校二年一組
岡本　麻友

東山工房［　C　］

1 ［A］に当てはまる言葉を次から一つ選び、記号で答えなさい。（　　）

ア 梅のつぼみもほころぶ季節となりました
イ あじさいが美しく咲く季節となりました
ウ 木々の葉も鮮やかに色づき始めました
エ 年の瀬《せ》も押し迫ってまいりました

2 よく出る ［B］・Cに当てはまる言葉を次から一つずつ選び、記号で答えなさい。

ア 殿　イ 敬具　ウ 御中《おんちゅう》　エ 草々

B（　　）　C（　　）

3 ①もらい ④もらい の敬語表現を次から一つ選び、記号で答えなさい。（　　）

ア 承り　イ いただき
ウ 申し上げ　エ 拝見し

4 ②皆様のお仕事の……わかりました。には、漢字の間違いがあります。間違えている漢字を抜き出し、正しい漢字を書きなさい。［　］→［　］

5 ③なくても は、文脈に沿った書き方ではありません。正しい形に直して書きなさい。（　　）

攻略！「もし」という副詞に呼応する表現に書き改めよう。

6 よく出る この手紙には、抜けているものがあります。次から一つ選び、記号で答えなさい。（　　）

ア 宛名　イ 安否を気遣う言葉
ウ 署名　エ 末文の結びの言葉

7 この手紙の目的を次から一つ選び、記号で答えなさい。（　　）

ア 次回の職場見学の約束を取り付けること。
イ 職場見学に対する感謝の気持ちを伝えること。
ウ 工房で働く人たちの健康状態を確認すること。
エ 工房で受け継がれる高い技術を評価すること。

攻略！ 手紙の目的は、主文の最初に書くことが多い。

確認のワーク ステージ1

言葉2 敬語

解答 17ページ スピードチェック 8ページ

学習のねらい
- 敬語の種類と働きを知り、使われる場面や誰への敬意かを捉えよう。
- 尊敬語・謙譲語・丁寧語を正しく使い分けよう。

漢字

1 漢字の読み 読み仮名《がな》を横に書きなさい。

❶ 来*賓 ❷ *御社 ❸ *拙著 ❹ *粗品

*は新出漢字 ▼は新出音訓・◎は熟字訓

2 漢字の書き 漢字に直して書きなさい。

❶ 動作や（こうい）。 ❷ お話を（うかが）う。

教科書の要点

1 敬語の種類 （ ）に教科書の言葉を書き入れなさい。 教p.117〜118

①（ ）	●丁寧な言葉遣いをして、話し手が聞き手に対して丁寧さを表す。	例 ……です ……ます
②（ ）	●動作・行為を高める言い方をして、その動作・行為をする人に対して敬意を表す。	例 おっしゃる お読みになる
③（ ）	●動作・行為をへりくだった言い方をして、動作・行為が向かう先に対して敬意を表す。	例 申しあげる お読みする

2 尊敬語と謙譲語 （ ）に教科書の言葉を書き入れなさい。 教p.118

		尊敬語	謙譲語
動詞全般に使える形		①（ ） 例 お帰りになる 〜れる・〜られる 例 話される	②（ ） 例 お持ちする
特定の形に変化する動詞	行く・来る	いらっしゃる	③（ ）*・伺う
	いる	おいでになる	おる*
	言う・話す	④（ ）	申す*・申しあげる
	見る	ご覧になる	⑤（ ）
	食べる	召しあがる	⑥（ ）
	する	なさる	いたす*
	くれる	⑦（ ）	
	もらう		いただく
	聞く		⑧（ ）・承る
	知る・思う		存じる*
名詞全般に付く形		（先生からの）お返事・ご連絡	（先生への）お返事・ご連絡
特定の名詞に付く形		芳名・御社	愚弟*・弊社*

※丁重語…謙譲語の中には、*印の語のように、敬意を表す動作・行為の受け手を必要としないものがあり、「丁重語」とすることがある。

知識の泉 A 無。 打ち消しの意味を表す漢字には，主に「不・無・非・未」がある。

基本問題

1 次の――線の敬語の種類を後から一つずつ選び、記号で答えなさい。

① 恩師から北海道のお土産《みやげ》をいただく。
② 先生は教室においでになるはずだ。
③ あの白い家が私の家です。
④ どなたが来られたのですか。
⑤ お客様に、粗品を差しあげる。
⑥ 昨日の夜のことでございます。

ア 丁寧語　イ 尊敬語　ウ 謙譲語

2 よく出る 次の――線の語を、敬語に直して書きなさい。

①
A お客様の写真を見る。
B お客様が写真を見る。

②
A 先生が向こうから来る。
B 明日、父が学校に来ます。

③
A お客様が料理を食べる。
B 訪問先で料理を食べる。

④
A 先生が明日の予定を言う。
B 先生に明日の予定を言う。

攻略！ ①のAの「見る」は自分の動作、Bの「見る」はお客様の動作。

3 次の――線の敬語について答えなさい。

校長先生が①ご本を②お書きになりました。お集まりの皆様に、その内容を③ご紹介し④ます。

(1) ――線①～④の敬語の種類を書きなさい。

① ② ③ ④

(2) ――線②・③の敬語は、誰に対する敬意を表しますか。抜き出しなさい。

② ③

攻略！ 動作・行為が向かう先で、敬意を表す相手が決まる。

4 よく出る 次の――線の敬語の使い方が正しいものには○を、誤っているものは正しく直して書きなさい。

① お客様がお手紙をお書きする。
② 先生は遠足の予定を申しあげた。
③ 私がご用件を承ります。
④ どうぞ楽にいたしてください。
⑤ 父は家にいらっしゃいます。
⑥ 御社の商品をご利用ください。
⑦ 先生は、この車にお乗りになられますか。

知識の泉 Q 慣用句「横車を押す」の意味は？

確認のワーク　ステージ1

漢字2　同じ訓・同じ音をもつ漢字

漢字に親しもう3

漢字

1 漢字の読み

読み仮名を横に書きなさい。

＊は新出漢字・◯は新出音訓・◯は熟字訓

❶ 誤 ＊診
❷ 陳謝
❸ 感 ＊慨
❹ ＊紳士的
❺ 倫理
❻ ＊鐘（訓読み）
❼ 苦 ＊汁
❽ ＊軌跡
❾ 配 ＊膳
❿ 海 ＊藻
⓫ ＊醸造
⓬ ＊煎茶
⓭ ＊充 ＊塡
⓮ ＊佳作
⓯ ＊凹 ＊凸
⓰ 過 ＊剰

2 漢字の書き

漢字に直して書きなさい。

❶ くじゅう の決断。
❷ 食器用 せんざい 。
❸ 社会 ふくし 。
❹ 栄養を せっしゅ する。
❺ 内政 かんしょう 。
❻ 災害支援の ぼきん 。
❼ 自由の きょうじゅ 。
❽ 建物の しんすい 被害。

教科書の要点　漢字2

学習のねらい

・同じ訓・同じ音をもつ漢字を、意味を考えて使い分けよう。
・使い分けるときには、その漢字を使った熟語や文脈から考えよう。

解答 18ページ　スピードチェック 8ページ

1 漢字・熟語の使い分け

（　）に教科書の言葉を書き入れなさい。

教 p.120〜121

● 同じ訓をもつ漢字…それぞれの漢字が表す意味を考え、（ ① ）に合わせて使い分ける。

	意味	使い方
熱い	温度が高い。	熱いお茶を飲む。
暑い	気温が高い。	暑い夏が続く。

● 同じ読みをする熟語…同じ読みで意味の異なる言葉を、（ ② ）という。その漢字を使った他の（ ③ ）や、訓を思い浮かべてその漢字の意味を考え、使い分ける。

	意味	使い方
対象	目的や相手。	調査の対象は高校生だ。
対照	照らし合わせると、違いがきわだつこと。	私と姉は対照的な性格だ。

「対照」は、「照」の訓の「てらす」や、「照」を使った「照合」から、意味を押し量れるよ。

知識の泉　A　理屈に合わないことを無理に押し通す。　車は本来，前後にしか動かないことから。

基本問題 漢字2

1 使い方が正しい漢字はどちらですか。◯で囲みなさい。

① ズボンの裾が〔敗・破〕れた。
② 判定を審議会に〔諮・図〕る。
③ ファウルボールを一塁手が〔捕・執〕る。
④ 薬で病気を〔直・治〕す。
⑤ 正確な情報発信に〔勤・努〕める。
⑥ 具体例を〔挙・揚〕げて説明する。

攻略！ その漢字を使った熟語を考える。①なら「敗北」「破損」。

2 よく出る 次の——線を漢字に直して書きなさい。

① A 起きるのがはやい。 B 流れがはやい。
② A 失敗をあやまる。 B 道をあやまる。
③ A 危険をおかす。 B 罪をおかす。
④ A 背がのびる。 B 会期がのびる。
⑤ A 喜びをあらわす。 B 姿をあらわす。
⑥ A 夕日にはえる。 B 新芽がはえる。

3 使い方が正しい熟語はどちらですか。◯で囲みなさい。

① 受け入れ〔体勢・態勢〕を整える。
② この技術は、進化の〔過程・課程〕にある。
③ 県大会の決勝で、〔脅威・驚異〕的な記録が出た。
④ 二つの仕事を〔並行・平衡〕して行う。
⑤ 連日、内閣〔指示・支持〕率が報道される。

攻略！ それぞれの漢字の意味を考えよう。

4 よく出る 次の——線を漢字に直して書きなさい。

① A 有名人をはいしゅつする。 B ガスをはいしゅつする。
② A 手厚くかいほうする。 B 病人がかいほうに向かう。
③ A 責任をついきゅうする。 B 真理をついきゅうする。
④ A 映画をかんしょうする。 B 金魚をかんしょうする。
⑤ A ひなん訓練をする。 B 相手をひなんする。
⑥ A 都市きんこうに住む。 B きんこうがくずれる。
⑦ A 事故の損害をほしょうする。 B 商品の品質をほしょうする。
⑧ A 発展をそがいする。 B そがい感をもつ。

知識の泉 Q □に当てはまる共通の漢字は？ 詳□＝委□

確認のワーク ステージ1

モアイは語る――地球の未来

解答 18ページ　スピードチェック 10ページ　予想問題 147ページ

学習のねらい
- 筆者の意見を裏づけている根拠を捉えよう。
- 文章の構成に着目し、モアイを作った文明の運命を読み取ろう。

漢字と言葉

1 漢字の読み　読み仮名《がな》を横に書きなさい。

*は新出漢字 ▼は新出音訓・◎は熟字訓

❶ *巨大　❷ *膨大　❸ *謎　❹ *凝▼灰岩
❺ 大*抵　❻ *堆積物　❼ *徐々に　❽ *侵食
❾ *恒常化　❿ *飢*餓　⓫ *漆黒　⓬ 地*獄

2 漢字の書き　漢字に直して書きなさい。

❶ 権利の（ほうき）。　❷ 事件が（ひんぱつ）する。
❸ 材木の（うんぱん）。　❹ 建物が（ほうかい）する。
❺ （さいばい）作物。　❻ 内部（こうそう）が起きる。

3 語句の意味　意味を下から選んで、線で結びなさい。

❶ 絶海 ・　　・ア 生きるために守るべき重要な事柄。
❷ 判明 ・　　・イ 陸から遠く離れた海。
❸ 生命線 ・　　・ウ はっきりわかること。

教科書の要点

1 話題　モアイとは何ですか。（　）に教科書の言葉を書き入れなさい。　教p.124

人間の（　　）を彫った巨大な（　　）で、南太平洋の絶海の孤島（　　）にある。

2 要点　モアイを作った文明が崩壊した根本的原因は、何ですか。次から一つ選び、記号で答えなさい。　教p.127〜128　（　　）

ア　船が造れなくなったこと。
イ　森林が消滅《しょうめつ》したこと。
ウ　島の人口が減ったこと。
エ　大量にモアイを作ったこと。

3 筆者の意見　モアイを作った文明がたどった運命は、何を考えるうえで大切なのですか。　教p.124〜125・129

地球の［　　］

題名の「モアイは語る」に着目しよう。何を語っているのかな。

4 構成のまとめ

（　）に教科書の言葉を書き入れなさい。（各段落に1～20の番号を付けて読みましょう。）教 p.124～129

構成	まとまり	段落	内容	根拠・推定
序論	四つの問い	1～2段落	モアイの四つの問い ①（①）がモアイを作ったのか。 ②どうやってモアイを運んだのか。 ③モアイが作られなくなったのはなぜか。 ④モアイを作った（②）はどうなったのか。	
本論	イースター島の歴史とモアイの秘密	3～6段落	①の答え ▼モアイは、西方からやって来た（③）人が作った。 ・十一世紀頃、モアイの製造を始めた。	根拠 ●墓の中の化石人骨や、ヒョウタンなどの栽培作物の分析。
		7～10段落	②の答え ・モアイを海岸に運び、台座に立てるには、ころや支柱が必要。 ▼現在では生えていない（④）の木をころとして使い、モアイを海岸まで運んだ。	根拠 ●花粉分析…（⑤）頃の土から、ヤシの花粉を大量に発見。→イースター島は当時（⑥）に覆われていた。
		11～12段落	③の答え ▼島の人口が増加。家屋の材料、薪、農耕地作りのため、さらにモアイの運搬用のころや支柱のために、ヤシの森は伐採・破壊され、（⑦）した。	根拠 ●花粉分析…ヤシの花粉の量は、七世紀頃から徐々に（⑧）し、代わって草の花粉と炭片が増えている。
		13～15段落	④の答え ▼森の消滅 ↓ ・表層土壌が流失し、主食の栽培が困難に。 ・船が造れず、魚を捕れない。 ▼（⑨）に直面し、部族間の抗争も頻発。 ↓文明が崩壊した。	推定 ↔森の消滅から連鎖《れんさ》的に起こる出来事として考えられること。 ●千体以上のモアイの巨像を作った文明は、十七世紀後半から十八世紀前半に崩壊。
結論	モアイが語る地球の未来	16～20段落	◆異常な人口爆発下にある現代の（⑩）は、イースター島と同じ状況。 ◆人類が生き延びるためには、有限の（⑪）を、効率よく、長期にわたって利用する方策を考えなければならない。	

おさえよう

要旨 イースター島は、人口の〔ア 増加　イ 減少〕にともなって森が〔ア 増大　イ 消滅《しょうめつ》〕し、飢餓地獄となって文明が崩壊した。このままでは地球も同じ道をたどる危険がある。イースター島の運命に学び、人類が〔ア 生き延びる　イ 得をする〕道を考えなければならない。

知識の泉 Q「棚からぼた餅」の意味は？

実力判定テストA　ステージ2

30分

自分の得点まで色をぬろう！

100点　80　60　0

/100

解答 18ページ

モアイは語る——地球の未来

☆ 次の文章を読んで、問題に答えなさい。

教 p.126・③〜127・⑲

①大半のモアイは、島の東部にあるラノ・ララクとよばれる石切り場で作られた。このラノ・ララクには、モアイを作るのに適した軟らかい凝灰岩が露出していたからである。人々は硬い溶岩や黒曜石でできた石器を使って、モアイを削り出した。

削り出されたモアイは、海岸に運ばれ、アフとよばれる台座の上に立てられた。このとき初めて、モアイに目の玉が入れられた。②アフの上のモアイは、大抵の場合、陸の方に向けて立てられた。それは、モアイがそれぞれの集落の祖先神であり、守り神だったからだと考えられる。人々はいつもモアイの目に見守られながら生活していたのであろう。

それにしても、③ラノ・ララクの石切り場から、数十トンもあるモアイをどのようにして海岸のアフまで運んだのだろうか。石ころだらけの火山島を十キロも二十キロも運ぶには、木のころが必要不可欠である。モアイを台座のアフの上に立てるときでも、支柱は必要だ。

しかし、現在のイースター島には、オーストラリアから持ってきて最近植栽したユーカリの木以外には、森は全くなく、広大な草原が広がっているだけである。モアイが作られた時代、モアイの運搬に必要な木材は存在したのだろうか。

この謎を解決したのが、私たちの研究だった。私はニュージーランドのマセイ大学J・フレンリー教授と共に、イースター島の火口湖にボーリングをして堆積物を採取し、堆積物の中に含まれている花粉の化石を分析してみた。すると、④イースター島にポリネシア人が移住した五世紀頃の土の中から、ヤシの花粉が大量に発見されたのだ。このことは、人間が移住する前のイースター島が、ヤシの森に覆われていたことを示している。

まっすぐに成長するヤシの木は、モアイを運ぶためのころには最適だ。島の人々はヤシの木をころとして使い、完成したモアイを海岸まで運んだのであろう。

私たちの花粉分析の結果から、もう一つの事実も浮かび上がってきた。⑤ヤシの花粉の量は、七世紀頃から、徐々に減少していき、代わってイネ科やタデ科などの草の花粉と炭片が増えてくる。このことは、ヤシの森が消滅《しょうめつ》していったことを物語っている。人口が増加する中で家屋の材料や日々の薪、それに農耕地を作るために伐採されたのだろう。さらに、モアイの製造が始まると運搬用のころや支柱としても使われるようになり、森がよりいっそう破壊されていったのだと考えられる。

ラノ・ララクの石切り場からは、未完成のモアイ像が約二百六十体も発見された。なかには作りかけの二百トン近い巨像もあった。⑥運ぶ途中で放棄されたモアイも残されている。

知識の泉　A　**思いがけない幸運が舞い込むこと。**　「ひょうたんから駒《こま》」も似た意味を表す。

おそらく森が消滅した結果、海岸までモアイを運ぶことができなくなったのであろう。〈安田《やすだ》 喜憲《よしのり》「モアイは語る――地球の未来」による〉

1 ①大半のモアイは、島の東部にあるラノ・ララクとよばれる石切り場で作られた。とありますが、ラノ・ララクに何があったからですか。次から一つ選び、記号で答えなさい。（10点）

ア 多くの人材。　イ ふさわしい気候。
ウ 適した材料。　エ 新しい道具。

2 ②アフの上のモアイは、大抵の場合、陸の方に向けて立てられた。とありますが、その理由を、文章中から抜き出しなさい。（10点）

3 モアイを石切り場から海岸まで運び、台座の上に立てるのに必要なものを、文章中から二つ抜き出しなさい。5点×2（10点）

4 ③ラノ・ララクの石切り場から……運んだのだろうか　とありますが、筆者がモアイの運び方に疑問をもったのは、なぜですか。次から一つ選び、記号で答えなさい。（10点）

ア モアイを運ぶには木が必要だが、現在の島には森がないから。
イ モアイを作った人々の技術力の程度がわからなかったから。
ウ 数十トンもある物を運ぶ方法など、全く想像がつかないから。
エ 石ころだらけの地面では、何も運ぶことができないから。

攻略！ 筆者の疑問が書かれている、もう一つの段落を見つけよう。

5 よく出る ④イースター島に……花粉が大量に発見された　とありますが、この結果から、どのようなことがわかりますか。（15点）

6 この謎　とありますが、人々は、モアイをどうやって海岸まで運んだと考えられるのですか。5点×2（10点）

（　　）を（　　）として使って運んだ。

7 ⑤ヤシの花粉の量は、……草の花粉と炭片が増えてくる。とありますが、ここから、どのようなことがわかりますか。文章中から抜き出しなさい。（10点）

攻略！ 筆者の推測が書かれている段落に着目する。

8 よく出る 島を覆っていた森が消滅した原因に当てはまらないものを次から一つ選び、記号で答えなさい。（10点）

ア 農耕地を作るために、ヤシの森を伐採したこと。
イ 家屋の材料や日々の薪にヤシの木を使ったこと。
ウ モアイの運搬用のころや支柱にヤシの木を使ったこと。
エ 気候の変化で、ヤシの木が生息できなくなったこと。

9 記述 ⑥運ぶ途中で放棄されたモアイも残されている。とありますが、モアイを運べなくなったのはなぜだと、筆者は考えていますか。（15点）

知識の泉 Q ――線を正しく書き直すと？ 短刀直入に話を切りだす。

実力判定テストB　ステージ3

モアイは語る——地球の未来

☆ 次の文章を読んで、問題に答えなさい。

教p.127・⑳〜129・⑮

30分

自分の得点まで色をぬろう！ 100点 80 60 0 /100

解答 19ページ

では、モアイを作った文明は、いったいどうなったのだろうか。

かつて島が豊かなヤシの森に覆われていた時代には、土地も肥え、バナナやタロイモなどの食料も豊富だった。しかし、森が消《しょう》滅《めつ》するとともに、豊かな表層土壌が雨によって侵食され、流失してしまった。火山島はただでさえ岩だらけだ。その島において、表層土壌が流失してしまうと、もう主食のバナナやタロイモを栽培することは困難となる。おまけに木がなくなったため船を造ることもままならなくなり、たんぱく源の魚を捕ることもできなくなった。

①こうして、イースター島はしだいに食料危機に直面していくことになった。その過程で、イースター島の部族間の抗争も頻発した。そのときに倒され破壊されたモアイ像も多くあったと考えられている。そのような経過をたどり、イースター島の文明は崩壊してしまった。モアイも作られることはなくなった。文明を崩壊させた根本的原因は、森の消滅にあったのだ。千体以上のモアイの巨像を作り続けた文明は、十七世紀後半から十八世紀前半に崩壊したと推定されている。

②イースター島のこのような運命は、私たちにも無縁なことではない。

日本列島において文明が長く繁栄してきた背景にも、国土の七十パーセント近くが森で覆われているということが深く関わっている。日本列島だけではない。③地球そのものが、森によって支えられているという面もある。森林は、文明を守る生命線なのである。

現代の私たちは、地球始まって以来の異常な人口爆発の中で生きている。一九五〇年代に二十五億足らずだった地球の人口は、半世紀もたたないうちに、その二倍の五十億を突破してしまった。イースター島の急激な人口の増加は、百年に二倍の割合であったから、いかに現代という時代が異常な時代であるかが理解できよう。

このまま人口の増加が続いていけば、二〇三〇年には八十億を軽く突破し、二〇五〇年には九十億を超えるだろうと予測される。しかし、地球の農耕地はどれほど耕しても二十一億ヘクタールが限界である。そして、二十一億ヘクタールの農耕地で生活できる地球の人口は、八十億がぎりぎりである。食料生産に関しての革命的な技術革新がないかぎり、地球の人口が八十億を超えたとき、食料不足や資源の不足が恒常化する危険性は大きい。

絶海の孤島のイースター島では、森林資源が枯渇《こかつ》し、島の住民が飢餓に直面したとき、どこからも食料を運んでくることができなかった。④地球も同じである。広大な宇宙という漆黒の海にぽっかりと浮かぶ青い生命の島、地球。その森を破壊し尽くしたとき、その先に待っているのはイースター島と同じ飢餓地獄である。と

知識の泉　A　**単刀直入。**　意味は「いきなり本題に入ること」。

するならば、私たちは、今あるこの有限の資源をできるだけ効率よく、長期にわたって利用する方策を考えなければならない。それが、人類の生き延びる道なのである。

〈安田《やすだ》 喜憲《よしのり》「モアイは語る——地球の未来」による〉

1 ①こうして、イースター島はしだいに食料危機に直面していくことになった。とありますが、イースター島が食料危機に直面するまでの経過をまとめなさい。　5点×4（20点）

森の消滅
↓
雨によってⓐ［　　　　］が流失し、ⓑ［　　］の栽培が困難になった。
木がないため、ⓒ［　　］を造ることが難しくなり、ⓓ［　　］が捕れなくなった。
↓
食料危機

2 よく出る　モアイを作った文明は、いったいどうなったのだろうか　とありますが、Ⅰ…文明はどうなったのですか。また、Ⅱ…その根本的原因は何ですか。文章中からⅠは二字、Ⅱは四字で抜き出しなさい。　10点×2（20点）

Ⅰ［　　］した。
Ⅱ［　　　　］

3 ②イースター島のこのような運命　とは、どうなったことですか。次から一つ選び、記号で答えなさい。（10点）

ア　バナナやタロイモを多く栽培した結果、森が消滅したこと。
イ　部族間の抗争が頻発し、モアイ像が作られなくなったこと。
ウ　森林資源の枯渇によって飢餓が起き、文明が崩壊したこと。
エ　巨大なモアイ像を多く作った結果、食料危機に陥ったこと。

4 ③地球そのものが、森によって支えられている　ことから、筆者は森をどのようなものだと言っていますか。文章中から八字で抜き出しなさい。（10点）

［　　　　　　　　］

5 ④地球も同じである。について答えなさい。

(1)　どこと同じなのですか。（10点）

(2)　レベルUP　どのような点が同じなのですか。文章中の言葉を使って書きなさい。（15点）

6 よく出る　人類が生き延びるためには、どのようなことが必要だと筆者は述べていますか。（15点）

5　論理を捉えて

知識の泉　Q　それぞれの□に当てはまる漢字は？　拡□⇔縮□

確認のワーク ステージ1

思考のレッスン2　根拠の吟味
根拠の適切さを考えて書こう　意見文を書く

解答 20ページ　スピードチェック 10ページ

学習のねらい
● 意見を支える根拠に説得力があるかを吟味するときの観点を学ぼう。
● 適切な根拠を選び、意見を明確に伝えられる文章の書き方を知ろう。

漢字

1 漢字の読み　読み仮名《がな》を横に書きなさい。

❶ *吟味　❷ *把握　❸ 一*致

*は新出漢字　▼は新出音訓・◎は熟字訓

基本問題　思考のレッスン2

★ 次の意見に対して、①〜④の根拠が挙げられました。①〜④の根拠は、どのようなものといえますか。後から一つずつ選び、記号で答えなさい。

意見　学級文庫には、小説をいちばん多く置くべきだ。

① 私のグループでは、小説の話でよく盛り上がるから。
② さまざまな本の種類の中で、小説がいちばんおもしろいから。
③ クラスのアンケートで、約七割の人が小説を希望したから。
④ 評論のような難しい本は読みたくないという人が多いから。

ア 主観や思い込みが根拠になるので、説得力が弱い。
イ 挙げられた事例に例外があるので、説得力が弱い。
ウ 意見と根拠の結び付きが弱く、説得力が弱い。
エ 客観的な事実で、説得力のある根拠となっている。

①（　）②（　）③（　）④（　）

攻略！　④は評論に対する根拠にはなるが、小説に対する根拠にはならない。

基本問題　根拠の適切さを考えて書こう

1 次の意見文は、どのような構成で書かれていますか。後から一つ選び、記号で答えなさい。

外来語や外国語の言葉で、片仮名で表記されるものを「カタカナ語」とよびますが、私は、カタカナ語を話や文章の中で多用することには反対です。カタカナ語は意味が相手に正確に伝わらないときがあるからです。文化庁の「平成二十九年度『国語に関する世論調査』」でも、「カタカナ語の意味がわからずに困ることがある」と答えた人は八割以上いました。カタカナ語の使用は、必要最低限にするべきだと思います。

ア 頭括型〈意見→根拠〉
イ 尾括型〈根拠→意見〉
ウ 双括型〈意見→根拠→意見のまとめ〉

（　）

2 根拠が適切かどうかを判断するときの考え方として正しくないものを次から一つ選び、記号で答えなさい。

ア 主観的な解釈を重要視しているか。
イ 意見を強く支えるものになっているか。
ウ 確かな事実や事柄に基づいたものであるか。
エ 事実を具体的に示しているか。

（　）

知識の泉　A　大・小。「拡-縮」「大-小」がそれぞれ対《つい》の関係になっている。

3 次の文章を読んで、問題に答えなさい。 教p.136〜137

私は、便利さという観点から、川口町のコンビニエンスストアの二十四時間営業に賛成する。

二十四時間、店が開いていると、例えば、スーパーマーケットなど他の店が閉まっている夜間や朝の時間に必要なものを購入でき、たいへん便利だといえる。

川口町には、昨年医療センターが開設された。地域の医療を支える、地域救急救命センター、災害拠点病院に認定され、二十四時間体制で多くの人が勤務している。病院の他にも、高齢者介護施設や食品工場など、夜間就業者を必要とする施設が川口町には多くある。二十四時間営業であれば、医師や看護師、介護士など、夜間勤務のある職業に就いている人が、仕事に行く前や終わった後にいつでも利用することができる。

昨年三月に、町が発表した「川口町の働き方の現状」という統計資料によると、昼間の就業者数は、二〇〇五年をピークに減少しているが、夜間就業者数は、一九九九年の調査開始以来、年々増えていることがわかる。夜間就業者数の増加により、夜間や朝の時間にも利用できる二十四時間営業の店を利用したいという需要も高まっていくと考えられる。

この考えに対し、二十四時間営業を行うことで、長時間労働が発生し、コンビニエンスストアで働く人の負担が増えるのではないかという意見があるかもしれない。しかし、二十四時間営業と長時間労働は、分けて考えるべき問題である。

〈「根拠の適切さを考えて書こう」による〉

1 この文章で、筆者は何に対して、どのような意見を述べていますか。（　）に当てはまる言葉を、文章中から抜き出しなさい。

（　　　　　）に対して、（　　　　　）するという意見。

2 筆者が述べている意見の根拠として、客観的でないものを次から一つ選び、記号で答えなさい。

ア 川口町に医療センターが開設され、二十四時間体制で多くの人が勤務している。
イ 川口町には、夜間勤務を必要とする施設が多数ある。
ウ 川口町の夜間就業者数が増加しているという統計資料がある。
エ 川口町では、二十四時間営業の店に対する需要が今後増加する。

（　　）

3 筆者の意見に対し、想定される反論について答えなさい。

(1) よく出る 反論を述べた一文を抜き出し、初めの五字を書きなさい。

(2) 反論を盛り込むことで、どのような効果がありますか。次から一つ選び、記号で答えなさい。

ア 異なる意見にも理解を示す姿勢を明らかにする効果。
イ 考えの深まりを示し、意見をより明確に伝える効果。
ウ 根拠として挙げた事例の適否をはっきりさせる効果。
エ 反論を否定することで、根拠の弱さを補強する効果。

（　　）

攻略！ 反論を盛り込むことで、賛否両方の立場から考えることになる。

5 論理を捉えて

知識の泉 Q 「進退」と同じ構成の熟語はどっち？　ア＝私有　イ＝難易

確認のワーク ステージ1

漢字に親しもう4／［討論］異なる立場から考える

立場を尊重して話し合おう

討論で多角的に検討する

解答 20ページ スピードチェック 10ページ

学習のねらい
- 同じ情報を基に、異なる立場からの意見を考えよう。
- 討論を通じて多様な視点、捉え方を理解しよう。

漢字

1 漢字の読み 読み仮名《がな》を横に書きなさい。

*は新出漢字 ▼は新出音訓・◎は熟字訓

❶ *陣頭 ❷ 狩*猟 ❸ *勃発 ❹ *痕跡
❺ *楷書 ❻ *邸宅 ❼ *骸骨 ❽ 委*嘱
❾ *呪縛 ❿ お歳▼暮 ⓫ 衣▼装 ⓬ 至難の▼業

2 漢字の書き 漢字に直して書きなさい。

❶（　）《こふん》を調査する。 ❷ 条件に（　）《がいとう》する。
❸（　）《おくびょう》な猫。 ❹ 古都（　）《かまくら》。

3 同じ音読みの漢字 正しい熟語を◯で囲み、その読み仮名を（　）に書きなさい。

❶ 新しい土地を〔開拓・開択〕する。（　）
❷ 解散総選挙の可能性を〔示査・示唆〕する。（　）
❸ 真相を〔暴露・爆露〕する。（　）

基本問題 ［討論］

★ 「中学生に宿題は必要か。」というテーマについて、A〜Cの事実を集めました。

A クラス全員が同じ範囲を家庭学習する。
B 提出義務があるので、学習する強制力となる。
C 中学二年生の平日の平均学習時間は一時間二十五分で、内訳は宿題四十分、家庭学習二十分、塾等二十五分である。

（「〇〇市の中学生の生活実態調査」より）

次の立場の人の意見に当たるものを後から一つずつ選び、記号で答えなさい。

① Aを根拠として賛成の立場。
② Aを根拠として反対の立場。
③ B・Cを根拠として賛成の立場。

ア 宿題に四十分もかけるより、部活や趣味の時間に使いたい。
イ 宿題があると四十分程度は勉強をするので、いいことだ。
ウ 宿題をする時間より塾に行く時間を増やしたほうがいい。
エ どこを勉強すればいいのかわかるので、取り組みやすい。
オ 得意不得意はそれぞれ違うので、全員一律の宿題は必要ない。

①（　） ②（　） ③（　）

攻略！ 「同じ事実＝情報」を基に、どのような意見を述べられるか考えよう。

知識の泉 A イ。 「進退」「難易」は意味が対《つい》になる漢字の組み合わせ，「私有」は主語と述語の関係。

教科書の要点　立場を尊重して話し合おう

1 学習の流れ　（　）に教科書の言葉を書き入れて、討論をするときの手順についてまとめなさい。　教p.140〜141

1 討論のテーマを決め、情報を集める。

2 立場（賛成・反対など）を決め、考えをまとめる。

・自分の立場を決め、意見と①（　　）をまとめる。

・異なる立場の人の考えを予想し、それに対する②（　　）を考える。

3 グループ［司会一名、各立場の人二、三名ずつ］で討論する。

・テーマを確認し、一人ずつ意見を述べる。

・③（　　）を意識して、討論する。

・一人ずつまとめの発言をし、④（　　）が結論をまとめる。

2 討論　異なる立場の人と話し合うときの注意点として適切なものを次から全て選び、記号で答えなさい。　（　　）

ア 意見の根拠として、複数の情報や客観性の高い情報を示す。

イ 相手の意見の根拠については、あまり意識しなくてもよい。

ウ 話し合いの論点を意識しながら発言する。

エ 互いの考えの相違点には触れないようにして発言する。

互いの立場や考えを尊重するためには、どうすればいいかな。

基本問題　立場を尊重して話し合おう

★「救急車の利用を有料にすべきである。」というテーマで討論するため、考えをまとめました。これを読んで、問題に答えなさい。

●自分の立場・意見

立場　①　　意見　救急車の利用を有料にすべきである。

根拠　②　軽症《けいしょう》者の利用が減るので、必要な人にすばやく対応できる。
祖母が倒れたとき、なかなか救急車が来なかった。
↓待機させておく救急車の必要性を感じた。

③　救急車の出動回数の増加。令和元年は六六〇万回超。（総務省発表）↓現場の負担増。

●想定される異なる立場の人の考え（A）と、それに対する答え（B）

A　お金を気にして、病人が救急車を呼べないのはよくない。

B　↓　④

1 ①には賛成、反対のどちらが当てはまりますか。書きなさい。（　　）

2 ②・③に当てはまるものを次から一つずつ選び、記号で答えなさい。

ア 論点　イ 事実　ウ 体験　　②（　　）③（　　）

3 よく出る　④に当てはまるものを次から一つ選び、記号で答えなさい。（　　）

ア タクシー代わりのような利用はするべきではない。

イ 事後に必要度に応じて返金する制度を検討する。

ウ 医師や救急隊員の負担が増えるほうが大変だ。

エ 救急車の出動回数が減れば、国の負担も減る。

知識の泉　Q「絶対的」の対義語は？

解答 21ページ　スピードチェック 11ページ

学習のねらい
- 言葉の響きやリズムを味わいながら、描かれた情景を想像しよう。
- 表現技法に注意して、作者の思いを読み取ろう。

確認のワーク　ステージ1

音読を楽しもう　月夜の浜辺

漢字

1 漢字の読み　読み仮名《がな》を横に書きなさい。

＊は新出漢字　▼は新出音訓・◎は熟字訓

❶ ＊忍ぶ

教科書の要点

1 表現技法　この詩で多く用いられている表現技法は、何ですか。次から一つ選び、記号で答えなさい。　教p.144〜145　（　　）

ア　比喩　　イ　反復
ウ　倒置　　エ　擬人法

2 内容　第六連に「どうしてそれが、捨てられようか？」とありますが、この反語の表現から、「僕」のどのような気持ちがわかりますか。（　）に当てはまる言葉を考えて書きなさい。　教p.144〜145

拾ったボタンを、どうしても（　　　　）という気持ち。

3 構成のまとめ　（　）に教科書の言葉を書き入れなさい。　教p.144〜145

連		内容
第一連	月夜の浜辺	●波打際《なみうちぎわ》に（①　　）が一つ落ちていた。　反復
第二連	「僕」の心情と行動	▼役立てようと思ったわけでもないが（②　　）に忍びない。　ボタンを袂《たもと》に入れた
第三連	月夜の浜辺	●波打際に（①　　）が一つ落ちていた。　反復
第四連	「僕」の心情と行動	▼役立てようと思ったわけでもないが月にも浪《なみ》にも抛《ほう》れなかった。　ボタンを袂に入れた
第五連	「僕」の心情	▼月夜の晩に、拾ったボタンは指先に沁《し》み、（③　　）に沁みた。
第六連	「僕」の心情	▼月夜の晩に、拾ったボタンは捨てられようか？…いや、捨てられない。

おさえよう

主題　月夜の浜辺でボタンを拾った「僕」は、〔ア 高価　イ 無用〕な物であるボタンに〔ア むなしさ　イ 愛着〕を感じて、捨てることができない。

知識の泉　**A　相対的。**　「絶対」＝他に関与されない。「相対」＝他と関連している。

☆ 基本問題

次の詩を読んで、問題に答えなさい。

教 p.144〜145

月夜の浜辺　中原《なかはら》 中也《ちゅうや》

月夜の晩に、ボタンが一つ
波打際《なみうちぎは》に、落ちてゐた。

それを拾つて、役立てようと
僕は思つたわけでもないが
なぜだかそれを捨てるに忍びず
僕はそれを、袂《たもと》に入れた。

月夜の晩に、ボタンが一つ
波打際に、落ちてゐた。

それを拾つて、役立てようと
僕は思つたわけでもないが
　月に向《むか》つてそれは抛《はふ》れず
　浪《なみ》に向つてそれは抛れず
僕はそれを、袂に入れた。

月夜の晩に、拾つたボタンは
指先に沁《し》み、心に沁みた。

月夜の晩に、拾つたボタンは
どうしてそれが、捨てられようか？

1 詩の題名になっている「月夜の浜辺」は、どのような様子だったと考えられますか。次から一つ選び、記号で答えなさい。
ア にぎやかで明るい様子。　イ 静かで幻想的な様子。
ウ 波が高く荒々しい様子。　エ 暗くて寂しい様子。　（　　）

2 「僕」は、落ちていたボタンをどうしましたか。
（　　　　　　　　）

3 よく出る 〜〜線の表現技法を次から一つ選び、記号で答えなさい。
ア 直喩　イ 体言止め　ウ 対句　エ 倒置　（　　）

4 よく出る 月夜の……捨てられようか？ と思ったのは、なぜですか。（　）に当てはまる言葉を、詩の中から抜き出しなさい。
月夜の晩に拾ったボタンが（　　）に沁み、（　　）に沁みたから。

5 この詩についての説明を次から二つ選び、記号で答えなさい。
ア 擬人法を用いて、月夜の情景を生き生きと描き出している。
イ 同じ表現を繰り返して、「僕」の心情を強調して伝えている。
ウ 読み手に呼びかけて、月夜の情景の美しさを想像させている。
エ 七音が多く使われており、音読すると心地《ここち》よいリズムがある。
オ 比喩を用いて、「僕」が心引かれた対象を鮮明に描いている。
（　　）（　　）

攻略！ 第一連と第三連に着目する。

知識の泉　Q 慣用句「開いた口がふさがらない」の意味は？

確認のワーク ステージ1

音読を楽しもう 平家物語
扇の的――「平家物語」から

漢字

1 漢字の読み 読み仮名《がな》を横に書きなさい。

＊は新出漢字 ▼は新出音訓・◎は熟字訓

❶＊扇 ❷＊僅か ❸＊舟（訓読み） ❹女《にょう》＊房
❺＊浦 ❻＊逸話 ❼八十余＊騎 ❽＊嘲笑

2 漢字の書き 漢字に直して書きなさい。

❶（とつじょ）、現れる。 ❷（たづな）を握る。
❸感に（た）えない。 ❹波に（ただよ）う。

教科書の要点

1 作品 （ ）に教科書の言葉を書き入れて、「平家物語」についてまとめなさい。 教 p.150・156

作者	信濃《しなの》 前司《のぜんじ》行長《ゆきなが》といわれるが、はっきりしない。
成立	（①）時代
文章の種類	（②）物語
内容	約五十年にわたる（③）一門の興亡。

解答 21ページ　スピードチェック 11・16ページ　予想問題 148ページ

学習のねらい
● 古典の文章独特の調子や響きを味わいながら朗読しよう。
● 登場人物の言動の意味を考え、ものの見方や考え方を捉えよう。

2 作品 （ ）に教科書の言葉を書き入れて、「平家物語」についてまとめなさい。 教 p.150・156

● 思想…人生をはかないものとする仏教の（①）観を基調として、古代から中世へと移り変わる時代を描いている。
● 文章の特徴…（②）や対句表現を巧みに交え、独特の調子とリズムをもつ。琵琶《びわ》法師の語る「（③）（平家琵琶）」として広く民衆に親しまれた。

3 歴史的仮名遣い （ ）に現代仮名遣いを書き入れなさい。

①（語頭以外の）は・ひ・ふ・へ・ほ→（ ）・（ ）・（ ）・（ ）・（ ）
② ゐ・ゑ・を→（ ）・（ ）・（ ）
③ ぢ・づ→（ ）・（ ）
④「au・iu・eu」→「ô・yû・yô」 例 やう→よう

4 歴史的仮名遣い 次の――線を現代仮名遣いに直しなさい。

① あらはす（ ） ② つひには（ ） ③ をりふし（ ） ④ いづれ（ ）
⑤ につくわう（ ） ⑥ だいみやうじん（ ） ⑦ みなぐれなゐ（ ）

知識の泉 A **あきれる。** 〈例〉今日も忘れ物をするなんて，開いた口がふさがらないよ。

5 助詞の省略 □に補うことができる助詞を書き入れなさい。

① 与一《よいち》□目をふさいで、……　教p.153

② 黒革をどしの鎧《よろい》□着て、……　教p.155

6 係り結び 次の文から、係りの助詞と結びの部分を抜き出しなさい。

扇も射よげにぞなつたりける。

① 係りの助詞…（　　）　② 結びの部分…（　　）

? 係り結び▼「や・か・ぞ・なむ・こそ」という係りの助詞があると、文末（結びの部分）の形が変化するという決まり。感動や疑問などを強調する。

7 対句 （　）に教科書の言葉を書き入れなさい。　教p.150

・祇園精舎《ぎをんしやうじや》の鐘の声、諸行無常《しよぎやうむじやう》の響きあり。

⟺ ・（　　）の花の色、（　　）の理《ことわり》をあらはす。

? 対句▼言葉を形や意味が対応するように並べて、印象を強める。

おさえよう

主題 源氏の〔ア 名誉《めいよ》　イ 財産〕を一身に背負って難題に挑んだ与一の心情と、弓術の見事さ、さらに与一を賞賛した敵方の武士を射殺してしまうという、合戦の〔ア 見事さ　イ 非情さ〕を描いている。

8 構成のまとめ 後の□から言葉を選び、書き入れなさい。

場面	出来事
平家の挑発　教p.151・①～152・⑭	●屋島《やしま》の戦い。平家方は扇を竿《さお》に付けて立てた小舟を源氏に送り、扇を射てみよと挑発する。 ●源 義経《みなもとのよしつね》は、配下の（①　　）に扇を射ることを命じる。
矢の的中　教p.152・上⑮～154・上⑫	●与一は神仏に祈り、射損じたら（②　　）するという覚悟で的に向かう。 ●矢は見事に扇を射た。両軍とも一斉にほめたたえた。
戦《いくさ》の本質　教p.154・上⑬～155・上⑬	●感に堪えなかったのか、平家方の一人の武士が立って（③　　）を舞った。命令に従って、与一はこれも射た。
弓流し　教p.156	●戦いの中、義経は海に落ちた自分の弓を命懸けで拾い上げた。その理由を、敵に弱々しい弓を拾われ、これが源氏の（④　　）の弓かと嘲笑されるのが悔しいからだと語った。

舞　大将　自害　那須与一《なすのよいち》

知識の泉 Q □に当てはまる漢字は？　楽観⇔□観

実力判定テストA　ステージ2

音読を楽しもう　平家物語
扇の的――「平家物語」から

30分

自分の得点まで色をぬろう!
100点　80　60　0
/100

解答 21ページ

1 次の文章を読んで、問題に答えなさい。　教p.150

祇園精舎《ぎをんしやうじや》の鐘の声、①諸行無常《しよぎやうむじやう》の響きあり。沙羅双樹《しやらさうじゆ》の花の色、②盛者必衰《じやうしやひつすい》の理《ことわり》をあらはす。おごれる人も久しからず、ただ③春の夜《よ》の夢のごとし。たけき者もつひには滅《ほろ》びぬ、ひとへに風の前の塵《ちり》に同じ。

〈音読を楽しもう　平家物語」による〉

1 ①諸行無常　の意味を次から一つ選び、記号で答えなさい。（5点）

ア　この世の出来事は、似たことの繰り返しであること。
イ　人の運命は、人間の力では変えられないこと。
ウ　自然は常に変わらず、永遠に存在していること。
エ　全てのものは移り変わり、同じ状態ではないこと。

2 よく出る　②盛者必衰　と同じ内容を表している部分を、これより後の文章中から二つ抜き出しなさい。　5点×2（10点）

攻略!　「盛者必衰」は、栄える者は必ず滅びゆくという意味。

3 ③春の夜の夢　と同じように、はかないもののたとえとして使われている言葉を、文章中から抜き出しなさい。（5点）

4 この文章について、□に当てはまる言葉を書きなさい。　5点×3（15点）

□語を巧みに交えた、独特の調子とリズムをもつ。仏教の□観を基調として、栄華を極めた□一門の劇的な没落を暗示している。

2 次の文章を読んで、問題に答えなさい。　教p.152・上⑮〜153・上⑬

ころは二月《にんぐわつ》十八日の①酉《とり》の刻ばかりのことなるに、②をりふし北風激しくて、磯《いそ》打つ波も高かりけり。舟は、揺り上げⓐ揺りすゑ漂へば、扇もくしに定まらずひらめいたり。沖には平家、舟を一面に並べて見物す。③陸《くが》には源氏、くつばみを並べてこれを見る。いづれもいづれも④晴れならずといふことぞなき。与一《よいち》目をふさいで、「南無八幡大菩薩《なむはちまんだいぼさつ》、我が国の神明《しんめい》、日光《につくわう》の権現《ごんげん》、宇都宮《うつのみや》、那須《なす》の湯泉大明神《ゆぜんだいみやうじん》、ⓑ願はくは、あの扇の真ん中射させてたばせたまへ。これを射損ずるものならば、弓切り折り自害して、人に二度面《ふたたびおもて》を向かふべからず。いま一度《いちど》本国へ迎へんとおぼしめさば、この矢ⓒはづさせたまふな。」と⑤心のうちに祈念して、目を見開いたれば、風も少し吹き弱り、扇も射よげにぞなつたりける。〈「扇の的――『平家物語』から」による〉

知識の泉　**A 悲。**　「楽↔悲」の一字が対立している対義語。

1 線ⓐ〜ⓒを現代仮名《かな》遣いに直し、全て平仮名で書きなさい。 4点×3（12点）

ⓐ（　　）　ⓑ（　　）　ⓒ（　　）

2 ①酉の刻ばかり とは、現在の何時頃ですか。次から一つ選び、記号で答えなさい。（5点）

ア 午前十時頃　イ 午後二時頃
ウ 午後六時頃　エ 午後十時頃

（　　）

3 ②をりふし北風激しくて、磯打つ波も高かりけり について答えなさい。

(1) 助詞を補って現代語に訳すと、どうなりますか。□に当てはまる助詞を書きなさい。 4点×2（8点）

折から北風□激しく吹いて、岸□打つ波も高かった。

(2) このとき、扇はどのような状態でしたか。現代語で簡潔に書きなさい。（5点）

（　　）

攻略！ 扇を狙う与一にとって、厳しい状況だったことを捉えよう。

4 よく出る ③陸には源氏、くつばみを並べてこれを見る。と対句になっている部分を、文章中から抜き出しなさい。（5点）

（　　）

5 ④晴れならずといふことぞなき について答えなさい。

(1) 意味を次から一つ選び、記号で答えなさい。（5点）

ア 空はいっこうに晴れる様子がない。
イ まことに晴れがましい情景である。
ウ 戦《いくさ》でのうらみを晴らすことができそうだ。
エ 心はあまり晴れ晴れとしない。

（　　）

(2) このとき、与一はどのような気持ちであったと考えられますか。次から一つ選び、記号で答えなさい。（5点）

ア 名誉《めいよ》ある役割に選ばれて、うれしくてたまらない気持ち。
イ 両軍から思いがけず注目されて、恥ずかしく思う気持ち。
ウ 失敗は許されないことを意識し、極度に緊張する気持ち。
エ 大変なことになってしまったと、主君をうらむ気持ち。

（　　）

6 よく出る 扇を射ることへの与一の強い覚悟が表れている一文を、文章中の与一の言葉から抜き出し、初めの五字を書きなさい。（10点）

攻略！ 与一が命を懸けていることがわかる部分を抜き出そう。

7 ⑤心のうちに祈念して とありますが、どのようなことを祈ったのですか。現代語で二十字以内で書きなさい。（10点）

知識の泉 Q「理不尽」の意味は？

実力判定テストB　ステージ3

音読を楽しもう　平家物語

扇の的——「平家物語」から

30分

自分の得点まで色をぬろう！

/100

解答　22ページ

1 次の文章を読んで、問題に答えなさい。　教 p.154・上①〜155・上⑬

①与一《よいち》、かぶらを取つてつがひ、よつぴいてひやうど放つ。小兵《こひやう》といふぢやう、十二束三伏《そくみつぶせ》、弓は強し、浦響くほど長鳴りして、あやまたず扇の要《かなめ》ぎは一寸ばかりおいて、ひいふつとぞ射切つたる。かぶらは海へ入りければ、扇は空へぞ上がりける。しばしは虚空《こくう》にひらめきけるが、春風に一《ひと》もみ二《ふた》もみもまれて、海へさつとぞ②散つたりける。夕日のかかやいたるに、みな紅《ぐれなゐ》の扇の日出《い》だしたるが、白波の上に漂ひ、浮きぬしづみぬ揺られければ、沖には平家、ふなばたをたたいて感じたり、陸《くが》には源氏、えびらをたたいてどよめきけり。

あまりのおもしろさに、感に堪へざるにやとおぼしくて、舟のうちより、年五十ばかりなる男《をのこ》の、黒革をどしの鎧《よろひ》着て、白柄《しらえ》の長刀《なぎなた》持つたるが、扇立てたりける所に立つて舞ひしめたり。伊勢《いせの》三郎義盛《さぶらうよしもり》、与一が後ろへ歩ませ寄つて、

「③御定《ごぢやう》ぞ、つかまつれ。」

と言ひければ、今度は中差《なかざし》取つてうちくはせ、よつぴいて、しや頸《くび》の骨をひやうふつと射て、舟底へ逆さまに射倒す。平家の方《かた》には音もせず、源氏の方にはまたえびらをたたいてどよめきけり。

「あ、射たり。」

と言ふ人もあり、また、

「④情けなし。」

と言ふ者もあり。

〈「扇の的——『平家物語』から」による〉

1 A 小兵といふぢやう　B 浮きぬしづみぬ　の意味を、それぞれ次から一つずつ選び、記号で答えなさい。　5点×2（10点）

A（　）
ア 小兵ではないが　イ 小兵であるうえに
ウ 小兵とはいいながら　エ 小兵であるので

B（　）
ア 浮いてしずまず　イ 浮いてからしずみ
ウ 浮かばずしずみ　エ 浮いたりしずんだり

2 ①与一、かぶらを取つてつがひ、よつぴいてひやうど放つ。とありますが、与一の放った矢はどこに当たりましたか。現代語で具体的に書きなさい。（10点）

3 ひやうど は擬声語ですが、同じく擬声語で、扇の的を矢が射切った音を表している部分を、文章中から四字で抜き出しなさい。（5点）

4 よく出る ②散つたりける とありますが、散ったのは何ですか。文章中から一語で抜き出しなさい。（5点）

知識の泉　A 物事の筋道が通らないこと。〈例〉会議で，理不尽な決定がなされた。

5 海に落ちた扇の様子が、色彩《しきさい》の対比で印象的に描かれている部分を文章中から四十六字で抜き出し、初めと終わりの五字を書きなさい。（10点）

□□□□□ 〜 □□□□□

6 扇が射落とされたのを見た平家と源氏の人々について答えなさい。

(1) それぞれどのように反応しましたか。文章中から抜き出しなさい。　5点×2（10点）

平家…

源氏…

(2) 記述　敵である平家の人々が、(1)のような反応を示したのはなぜですか。考えて書きなさい。（15点）

7 ③御定ぞ、つかまつれ。について答えなさい。

(1) 誰が、誰に言った言葉ですか。（5点）

(2) レベルUP　命令の内容を、具体的に書きなさい。（10点）

8 よく出る　④情けなし。とありますが、どのようなことに対して言っていますか。次から一つ選び、記号で答えなさい。（10点）

ア　味方の男が殺されたのに、平家方が静まりかえるだけで助けなかったこと。

イ　舞を舞った男が殺されたのに、源氏方がどっと歓声を上げたこと。

ウ　男は与一の腕前に感心して舞を舞ったのに、それを冷酷《れいこく》に射殺してしまったこと。

エ　与一は扇の的を狙ったのに、舞を舞っている男に矢を当ててしまったこと。

---

2 次の文章を読んで、問題に答えなさい。

教p.156・上⑦〜上⑫

「弓の惜しさに取らばこそ。義経《よしつね》が弓といはば、二人《ににん》しても張り、もしは三人しても張り、叔父《をぢ》の為朝《ためとも》が弓のやうならば、わざとも落として取らすべし。尫弱《わうじやく》たる弓を敵《かたき》の取り持つて、『これこそ源氏の大将九郎《くらう》義経が弓よ。』とて、嘲哢《てうろう》せんずるが口惜《くちを》しければ、命にかへて取るぞかし。」と、宣《のたま》へば、みな人これを感じける。

〈「扇の的――『平家物語』から」による〉

1 感じける　とありますが、人々は、義経のどのようなところに感じ入ったのですか。次から一つ選び、記号で答えなさい。（10点）

ア　叔父の弓を敵から取り戻そうとする、優しい心遣い。

イ　敵に嘲笑されるのが悔しいという、武士としての誇《ほこ》り。

ウ　長年使っている弓を大切にするという、立派な心がけ。

エ　自分の弱さを隠そうとする、大将としての意地。

知識の泉　Q　慣用句「お茶を濁す」の意味はどっち？　ア＝説得する　イ＝ごまかす

確認のワーク ステージ1

仁和寺《にんなじ》にある法師──「徒然草《つれづれぐさ》」から

解答 23ページ　スピードチェック 11・17ページ　予想問題 149ページ

学習のねらい
- 仁和寺の法師の言動に着目し、勘違いの内容を捉えよう。
- 作者のものの見方や考え方を読み取ろう。

漢字

1 漢字の読み 読み仮名《がな》を横に書きなさい。

*は新出漢字　▼は新出音訓・◎は熟字訓

❶ *鋭い　❷ ▼勝る

教科書の要点

1 作品「徒然草《つれづれぐさ》」についてまとめなさい。 教p.158〜159

作者	①（　　）
成立	②（　　）時代の末　文章の種類 ③（　　）
内容	自然や人間についての鋭い考えや感想、見聞が書かれ、④（　　）観に基づく人生観や美意識が読み取れる。

2 係り結び （　）に当てはまる係りの助詞を書きなさい。また、結びの部分に――線を引きなさい。 教p.160

① 神へ参る（　）本意《ほい》なれ。

② 「山までは見ず。」と（　）言ひける。

? 係り結びとは▼係りの助詞があると、文末（結びの部分）の形が変化するという決まり。

係りの助詞	意味	結びの形	例
や か	疑問などを 強調	連体形	いづれの山［か］天に近き。（元の形 いづれの山天に近し。）
ぞ なむ	感動などを 強調	連体形	扇は空へ［ぞ］上がりける。（元の形 扇は空へ上がりけり。）
こそ	感動などを 強調	已然形《いぜん》*	尊く［こそ］おはしけれ。（元の形 尊くおはしけり。）

*已然形…古文特有の活用形。

3 内容理解 「仁和寺《にんなじ》にある法師」は、どのような失敗をしたのですか。［　］に教科書の言葉を書き入れなさい。 教p.158〜159

山の麓《ふもと》にある極楽寺《ごくらくじ》・高良《こうら》神社などの付属の寺社だけを拝んで、それを［　　　］八幡宮《はちまんぐう》だと勘違いして帰ってしまったこと。

おさえよう

主題 仁和寺の法師は、〔ア 一人　イ 二人〕で石清水《いわしみず》八幡宮に参拝しようとしたため、目的を果たせなかった。このように、ちょっとしたことにも、〔ア 同行者　イ 先導者〕があってほしいものである。

基本問題

★ 次の文章を読んで、問題に答えなさい。 教p.158・上④〜上⑦

①つれづれなるままに、②日暮らし、硯《すずり》に向かひⓐて、心にうつりゆく③よしなし事を、④そこはかとなく書きつくれば、あやしうこそⓑものぐるほしけれ。（序段）

〈「仁和寺《にんなじ》にある法師――『徒然草《つれづれぐさ》』から」による〉

1 「徒然草」は、どのような種類の作品ですか。漢字二字で書きなさい。

2 ～～線ⓐ・ⓑを現代仮名遣《かな》いに直し、全て平仮名で書きなさい。

ⓐ（　　）　ⓑ（　　）

3 よく出る ①つれづれなるままに ②日暮らし ③よしなし事 の意味を、それぞれ次から一つずつ選び、記号で答えなさい。

①
ア 雑事をこなしながら時間がたつのにあわせて
イ 世間一般の人々が考えることに同調して
ウ することがなく退屈《たいくつ》であるのに任せて
エ 一人でいる寂しさをまぎらわすことに決めて
（　　）

②
ア 毎日　イ 一日中
ウ 夜になると　エ 苦しい生活で
（　　）

③
ア とりとめもないこと　イ よくないこと
ウ 覚えておきたいこと　エ 伝えたいこと
（　　）

攻略！ ③「よしなし」を漢字で書くと、「由無し」となる。

4 ④そこはかとなく書きつくれば について答えなさい。

(1) 「そこはかとなく」の意味を次から一つ選び、記号で答えなさい。
ア 人に知られずひっそり
イ 自分の考えをまとめて
ウ 細かい文字でびっしり
エ 何というあてもなく
（　　）

(2) 何を書きつけているのですか。文章中から抜き出しなさい。
（　　）

(3) よく出る 書きつけていると、どのような気持ちになると述べていますか。次から一つ選び、記号で答えなさい。
ア もっと書きたいという欲がわいてくる。
イ 書いたものが正しいかどうか不安になる。
ウ 多くの思いがわき、何を書けばよいのか迷う。
エ いろいろな思いがわき、妙に心騒ぎがする。
（　　）

攻略！ すぐ後にその気持ちが書いてある。

5 この文章で、作者はどのようなことを述べていますか。次から一つ選び、記号で答えなさい。
ア 「徒然草」を書いている際の周囲の反応。
イ 「徒然草」を書いているときの状況と心境。
ウ 「徒然草」を書いた目的と今後の展望。
エ 「徒然草」を書いた後の反省点と解説。
（　　）

攻略！ 特に最初と最後の部分に着目して考えよう。

実力判定テストA　ステージ2

仁和寺《にんなじ》にある法師――「徒然草《つれづれぐさ》」から

30分

自分の得点まで色をぬろう！
100点　80　60　0
/100

解答 23ページ

★ 次の文章を読んで、問題に答えなさい。

教 p.158・⑨～159・⑦

仁和寺《にんなじ》にある法師、年寄るまでⓐ石清水《いはしみづ》を拝まざりければ、[A]心うく覚えて、あるときⓑ思ひたちて、ただ一人、徒歩《かち》より詣でけり。極楽寺《ごくらくじ》・ⓒ高良《かうら》などを拝みて、①かばかりと心得て帰りにけり。

さて、ⓓかたへの人にあひて、「②年ごろ思ひつること、果たしはべりぬ。[B]聞きにも過ぎて、③尊《たふと》くこそおはしけれ。そも、参りたる人ごとに山へ登りしは、④何事かありけん、ゆかしかりしかど、⑤神へ参るこそ本意《ほい》なれと思ひて、山までは見ず。」と⑥ぞ言ひける。

⑦少しのことにも、先達《せんだち》はあらまほしきことなり。

（第五十二段）

〈「仁和寺《にんなじ》にある法師――『徒然草《つれづれぐさ》』から」による〉

1　線ⓐ～ⓓを現代仮名遣《かな》いに直し、全て平仮名で書きなさい。　3点×4（12点）

ⓐ（　　）ⓒ（　　）
ⓑ（　　）ⓓ（　　）

2　A心うく覚えて　B聞きにも過ぎて　の意味を、それぞれ次から一つずつ選び、記号で答えなさい。　4点×2（8点）

A
ア　困ってしまって　イ　心弾むことに思われて
ウ　心苦しくなって　エ　残念なことに思われて
（　　）

B
ア　うわさに聞いたのよりも勝って
イ　うわさに聞いていたほどでもなく
ウ　うわさになっているだけあって
エ　うわさになったのが過去のことだったので
（　　）

3　①かばかりと心得て　について説明した次の文の（　）に当てはまる言葉を、文章中から抜き出しなさい。　完答（5点）

法師は、（①　　　）だけを（②　　　）だと思い込んだ。

4　②年ごろ思ひつること　について答えなさい。

(1)　「年ごろ」の意味を次から一つ選び、記号で答えなさい。（5点）
ア　最近　イ　昨年から
ウ　年の初めに　エ　長年の間
（　　）

(2)　よく出る　「年ごろ思ひつること」とは、どのようなことですか。現代語で書きなさい。（10点）
（　　　　）

攻略！　法師が「心うく覚えて」いた理由に着目する。

知識の泉　A　同意・賛同。　対義語は「反対」。

5 尊くこそおはしけれ③ で用いられている表現について、□に当てはまる言葉を書きなさい。 5点×2（10点）

この部分は「こそ」という助詞があることで、文末（結びの部分）の「けり」が「けれ」に変化している。このような古典の表現を□といい、ここでは「□」という語が強調されている。

6 よく出る 何事かありけん④ とありますが、何を見てこう思ったのですか。文章中から十三字で抜き出しなさい。（5点）

7 神へ参るこそ本意なれと思ひて、山までは見ず⑤ について答えなさい。

(1) 「本意なれ」の意味を書きなさい。（5点）

(2) このように言った法師の気持ちを次から一つ選び、記号で答えなさい。（10点）

ア 目先の目的が達成できればよいと思っている。
イ 他の人たちのことが気になり、不安に思っている。
ウ 自分勝手な思い込みを恥ずかしく思っている。
エ 自分の行動に満足し、誇《ほこ》らしく思っている。

攻略！ 法師は、石清水に参拝したと思っていることに注意。

8 言ひける⑥ とありますが、誰が、誰に話したのですか。文章中からそれぞれ抜き出しなさい。 5点×2（10点）

誰が…

誰に…

9 よく出る 少しのことにも、先達はあらまほしきことなり。⑦ とありますが、ここでは、どのようなことを言っているのですか。次から一つ選び、記号で答えなさい。（10点）

ア たとえどんなことであっても、その道の先導者になろうとすることは非常に難しいということ。
イ わずかな人数であっても、その道の先導者がいてくれると、後に続く者は楽であるということ。
ウ ほんのちょっとしたことであっても、その道の先導者となる人がいてくれれば、間違わずにすむということ。
エ どんなささいなことであっても、その道の先導者ならば見逃さないから、失敗をしないということ。

10 「仁和寺にある法師」の話を、作者はどのように考えていると思われますか。次から一つ選び、記号で答えなさい。（10点）

ア 法師のねばり強さに感心し、信仰《しんこう》の本質を見いだしている。
イ 法師の勘違いをおかしく思いながらも、教訓を見いだしている。
ウ 法師の自分を信じる心に感動し、信仰の本質を見いだしている。
エ 法師の頑固さにあきれながらも、教訓を見いだしている。

知識の泉 Q □に当てはまる漢字は？ 絶□絶命

確認のワーク ステージ1

漢詩の風景

学習のねらい
- 漢詩特有の言葉遣いや調子に注意しながら読もう。
- 解説を手がかりに、季節、情景、作者の心情を想像しよう。

解答 24ページ ｜ スピードチェック 11・17ページ ｜ 予想問題 150ページ

漢字

1 漢字の読み 読み仮名《がな》を横に書きなさい。

＊は新出漢字 ▼は新出音訓・◎は熟字訓

❶ ＊暁（訓読み） ❷ ＊俗人 ❸ 平＊凡 ❹ ＊締めくくる
❺ 散り＊敷く ❻ ＊又 ❼ ＊楼 ❽ ＊浪人

2 漢字の書き 漢字に直して書きなさい。

❶ 暗い（ふんいき）。 ❷（きゅうれき）の正月。
❸ 日が（しず）む。 ❹（ねどこ）の中。

教科書の要点

1 漢詩の形式 （　）に教科書の言葉を書き入れなさい。 教p.163・168

	一句が五字	一句が七字
絶句（全体が四句から成る）	①（　）	②（　）
律詩（全体が八句から成る）	③（　）	七言《しちごん》律詩

2 絶句の構成 （　）に教科書の言葉を書き入れなさい。 教p.163

第一句	①（　）	・歌い起こし。
第二句	②（　）	・起句を承《う》けてさらに展開する。
第三句	③（　）	・場面が転換する。
第四句	④（　）	・全体を締めくくる。

3 漢文の訓読 書き下し文に直して書きなさい。

① 恨《うら》ミテハ㆑別レヲ鳥ニモ驚カス㆑心ヲ（　）
② 春眠不《ず》㆑覚エ㆑暁ヲ（　）

送り仮名 漢字の右下に片仮名で小さく書かれた文字。漢字の送り仮名や助詞。歴史的仮名遣いを用いる。

返り点 読む順序を表す記号。漢字の左下に添える。
- レ点…下の一字から、すぐ上の一字に返って読む。
- 一・二点…二字以上を隔てて、上に返って読む。

4 対句 （　）に教科書の言葉を書き入れなさい。 教p.168

対句とは、形や（　）の似ている二つの句を並べる表現方法のことである。

律詩では第三句と第四句、第五句と第六句が必ず対句になる。

例
感ジテハ㆑時ニ 花ニモ濺《そそ》ギ㆑涙ヲ
↕ ↕ ↕ ↕
恨ンデハ㆑別レヲ 鳥ニモ驚カス㆑心ヲ

知識の泉 A 体。「絶対絶命」は誤り。「絶体絶命」＝危険から逃げられない状況のこと。

5 構成のまとめ　（　）に教科書の言葉を書き入れなさい。

「春暁《しゅんぎょう》」 教p.162〜163

作者	（①　　）
詩の形式	（②　　）
起句	●春の眠りは気持ちがよく、（③　　）が明けたのにも気づかない。
承句	●外はいい天気らしく、あちらこちらで鳥の声が聞こえる。
転句	●そういえば、ゆうべは（④　　）の音がしていた。
結句	●花はいったいどれほど（⑤　　）ことだろう。

「絶句」 教p.164〜165

作者	（⑥　　）
詩の形式	（⑦　　）
起句	●川は深みどりに澄み渡り、その色を背景に水鳥はいっそう白く見える。
承句	●向こうの山は青々と茂っていて、それを背景に花が（⑧　　）ように真っ赤に咲いている。
転句	●今年の（⑨　　）もみるみるうちに過ぎてゆく。
結句	●いつになったら、（⑩　　）へ帰る年が来るのだろうか。

「黄鶴楼《こうかくろう》にて孟浩然《もうこうねん》の広陵《こうりょう》に之《ゆ》くを送る」 教p.165〜166

作者	（⑪　　）
詩の形式	（⑫　　）
起句	●古くからの親友である孟浩然は、西にあるこの（⑬　　）に別れを告げる。
承句	●春、かすみ立つ三月に、（⑭　　）へと舟で下ってゆく。
転句	●広い長江《ちょうこう》の流れに一つ浮かんだ帆掛け舟の姿は遠ざかり、（⑮　　）のかなたに消える。
結句	●後には、ただ水平線のかなたまで続く長江の水が流れるばかり。

「春望」 教p.168

作者	（⑯　　）
詩の形式	（⑰　　）
第一句・第二句	●戦乱で国都は破壊されたが、（⑱　　）と河はそのまま残り、町にも春が訪れ、草木が茂っている。
第三句・第四句	●時勢を悲しんでは（⑲　　）にも涙し、家族との別れを恨《うら》めしく思っては鳥の声にも心を驚かす。
第五句・第六句	●戦いののろしは三か月も続き、家族からの手紙は（⑳　　）に値《あたい》するほど貴重だ。
第七句・第八句	●白髪の頭をかくとますます髪は抜けて少なくなり、全くかんざしで冠を留められないほどだ。

おさえよう

主題 「春暁」は、春の眠りの〔ア 心地《ここち》よさ　イ 落ち着かなさ〕と、明るくのどかな気分を歌う。「絶句」は、前半では鮮やかな南国の春景色を、後半では〔ア 望郷の思い　イ 異国での日常〕を歌う。「黄鶴楼にて……」は、親友との〔ア 争い　イ 別れ〕の悲しみを歌う。「春望」は、自分の不幸な境遇《きょうぐう》を歌う。

知識の泉 Q 「未来」の類義語は？ □来

実力判定テストA　ステージ2

漢詩の風景

30分

自分の得点まで色をぬろう!
100点 80 60 0
/100

解答 24ページ

1 次の漢詩と文章を読んで、問題に答えなさい。 教 p.162・①〜163・②

春暁《しゅんぎょう》　孟浩然《もうこうねん》

春眠不《ず》レ覚エレ暁ヲ
処処聞ク二啼《てい》鳥《てう》ヲ一
夜来風雨ノ声
花落ツルコト知ル多少

春眠①暁を覚えず

夜来風雨の声
②花落つること知る多少

春の眠りは、誰しも経験があるように、非常に気持ちのよいものです。寒くてつらい、長かった冬も過ぎ、いよいよ春になったぞという喜びを、「暁を覚えず」、つまり、夜が明けたのも気づかないぬくぬくとした眠りで表しています。外はいい天気らしく、あちらでもこちらでも鳥の声が聞こえます。そういえば、ゆうべは「風雨」の音がしていたなあ、と回想します。花はいったいどれほど散ったことやら。作者は寝床の中にいて、明るくのどかな気分に浸っているのです。

〈石川《いしかわ》忠久《ただひさ》「漢詩の風景」による〉

1 この漢詩の形式を、漢字四字で書きなさい。（5点）

攻略! 一句の字数と、全部で何句あるかを数える。

2 ①暁を覚えず の意味を、文章中から抜き出しなさい。（8点）

3 第二句を書き下し文に直しなさい。（8点）

4 場面が大きく転換しているのは、どの句ですか。初めの漢字二字を抜き出しなさい。（5点）

5 ②花落つること知る多少 について答えなさい。

(1) 意味を文章中から抜き出しなさい。（8点）

(2) このように作者が想像したのは、なぜですか。（8点）

攻略! 第三句で回想していることが理由に当たる。

6 よく出る この詩に歌われている作者の心情を次から一つ選び、記号で答えなさい。（8点）

ア 楽しく高揚している気持ち。
イ 明るくのんびりした気持ち。
ウ 不安で落ち着かない気持ち。
エ 元気がなく落ち込む気持ち。

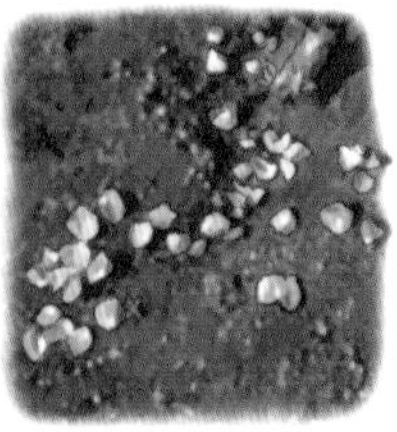

知識の泉 A 将。「未来」の対義語は「過去」「現在」。

2 次の漢詩と文章を読んで、問題に答えなさい。 教p.164・①〜165・⑥

絶句　杜甫《とほ》

①江は碧《みどり》にして鳥は逾《いよい》よ白く
山は青くして花は然《も》えんと欲《ほっ》す
③今春看《みすみ》す又過ぐ
何《いづ》れの日か是《こ》れ帰年ならん

江ハ碧ニシテ鳥ハ逾ヨ白ク
②山青花欲然
今春看ス又過グ
何レノ日カ是レ帰年ナラン

この詩は、杜甫が成都《せいと》にいたときの作です。うち続く戦乱を避けて、友人を頼りにこの地へ来たのです。まず、この地の美しい風景が前半の二句に描かれます。川は深みどりに澄み渡り、その水の色をバックに水鳥はいっそう白く見える。「碧《へき》」は深く澄んだみどりです。向こうの山は青々と茂っている。それをバックに花が燃えるように咲いている。この花は、つつじか何かでしょうか。「然」は「燃」と同じ。「然えんと欲す」とは、今にも燃えだしそうの意で、花が真っ赤に咲いているさまです。二句十字の中に、「碧・白・青・然＝赤」と色を表す字が四つも含まれ、なんとも鮮やかな南国の春景色が浮かび上がります。

後半では、この風景を前にした作者の思いが歌われます。今年の春も、あれよあれよという間に過ぎてゆく。いつ故郷へ帰る年が来るのだろうか。「看す」は、見ている間に、という意味です。故郷へ帰れないままにまた春が過ぎてゆく、それをどうすることもできないのです。異郷の明るい春景色の中で、悲しみに沈む作者の姿が強く印象づけられます。北の故郷を離れて六年目、杜甫は五十三歳でした。

〈石川《いしかわ》忠久《ただひさ》「漢詩の風景」による〉

1 よく出る　①江は碧にして鳥は逾よ白く　と対句になっている句を、書き下し文から抜き出しなさい。（10点）

2 ②山青花欲然　とありますが、上の書き下し文を参考にして、返り点と送り仮名を付けなさい。（10点）

山　青　花　欲　然

3 この詩の前半で描かれている情景を、文章中から十字で抜き出しなさい。（10点）

4 ③今春看す又過ぐ　とありますが、この句から読み取れる作者の心情を次から一つ選び、記号で答えなさい。（10点）

ア　幸福感　　イ　罪悪感
ウ　無力感　　エ　達成感

攻略！　「看す」という言葉の意味と、第四句の内容から考えよう。

5 よく出る　この詩に歌われている作者の思いを次から一つ選び、記号で答えなさい。（10点）

ア　年月が過ぎる速さに驚嘆《きょうたん》する思い。
イ　美しい風景に心打たれる思い。
ウ　気ままな旅を楽しむ思い。
エ　悲しみのこもった望郷の思い。

実力判定テストB　ステージ3

漢詩の風景

30分

自分の得点まで色をぬろう！
100点　80　60　0

/100

解答 24ページ

1 次の漢詩を読んで、問題に答えなさい。

黄鶴楼《くわうかくろう》にて孟浩然《まうかうねん》の広陵《くわうりよう》に之《ゆ》くを送る　李白《りはく》

教 p.165・⑦〜165・⑪

①故人西のかた黄鶴楼を辞し

（　　　　　　　　）

②孤帆《こはん》の遠影碧空《へきくう》に尽き

唯《た》だ見る長江《ちやうかう》の天際に流るるを

故 人 西ノカタ 辞シ二 黄 鶴 楼ヲ一

煙 花 三 月 下ル二 揚《やう》 州《しう》一

孤 帆ノ 遠 影 碧 空ニ 尽キ

唯ダ 見ル 長 江ノ 天 際ニ 流ルルヲ

1 この漢詩の形式を、漢字四字で書きなさい。（5点）

2 ①故人　について答えなさい。

(1) 意味を次から一つ選び、記号で答えなさい。（5点）

ア 亡《な》くなった人　イ 古くからの親友
ウ 年老いた人　エ 故郷にいる友人

(2) よく出る 具体的には誰のことですか。（5点）

(3) 「故人」は、Ⅰ…どこから、Ⅱ…どこへ向かいますか。5点×2（10点）

Ⅰ（　　）　Ⅱ（　　）

3 よく出る 第三句を書き下し文に直しなさい。（5点）

4 ②孤帆の遠影碧空に尽き　とは、どのような様子を表していますか。次から一つ選び、記号で答えなさい。（5点）

ア 舟が青空の下でゆったり漂っている様子。
イ 舟が大空を飛んでいるように見える様子。
ウ 舟が遠ざかって見えなくなっていく様子。
エ 舟が速度を上げて一気に進んでいく様子。

5 第四句で用いられている表現技法を次から一つ選び、記号で答えなさい。（5点）

ア 倒置　イ 対句
ウ 反復　エ 体言止め

6 記述 この詩に歌われている作者の気持ちを、十五字以内で書きなさい。（10点）

知識の泉 A **言語道断・完全無欠。**　言語道断＝もってのほか。完全無欠＝全く欠点がないこと。

2 次の漢詩を読んで、問題に答えなさい。

教 p.168

春望　杜甫《とほ》

①国破れて山河在り
城春にして草木《さうもく》深し
時に感じては花にも涙を濺《そそ》ぎ
②別れを恨《うら》んでは鳥にも心を驚かす
③烽火《ほうくわ》三月《さんげつ》に連なり
家書④万金《ばんきん》に抵《あた》る
⑤白頭搔《か》けば更に短く
渾《す》べて簪《しん》に勝《た》へざらんと欲《ほつ》す

国破レテ山河在リ
城春ニシテ草木深シ
感ジテハレ時ニ花ニモ濺ギレ涙ヲ
恨ンデハレ別レヲ鳥ニモ驚カスレ心ヲ
烽火連ナリ二三月一ニ
家書抵ル二万金一ニ
白頭搔ケバ更ニ短ク
渾ベテ欲スレ不ざラントレ勝ヘレ簪ニ

1 この漢詩の形式を、漢字四字で書きなさい。（5点）

2 この詩で対句になっている句を次から全て選び、記号で答えなさい。　完答（5点）

ア　第一句と第二句　　イ　第三句と第四句
ウ　第五句と第六句　　エ　第七句と第八句

（　　）

3 ①国破れて山河在り　では、何と何を対比させていますか。□に当てはまる言葉を、□から選んで書きなさい。　5点×2（10点）

はかない（　　）の営みと、悠久の（　　）。

学問　自然　真実　人間

4 よく出る　②別れ　とは、誰との別れのことですか。漢字二字で書きなさい。（5点）

5 ③烽火　の意味を次から一つ選び、記号で答えなさい。（5点）

ア　たき火　　イ　かすみ
ウ　火事　　エ　のろし

（　　）

6 ④万金に抵る　は、「万金にも値《あたい》するほど貴重だ」という意味ですが、「家書」が「万金に抵る」のは、なぜですか。（　）に当てはまる言葉を書きなさい。（5点）

（　　）が長く続いていて、手紙がなかなか届かないから。

7 ⑤白頭搔けば更に短く／渾べて簪に勝へざらんと欲す　には、どのような思いが込められていますか。次から一つ選び、記号で答えなさい。（5点）

ア　容姿の衰えを装飾品で補おうとする前向きな思い。
イ　むなしく年老いる自分を嘆《なげ》き悲しむ思い。
ウ　白髪になっても戦いには勝利したいという思い。
エ　生まれ故郷を焼け野原にした戦いを憎む思い。

（　　）

8 レベルUP　この詩に歌われている作者の心情を次から一つ選び、記号で答えなさい。（10点）

ア　自然の一員としての人間の存在をいつくしむ気持ち。
イ　花が咲き鳥が鳴く春の情景をのどかに楽しむ気持ち。
ウ　世の中のありさまや不運な我が身を悲しむ気持ち。
エ　戦乱で自然を破壊する人間の勝手さにいきどおる気持ち。

（　　）

知識の泉　Q　「蓼食《たで》う虫も好き好き」の意味は？

確認のワーク ステージ1

君は「最後の晩餐《ばんさん》」を知っているか

解答 25ページ　スピードチェック 12ページ　予想問題 151ページ

学習のねらい
- 解剖学・遠近法・明暗法という観点からの絵の分析を理解しよう。
- 具体と抽象の関係に注意して文章の内容を捉えよう。

漢字と言葉

1 漢字の読み
読み仮名《がな》を横に書きなさい。

*は新出漢字 ▼は新出音訓・◎は熟字訓

❶ 解*剖学　❷ 理*屈　❸ *衝撃　❹ *芝居
❺ 水*紋　❻ ▼弟子　❼ 磔《たっ》*刑　❽ 容*貌
❾ ▼究める　❿ *剝げ落ちる　⓫ 色*彩　⓬ 感*嘆

2 漢字の書き
漢字に直して書きなさい。

❶ 顔の（　りんかく　）。　❷（　しょうげき　）を受ける。
❸ 鮮やかな（　しきさい　）。　❹（　すで　）に出発した。
❺（　せま　）い室内。　❻ 大げさな（　しばい　）。

3 語句の意味
意味を下から選んで、線で結びなさい。

❶ 原理・　　・ア 物事の根本となる法則。
❷ 駆使・　　・イ 感心してほめたたえること。
❸ 感嘆・　　・ウ 思うように使いこなすこと。

教科書の要点

1 話題
（　）に教科書の言葉を書き入れて、「最後の晩餐《ばんさん》」についてまとめなさい。 教 p.170〜175／178

作者	・（①　）
描かれた場所	・イタリアの北の町、（②　）にある修道院の食堂。 ↓壁に描かれた絵＝（③　）。
描かれた時代	・（④　）世紀末＝今から約五百年も昔。
大きさ	・高さ四・二メートル、幅（⑤　）メートル。 ↓巨大な絵
描かれているもの	・白いテーブルクロスの掛かった食卓。 ・食卓の向こうにいる（⑥　）人の男。 ↓中央の人物＝（⑦　）
状態	・五百年たって、ぼろぼろになったため、修復が行われた。修復終了＝（⑧　）年五月

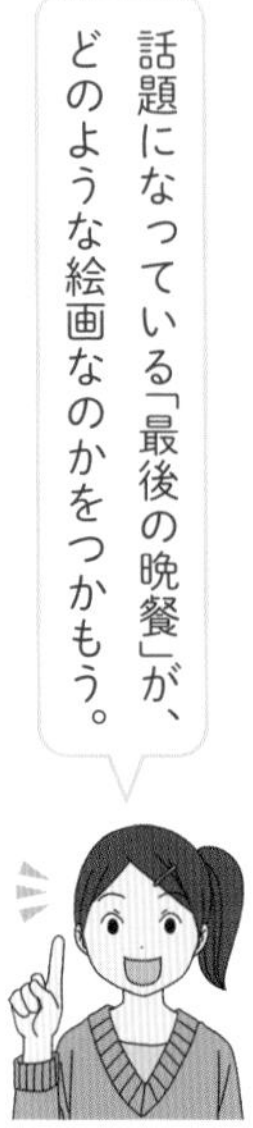
話題になっている「最後の晩餐」が、どのような絵画なのかをつかもう。

2 構成のまとめ

（　）に教科書の言葉を書き入れなさい。教p.170～179

序論（教初め～p.170・⑬）「最後の晩餐」とは

まとまり：「最後の晩餐」とは

具体的な内容

●レオナルドの絵は、それまでの絵画とは違う、全く新しいもの。

・人体の科学である「①（　　）」
・空間の科学である「②（　　）」
・光の科学である「③（　　）」

→④「科学が生み出した（　　）」

筆者の考え方・ものの見方

▼「最後の晩餐」を「かっこいい。」と思う。

▼名画の前では、まず衝撃がやってくる。それから、じっくりと分析する。

本論（p.175・①～178・⑦）「最後の晩餐」の分析

具体的な内容

●食事の光景なのに、誰も飲食をしていないのはなぜか。

●落ち着き払った中央の人物と、周りで動揺している男たちは誰なのか。

観点

- 解剖学　▼弟子たちの動揺を⑥（　　）（＝心の動き）で表現。
- 遠近法　▼遠くのものを小さく描き、部屋の⑦（　　）を表現。
　▼遠近法の⑧（　　）の位置で主人公を暗示。
- 明暗法　▼描かれた部屋の明暗を、現実の⑩（　　）の方向と合致させ、本物の食堂の延長にあるかのように表現。

→絵画の科学が新しい絵を生み出した。

筆者の考え方・ものの見方

▼まずは、絵を「⑤（　　）」ことから分析を始めるのもよい。

▼心の内面までもえぐるように人体を描けた。
↓人体を知り尽くしていたから。

▼計算された絵。↓⑨（　　）のような絵。

▼キリストたちといっしょに晩餐をしているような気持ちになる。

▼レオナルドが究めた絵画の科学とその可能性を目《ま》のあたりにできる。↓「かっこいい。」

結論（p.178・⑨～終わり）「最後の晩餐」の修復

具体的な内容

●描かれてから五百年たつ。↓絵の修復が行われた。

・鮮やかな色彩がよみがえる。↓絵の「⑪（　　）」がよく見えるようになった。
・細かい描写は既に消失。

筆者の考え方・ものの見方

▼「絵の構図がもっている⑫（　　）」
＝「絵画の科学を駆使して表現しようとしたもの」がよく見えてくる。

▼名画は生き続ける。芸術は永遠だ。

おさえよう

要旨　レオナルドが描いた作品は、絵画の（ア 科学　イ 伝統）を駆使した、彼にしか描けない新しい絵である。その意図は、修復によってより明快に見えるようになった。筆者は、そのすばらしさを（ア「かっこいい。」　イ「絵画の芸術」）と評価し、時を超えても生き続ける、芸術の（ア はかなさ　イ 永遠性）を感じている。

知識の泉　Q 次の□に当てはまる漢字は？　姉の看護師姿もだいぶ□に付いてきた。

実力判定テストA　ステージ2

君は「最後の晩餐《ばんさん》」を知っているか

30分

自分の得点まで色をぬろう！

100点　80　60　0

/100

解答　25ページ

★ 次の文章を読んで、問題に答えなさい。　教p.175・①〜176・⑥

「最後の晩餐《ばんさん》」は、イタリアの北の町、ミラノにある。サンタ・マリア・デッレ・グラツィエ修道院の食堂の壁画として、十五世紀末に描かれた。高さ四・二メートル、幅九・一メートルもある巨大な絵だ。

まず目に入るのは、白いテーブルクロスの掛かった食卓、そして食卓の向こうにいる十三人の男。①まるで芝居の幕が開いて、舞台の上でドラマが始まったかのようだ。机の上には、パンや魚の料理が載った皿、それに飲み物の入ったコップがある。食事の光景らしいが、誰も飲食をしていない。ある男は両手を広げ、別の男は視線を中央の人物に向けている。

なぜ、誰も食事をしていないのか。それに②落ち着き払った中央の人物と、その周りで動揺している男たちは誰なのか。まずは、そんなふうに絵を③「読む」ことから分析を始めるのもよい。

人物は、三人ずつのグループと中央の人物というふうに分けて見ることもできる。中央の人物が何か言っている。その言葉が、人々の動揺を誘い、ざわめきが広がる。静かな水面に④小石を投げると丸い水紋が広がるように、隣の人物へ、さらに隣の人物へと、動揺が伝わる。何かが、起こっている。この絵の人物の構図から、そんなことが感じられる。

中央にいるのがキリストである。彼は、弟子の一人に裏切られ、やがて磔《はりつけ》になる。ここに描かれている場面は、裏切りがある、という予言を耳にした弟子たちが驚き、ざわめいているところだ。明日、キリストは磔《たっ》刑になる。だから、これが「最後の晩餐」なのだ。

弟子たちの動揺は、手のポーズにも表れている。たくさんの手が描かれているが、⑤試しに、その一つ一つのポーズを君もまねてみよう。手のポーズは心の動きを表すが、ここにはいろいろな手があり、いろいろな心の動きがある。驚き、失意、怒り、諦め……。まるで手のポーズの見本帳である。それは、手に託された心の動きの見本帳でもある。

⑥レオナルドは、どうしてこんなにもうまく、いろいろな手を描くことができたのだろうか。実は、彼は人体の解剖を通して骨格や筋肉の研究をし、人の体がどのような仕組みでできているかを知り尽くしていた。だから、⑦手だけでなく顔の表情や容貌も、一人一人の心の内面までもえぐるように描くことができた。

〈布施《ふせ》　英利《ひでとし》「君は『最後の晩餐《ばんさん》』を知っているか」による〉

知識の泉　**A　板。**「板に付く」＝仕事や服装などがぴったり合った感じになる。

1 ①まるで芝居の幕が開いて、……始まったかのようだ。とありますが、この表現は、読者に対してどのような効果がありますか。次から一つ選び、記号で答えなさい。（10点）

ア　この絵画でレオナルドが認められたことを知らせる効果。
イ　不自然な構図で食卓が描かれている衝撃を伝える効果。
ウ　特別な場面を具体的に描いた絵画の迫力を強調する効果。
エ　悪い事件を描いた絵画だということを確信させる効果。

（　　）

2 ②落ち着き払った中央の人物とは、誰ですか。（10点）

（　　）

3 ③絵を「読む」とは、どうすることですか。次から一つ選び、記号で答えなさい。（10点）

ア　絵の中に何か文字が残されていないかと探してみること。
イ　疑問をもたずに目に入ってくるものをそのまま見ること。
ウ　絵に描かれている光景がどのようなものか推測すること。
エ　絵のすばらしい点はどこなのかを自分なりに判断すること。

（　　）

4 よく出る ④小石を投げると丸い水紋が広がるようにとありますが、Ⅰ…「小石」と、Ⅱ…「水紋」は、ここでは何をたとえていますか。文章中から、Ⅰは十二字で、Ⅱは二字で抜き出しなさい。10点×2（20点）

Ⅰ
Ⅱ

5 絵に「最後の晩餐」という題名が付いているのは、なぜですか。に当てはまる言葉を、文章中から抜き出しなさい。5点×2（10点）

（　　）が（　　）になる前日の晩餐の場面が描かれているから。

6 攻略！ 「最後」なのは、「明日」になると、誰がどうなるからか。

⑤試しに、その一つ一つのポーズを君もまねてみようとありますが、筆者はそうすることで、何を理解してもらおうとしたのですか。文章中から十字で抜き出しなさい。（10点）

7 よく出る 攻略！ 「手」のポーズが表すものを体感してほしいのだ。

⑥レオナルドは、どうして……描くことができたのだろうか。とありますが、その答えとなる理由を書きなさい。（20点）

8 ⑦手だけでなく顔の表情や容貌も、一人一人の心の内面までもえぐるように描くことができたとは、どういうことを表していますか。次から一つ選び、記号で答えなさい。（10点）

ア　骨格や筋肉のすばらしさがわかるように描いたということ。
イ　心の動きが的確に表現された人物を描いたということ。
ウ　さまざまな顔を人物ごとに区別して描いたということ。
エ　今まで見たこともない全く新しい表情を描いたということ。

（　　）

知識の泉 Q □に当てはまる漢字は？　的を□た意見。

実力判定テストB ステージ3

君は「最後の晩餐《ばんさん》」を知っているか

30分

自分の得点まで色をぬろう！
100点 合格！ 80 60 0
/100

解答 26ページ

★ 次の文章を読んで、問題に答えなさい。　教 p.176・⑦〜178・⑦

さらに注目してほしいのは、ここに描かれている室内の壁や天井だ。壁のタピスリーや天井の格子《こうし》模様を見てみよう。壁がだんだん狭くなって、タピスリーも奥にいくほど小さくなる。これが①遠近法だ。レオナルドは、絵画の遠近法を探究し、それをこの絵で完成させた。この絵には、遠くのものは小さく見えるという、遠近法の原理が使われている。室内の空間を、遠くにいくにつれて小さく描くことで、部屋に奥行きが感じられるようになる。

②遠近法には、さらに別の効果もある。壁のタピスリーや天井の格子など、奥に向かって狭まっていく線を延ばしていくと、その線は一つの点に集まる。これを遠近法の消失点というが、なんと、その点の位置が、キリストの額なのだ。これにより、絵を見る人の視線は自然とキリストに集まっていく。この絵の主人公は、キリスト。誰が見ても、そう思わせる効果がある。遠近法という絵画の技法が、そこに描かれた人物たちの物語を、ドラマチックに演出している。これは、描かれた絵が偶然そうなったということではない。③レオナルドは、明らかに計算をしてこの絵を描いたのだ。その証拠に、キリストの右のこめかみには、くぎの穴の跡がある。このくぎから糸を張って、あちこちに延ばし、画面の構図を決めていったのだ。④まるで設計図のような絵ともいえる。

また、レオナルドは、⑤光の効果も緻密に計算していた。描かれた部屋の白い壁を見ると、右側には光が当たり、左側は影になっている。この壁画は食堂の壁に描かれているが、描かれた部屋の明暗は、食堂の窓から差し込む現実の光の方向と合致している。そのため、壁に描かれた部屋は、あたかも本物の食堂の延長にあるようにすら見える。

このように、遠近法や光の明暗の効果を合わせて用いることで、絵に描かれているのが本物の部屋であるように見えてくる。だから、かつての修道士たちのように、こんな部屋で食事をしたら、まるでキリストたちといっしょに晩餐《ばんさん》をしているような気持ちになるにちがいない。

解剖学、遠近法、明暗法。そのような⑥絵画の科学が、それまで誰も描かなかった新しい絵を生み出した。レオナルドが究めた絵画の科学と、そのあらゆる可能性を目《ま》のあたりにできること。これが、⑦「最後の晩餐」を「かっこいい。」と思わせる一つの要因だろう。

〈布施《ふせ》 英利《ひでと》「君は『最後の晩餐《ばんさん》』を知っているか」による〉

1 ①遠近法 とありますが、遠近法の原理を、「……という原理。」につながるように、文章中から十二字で抜き出しなさい。（10点）

□□□□□□□□□□□□ という原理。

知識の泉　**A** **射。**「的を射る」＝うまく要点をつかむ。「的を得る」は誤り。

2 ②遠近法には、さらに別の効果もある。について答えなさい。

(1) よく出る 一つ目の効果はどのようなものですか。——線②より前の文章中から十七字で抜き出しなさい。(10点)

(2) 記述 「さらに別の効果」とは、どのような効果ですか。「消失点」「視線」「主人公」という言葉を使って書きなさい。(15点)

3 ③レオナルドは、明らかに計算をしてこの絵を描いたのだ。とありますが、その証拠は何ですか。(　)に当てはまる言葉を、文章中から抜き出しなさい。(10点)

キリストの右のこめかみに残っていた(　)。

4 ④まるで設計図のような絵とありますが、こういえる理由を次から一つ選び、記号で答えなさい。(10点)

ア 無数にあるくぎの穴の跡が、一直線につながっているから。
イ 人物が、たまたまうまくバランスを取って配置されているから。
ウ 建物や人物が、実物と同じ大きさで描かれているから。
エ 画面の構図が、効果までも計算されて決められているから。

5 ⑤光の効果も緻密に計算していたについて答えなさい。

(1) レベルUP 光の効果を計算して、絵は、具体的にはどのように描かれているのですか。「……ようになっている。」につながるように、三十五字以内で書きなさい。(15点)

ようになっている。

(2) (1)の結果、どのような効果が生まれるのですか。次から一つ選び、記号で答えなさい。(10点)

ア 絵画に描かれている光が、きわ立つように見える効果。
イ 絵画に描かれている部屋が、実在するように見える効果。
ウ 絵画を見る人が、かつての修道士たちに親近感をもつ効果。
エ 絵画を見る人が、食事を楽しみたい気分になれる効果。

6 ⑥絵画の科学とは、何のことですか。文章中から抜き出しなさい。(10点)

7 よく出る ⑦「最後の晩餐」を「かっこいい。」と思わせるのは、どのようなところですか。(10点)

知識の泉 Q 「女」「元」「由」に共通して付けることができる部首は？

確認のワーク ステージ1

「最後の晩餐《ばんさん》」の新しさ
魅力を効果的に伝えよう／漢字に親しもう5

解答 26ページ　スピードチェック 12ページ

学習のねらい
● 観点を明確にして文章を比較し、構成や表現の効果を知ろう。
● 文章で比較されているものを把握し、その効果を捉えよう。

漢字と言葉

1 漢字の読み　読み仮名《がな》を横に書きなさい。

＊は新出漢字 ▼は新出音訓・◎は熟字訓

① ＊洞＊窟　② ＊窒素　③ ＊岬　④ 丘＊陵
⑤ ＊柳（訓読み）　⑥ 分＊泌　⑦ ＊汎用　⑧ 肥＊沃

2 漢字の書き　漢字に直して書きなさい。

① （しつじゅん）な気候。　② （しんじゅ）の指輪。

3 感じたことを表す言葉　（　）に当てはまる言葉を□から一つずつ選び、書き入れなさい。

① 幼い子供を母親らしき女性が優しく抱きしめている。心が（　　）絵だ。
② 切り立った崖に咲く一輪の赤い花を描いた絵。その花が目に（　　）。

焼き付く　響く　温まる

教科書の要点　「最後の晩餐《ばんさん》」の新しさ

教p.170〜181

1 文章の比較　（　）①〜③には教科書の言葉を書き入れなさい。④・⑤には当てはまるものを後から一つずつ選び、記号で答えなさい。

観点	君は「最後の晩餐」を知っているか	「最後の晩餐」の新しさ
テーマ	「最後の晩餐」の「（①　　）」点	「最後の晩餐」の新しい点
着眼点	解剖学・（②　　）・明暗法	十三人が食卓を囲む（③　　）の違い
文章の構成	（④　　）	（⑤　　）
表現の特徴	平易な言葉や問いかけによる親しみやすい文体で書く。	分析した事実を客観的に述べる。

ア 他の作品と比較しながら、「最後の晩餐」の魅力を語る。
イ 「最後の晩餐」の印象を一言で述べてから、理由を分析する。

おさえよう

「『最後の晩餐』の新しさ」の要旨

レオナルド・ダ・ヴィンチの「最後の晩餐」は、それまでの絵画と比べて、キリストの左右に使徒たちを三人ずつに分けた〔ア 構図　イ 動き〕と、人物の頭部に〔ア 背景　イ 光輪〕を描かなかった点が画期的で、その新しさで人々を驚かせ、魅了した。

知識の泉　A 宀（うかんむり）。「安」「完」「宙」となる。

☆ 基本問題　「最後の晩餐《ばんさん》」の新しさ

次の文章を読んで、問題に答えなさい。　教p.180・上⑦〜181・下⑨

「最後の晩餐《ばんさん》」は、古くからキリスト教の重要な主題として描かれてきた。では、それまでの絵画と比べて、レオナルドの何がそれほど①新しかったのだろうか。

過去の作品（❶❷）を見て、まず気づくのは、十三人が食卓を囲む構図の難しさである。人物を重ねたり背を向かせたりと、画家たちは何世紀もの間、試行錯誤を繰り返してきた。やがて、裏切り者のユダのみを食卓の手前に配置する構図が考案され、カスターニョの作品（❸）に見られるように、空間には奥行きが生まれ、人物の感情表現も豊かになった。

だが、この作品と比べてもレオナルドの構図（❹）は画期的だ。奥行きは格段に増し、キリストの左右に三人ずつに分けて配置された使徒たちは、裏切り者を詮索《せんさく》したり、キリストを問い詰めたりと、画面にドラマチックな動きを与えている。動きの少ないカスターニョの作品とは対照的だ。②激情を表す腕の動きやまなざしには、構図上独立し、静けさを保つキリストに視線を誘導する効果もある。

もう一つ画期的だったのは、人物の頭部に光輪を描かなかったことだ。聖書の中の出来事を、臨場感あふれる現実の情景として描こうとしたのだろう。〈藤原《ふじはら》 えりみ「『最後の晩餐《ばんさん》』の新しさ」による〉

＊❶〜❹は省略しています。

1 ここで比較されているものを次から一つ選び、記号で答えなさい。

ア　レオナルドの「最後の晩餐」と、レオナルドの過去の作品。
イ　レオナルドの「最後の晩餐」と、それ以前に描かれた他の画家の「最後の晩餐」。
ウ　「最後の晩餐」のうち、感情表現があるものとないもの。
エ　「最後の晩餐」のうち、人物を重ねたり背を向かせたりしたものと、ユダのみを手前に描いた構図のもの。

（　　）

2 よく出る　①新しかった　ものは、何ですか。文章中から二字と十七字で抜き出しなさい。

3 攻略！「新しかった」は、「画期的だった」という意味である。

②激情を表す腕の動きやまなざし　による効果を二つ書きなさい。

4 「最後の晩餐」の新しさから、レオナルドが「最後の晩餐」をどのようなものとして描こうとしたのだとわかりますか。文章中から抜き出しなさい。

知識の泉　Q「かわいい子には旅をさせよ」の意味は？

確認のワーク　ステージ1

文法への扉2　走る。走らない。走ろうよ。（文法2　用言の活用）

学習のねらい

- 後に続く言葉に着目して、用言の活用形を見分けよう。
- 動詞の活用の種類について、それぞれの活用語尾を覚えよう。

解答　27ページ　スピードチェック　19ページ

教科書の要点

1 活用　（　）に教科書の言葉を書き入れなさい。　教 p.238

単語の形が規則的に変化することを①（　　）という。活用形には、②（　　）・③（　　）・終止形・連体形・④（　　）・命令形の六種類がある。

活用形▼活用によって変化した単語の形を活用形という。
語幹・活用語尾▼活用しても変化しない部分を語幹、変化する部分を活用語尾という。

例　書く

語幹	活用語尾		活用形
か	か	ない	［未然形］
	き	ます	［連用形］
	く	とき	［連体形］
	け	ば	［仮定形］

活用形	動詞の場合の主な続き方
未然形	●「ない」「う・よう」「れる」「せる」「ぬ」などに続く。
連用形	●用言や、「ます」「た」「て」などに続く。
⑤（　　）	●言い切る形。「と」「から」「けれど」などに続く。
⑥（　　）	●体言や、「ので」「のに」などに続く。
仮定形	●「もし……すれば」と仮定する形。「ば」に続く。
⑦（　　）	●命令して言い切る形。

2 動詞の活用　（　）に教科書の言葉を書き入れなさい。　教 p.239〜240

(1) 動詞の活用の種類

活用の種類	特徴
①（　　）活用	●活用語尾が「ア・イ・ウ・エ・オ」の五段で変化。
②（　　）活用	●全ての活用語尾に「イ」段の音が入る。
③（　　）活用	●全ての活用語尾に「エ」段の音が入る。
④（　　）活用	●「来る」の特殊な活用。
⑤（　　）活用	●「する」と、「する」が付く動詞の特殊な活用。

(2) 動詞の活用表

活用の種類	基本形	語幹（主な続き方）	未然形	連用形	終止形	連体形	仮定形	命令形
			ーない ーう／よう	ーます ーた ーて	ー。	ーとき ーので	ーば	ー。
五段	行く	い	①（　　） ーこ	②（　　） ーっ	ーく	③（　　）	④（　　）	⑤（　　）
上一段	生きる	い	⑥（　　）	⑦（　　）	ーきる	ーきる	⑧（　　）	ーきろ
下一段	食べる	た	⑨（　　）	⑩（　　）	ーべる	ーべる	⑪（　　）	ーべろ
カ変	来る	○	こ	⑫（　　）	くる	くる	くれ	⑬（　　）
サ変	する	○	し・せ ⑭（　　）	⑮（　　）	する	する	すれ	⑯（　　）

知識の泉　A　子のことを思うならば，甘やかさないで苦労させたほうがよいということ。

(3) **動詞の音便**…五段活用の連用形に「た」や「て」が付くとき、発音しやすいように音が変化すること。 教p.239

イ音便 「い」に変化する。 例 泣く＋た→①（　　）

促音便 「っ」に変化する。 例 会う＋た→②（　　）

撥《はつ》音便 「ん」に変化する。 例 飛ぶ＋た→③（　　）

(4) **可能動詞**…「……できる」という意味を含んだ動詞。五段活用の動詞を基にした下一段活用の動詞で、命令形はない。 教p.240

例 走る（五段活用）→（　　）（下一段活用）

3 形容詞・形容動詞の活用

（　）に教科書の言葉を書き入れなさい。 教p.241

品詞	基本形	活用形 / 語幹（主な続き方）	未然形	連用形	終止形	連体形	仮定形	命令形
		（主な続き方）	—う	—た —ない —なる	—。	—とき —ので	—ば	—。
形容詞	白い	しろ	—かろ	—く ①（　　）	—い	—い	②（　　）	○
	美しい	うつくし						
形容動詞	静かだ	しずか	—だろ	—だっ —で ③（　　）	—だ	④（　　）	—なら	○
	確かです	たしか	⑤（　　）	—でし	—です	（—です）	○	○

● **形容詞の音便**…連用形に「ございます」が続くとウ音便となる。

例 寒く＋ございます→寒うございます。

例 大きく＋ございます→大きゅうございます。（語幹も変化）

基本問題

1 よく出る 次の——線の動詞の活用形を後から一つずつ選び、記号で答えなさい。

① 調べればわかる。（　　）　② 本を借りる。（　　）

③ 弟がまだ来ない。（　　）　④ 前へ進め。（　　）

⑤ 買うものがある。（　　）　⑥ 必死に勉強した。（　　）

ア 未然形　イ 連用形　ウ 終止形

エ 連体形　オ 仮定形　カ 命令形

2 次の——線の動詞の活用の種類を後から一つずつ選び、記号で答えなさい。

① いたずらをしない。（　　）　② 服を着た。（　　）

③ 荷物を運びます。（　　）　④ ゴールを決めろ。（　　）

⑤ 君も来ればいいのに。（　　）

ア 五段活用　イ 上一段活用　ウ 下一段活用

エ カ行変格活用　オ サ行変格活用

攻略! 活用の種類は、「ない」を付けて活用語尾の音で見分ける。

3 次の①・②の——線の形容詞と、③・④の——線の形容動詞の活用形を後から一つずつ選び、記号で答えなさい。

① 夜なので、小さい音で音楽をきく。（　　）

② この箱は、その箱より重くない。（　　）

③ 大切ならば、きちんとしまっておくことだ。（　　）

④ テストに向けて必死に勉強した。（　　）

ア 未然形　イ 連用形　ウ 終止形

エ 連体形　オ 仮定形　カ 命令形

実力判定テストA ステージ2

文法への扉2 （文法2　用言の活用）

走る。走らない。走ろうよ。

30分

自分の得点まで色をぬろう！ 100点 80 60 0　/100

解答 27ページ

1 よく出る　次の——線の語から動詞、形容詞、形容動詞をそれぞれ全て選び、記号で答えなさい。　完答3点×3（9点）

今日はア暑かったので、イプールでウ泳いだ。エ泳ぎはオ得意ではカないが、水の中はキ冷たくて、ク爽やかな風もケ吹いていたので、コすっかりサ暑さを忘れた。また今度、シ行こう。

動詞………（　　　）　形容詞…（　　　）

形容動詞…（　　　）

攻略！ 活用するかしないかを確認し、終止形に直してみる。

2 次の——線の動詞のA…終止形と、B…ここでの活用形を書きなさい。　完答2点×6（12点）

① さあ、急げ。　A（　　　）B（　　　）

② 気づくと八時だった。　A（　　　）B（　　　）

③ 過ぎる時間。　A（　　　）B（　　　）

④ 早く準備しよう。　A（　　　）B（　　　）

⑤ 今出れば間に合う。　A（　　　）B（　　　）

⑥ 友達が迎えに来た。　A（　　　）B（　　　）

攻略！ 活用形は、後に続く語を手がかりに考える。

3 よく出る　次の——線の動詞のA活用形と、B活用の種類を書きなさい。　1点×16（16点）

① 数学の授業を受ける。　A（　　　）B（　　　）

② 野鳥の姿を見ない。　A（　　　）B（　　　）

③ しっかり確認しろ。　A（　　　）B（　　　）

④ 窓のある部屋。　A（　　　）B（　　　）

⑤ 来年、また来よう。　A（　　　）B（　　　）

⑥ 今から少し寝ます。　A（　　　）B（　　　）

⑦ 伸びた髪の毛を切る。　A（　　　）B（　　　）

⑧ 早く帰ればいいのに。　A（　　　）B（　　　）

4 次の（　）に□の動詞を活用させて入れ、その音便の種類を後から一つずつ選び、（　）に記号で答えなさい。　完答3点×3（9点）

① 結果を（　　　）た。　知る　（　　　）

② 紅茶を（　　　）だ。　飲む　（　　　）

③ 大声で（　　　）だ。　騒ぐ　（　　　）

ア　イ音便　　イ　促音便　　ウ　撥《はつ》音便

知識の泉　A　**ころもへん。**「着物・布」の意味を表す。

5 次の――線の動詞を、可能動詞に直して書きなさい。 3点×2（6点）

① 駅まで歩く。

② カレーライスを作る。

6 次の――線の形容詞の活用形を書きなさい。 1点×6（6点）

① 辺りはまだ暗くない。

② どんなに苦しかろうが、走り抜く。

③ 悲しい結末の小説を読んだ。

④ 今日は本当に忙しかった。

⑤ 彼の話はおもしろいからあきない。

⑥ 近ければ、歩いて行こう。

7 次の――線の形容動詞の活用形を書きなさい。 1点×6（6点）

① 通学に自転車がないと、不便だと思う。

② あなたの演奏はすてきでした。

③ 無理ならば、早めに知らせてほしい。

④ 桃が好きなので、たくさん食べる。

⑤ その情報は正確でない。

⑥ 一人でその荷物を持つのは大変だろう。

8 よく出る 次の文の形容詞・形容動詞に――線を引き、それが形容詞ならばA、形容動詞ならばBを（　）に書きなさい。また、その活用形を（　）に書きなさい。 完答3点×8（24点）

① まことにおいしゅうございます。

② 嫌ならば、はっきり断るべきだ。

③ 国が栄えて、生活が豊かになる。

④ 冬の北海道は、さぞ寒かろう。

⑤ 安ければ、もっと買うのに。

⑥ 暇なときには、公園に出かける。

⑦ 準備の時間がなくなる。

⑧ その町の人は皆親切だった。

攻略！ 言い切りの形に直してみる。

9 次の文中から用言を四つ探し、それぞれA…終止形、B…品詞名、C…活用形を書きなさい。 完答3点×4（12点）

楽しかった思い出を、大切に胸の中にしまっておく。

A　B　C

A　B　C

A　B　C

A　B　C

知識の泉 Q 「聞く」の謙譲語は？

確認のワーク ステージ1

研究の現場にようこそ

解答 28ページ スピードチェック 13ページ

学習のねらい
●研究者の書いた文章や研究者を取材した文章を読んで、研究を通して見える世界に触れてみよう。

漢字

1 漢字の読み 読み仮名《がな》を横に書きなさい。

*は新出漢字 ▼は新出音訓・◎は熟字訓

❶*哺乳類 ❷*豪華 ❸*弦（音読み） ❹悪戦苦*闘

2 漢字の書き 漢字に直して書きなさい。

❶（ぜつめつ）危惧種。 ❷危険を（ともな）う行動。

基本問題

1 次の文章を読んで、問題に答えなさい。 教p.190・上①〜190・上⑬

ある休日のこと。我が家の応接室で、バイオリンにクモの糸を初めてセットしてみた。弦よりひもといったほうがいいかもしれない。短いクモの糸をたくさん集めた束を、幾つかつないだだけのもの。引っ張りすぎると間違いなく切れそうだ。適切な引っ張り度合いなどわかるはずもないが、とにかく、①そのひもを弓で弾いてみた。

すると、②なんと音が出たのだ。つい喜びのあまり、「音が出た！」と大きな声が出てしまった。私の喜びを感じてか、今まで無関心のように思えた妻まで別の部屋から飛び出してきた。

どんなものでも、物理的には音は出るものである。しかし、正規の音程レベルにははるかに及ばないとはいえ、とにかくクモの糸でバイオリンの音が出たのは感動であった。

〈大崎《おおさき》 茂芳《しげよし》「クモの糸でバイオリン」による〉

1 よく出る 筆者は、何をしようとしたのですか。

（　　　　）

2 ①そのひもを具体的に説明した一文を文章中から探し、初めの五字を書きなさい。

3 ②なんと音が出たのだに表れている筆者の気持ちを次から一つ選び、記号で答えなさい。

ア 理論上はクモの糸でもバイオリンの音が出るはずだが、実際に音が出るのを聞いて感激した。

イ まさかクモの糸でバイオリンの音が出るとは思っていなかったので、実際に音が出るのを聞いて驚いた。

ウ クモの糸のバイオリンに妻が無関心だったので、実際に音が出るのを聞いて、妻を見返してやれると思った。

エ クモの糸をバイオリンの弓で弾いたら切れると予想していたので、実際に音が出るのを聞いてとまどった。

（　　）

2 次の文章を読んで、問題に答えなさい。

教p.189・⑤〜189・㉒

では，かつてどんな絶滅哺乳類がいたのかというと，豪華メンバーがそろっている。いわゆる巨大動物相が「日本」にもあって，ゾウやら，サイやら，オオツノジカやら，今の基準でいえばかなりの「大物」が闊歩《かっぽ》していたとか。想像してみよう。ちょっと郊外に出かけると，ゾウやオオツノジカなどがゆったりと歩き，食事をしている様子が見られるのだ。動物園でもサファリパークでもない，野生動物として！

特別展の企画を担当した地学研究部（2014年当時）の冨田幸光《とみだゆきみつ》さんにお話を伺った。

冨田さんは化石で見る生命進化の研究者なので，研究室にはウサギやビーバーやサーベルタイガーなど，さまざまな動物の骨が実物や模型で置いてあった。

冨田さんがまず語ってくださったのは，日本列島の成り立ちについてだ。

「もともと，日本列島は大陸の一部だったんです。2500万年ほど前に日本海が開き始めて，1500万年ほど前に日本列島になる島々が今の場所あたりに来た。でも，離れてすぐに今の形になったんじゃなくて，大陸から離れつつ小さな島にバラバラにばらけちゃったような状態が続いて，だんだん日本列島ができていく。大陸から離れてから動物がどのように変わったかというのが，①一つの大きなテーマなんです。」

「ただ，日本の哺乳類化石の歴史は，日本列島が大陸から離れるずっと前，約1億2000万年にも及ぶことが最近はわかっています。地理的な問題以前に，あるいはそれ以上に，時代の流れに伴う哺乳類の変化，つまり②哺乳類全体の進化による変化を見ることが大事なんです。」

〈取材・文　川端《かわばた》 裕人《ひろと》「研究の現場にようこそ」による〉

1 よく出る ①一つの大きなテーマについて答えなさい。

(1) 冨田さんの、何の研究におけるテーマなのですか。□に当てはまる言葉を、文章中から抜き出しなさい。

日本の□で見る、哺乳類の□の研究。

(2) 「一つの大きなテーマ」の内容を書きなさい。

2 ②哺乳類全体の進化による変化を見ることが大事なのはなぜですか。書きなさい。

攻略！ (1)は、冨田さんが何の研究者なのかに着目しよう。

3 この文章の特徴を次から一つ選び、記号で答えなさい。

ア　具体的な大型動物の名前を挙げることで、野生動物が郊外にいる楽しさを理解してもらおうとしている。

イ　研究室の様子を具体的に描写することで、研究者としての冨田さんの働きぶりに興味をもってもらおうとしている。

ウ　読者に語りかけるような口調や研究者の言葉を入れることで、研究に親しみをもってもらおうとしている。

エ　会話文を多用することで、取材者と研究者の親密さを知ってもらおうとしている。

知識の泉 Q □に当てはまる共通の漢字は？　□塩にかける・□に余る

確認のワーク ステージ1　走れメロス／漢字に親しもう6

解答 28ページ　スピードチェック 13ページ　予想問題 152ページ

学習のねらい
- 登場人物の人物像や表現の効果に着目して読もう。
- メロスと王それぞれの考え方と心情の変化を読み取ろう。

漢字と言葉

1 漢字の読み　読み仮名《がな》を横に書きなさい。

*は新出漢字　▼は新出音訓・◎は熟字訓

①*邪知暴*虐　②*賢臣　③警*吏　④一*睡
⑤*氾*濫　⑥路*傍　⑦*欺く　⑧*卑劣
⑨抱*擁　⑩免*疫力　⑪*尚早　⑫不*朽

2 漢字の書き　漢字に直して書きなさい。

①（じゅんかんき）の専門医。　②（しょうがい）の友。
③（しょうだく）を得る。　④読書を（しょうれい）する。
⑤駅に（とうちゃく）する。　⑥空を（あお）ぐ。

3 漢字の意味　意味を下から選んで、線で結びなさい。

①未練　・　　・ア　迷いや疑いなどがないこと。
②精も根も尽きる　・　　・イ　疲れ果てる。
③無心　・　　・ウ　諦め切れないこと。

教科書の要点　走れメロス

1 登場人物　（　）に教科書の言葉を書き入れなさい。　教p.196〜197

①（　　）…物語の主人公。牧人。
②（　　）…邪知暴虐の王。
③（　　）…主人公の親友。石工。

2 あらすじ　正しい順番になるように、番号を書きなさい。　教p.196〜211

（　）村へ戻ったメロスは、次の日に妹の結婚式を挙げる。

（　）町で王の暴虐ぶりを聞いて、メロスは激怒する。

（　）走るメロスに苦難が襲いかかる。疲れ果てたメロスは約束などどうでもよいという気持ちになり、まどろむ。

（　）王の前で、メロスは王を直接批判し、ある約束をする。

（　）再び走り出したメロスは、刑場に駆け込み、セリヌンティウスは救われる。二人は疑いの心を告白し許し合う。

（　）二人の姿を見た王は信実の存在を認め、改心する。


メロスの心情の変化に注意して読もう。

3 構成のまとめ

（　）に教科書の言葉を書き入れなさい。教p.196～211

場面			出来事	心情や様子
発端《ほったん》	教初め～p.197・⑯	シラクスの町	・メロスが王の邪知暴虐を知る。	▼メロスは（①　）した。 「あきれた王だ。生かしておけぬ。」
展開①	p.197・⑰～200・⑩	王城	・メロスは王城に乗り込み、捕縛される。 ・王との約束…三日後に帰ってこなければ、親友（セリヌンティウス）を処刑する。	メロス「人の心を疑うのは、最も（②　）だ。」 ⇔対立する人間観 王「人間は、もともと（③　）の塊さ。信じては、ならぬ。」
	p.200・⑪～202・⑨	故郷の村	〈一日目～二日目〉 ・村へ帰り、妹の結婚式を挙げる。	▼メロスは、一生このままここにいたい、と思った。 ▼メロスほどの男にも、やはり未練の情というものはある。
展開②	p.202・⑩～206・⑱	王城への道	〈約束の三日目〉 ・薄明の頃（日の出前）、メロスが村を出発する。 ・濁流や山賊に遭い、疲労で動けなくなる。	メロス 王に、人の信実の存するところを見せてやろう。 ▼もう、どうでもいいという、ふてくされた根性が、心の隅に巣くう。 メロス もういっそ、（④　）として生き延びてやろうか。
山場	p.206・⑲～211・⑦	王城への道～刑場	・メロスは清水を一口飲み、再び走りだす。 ・日没直前に刑場に走り込む。 ・メロスとセリヌンティウスは、疑いの心が芽生えたことを互いに告白し、許し合う。	メロス 私は（⑤　）に報いなければならぬ。 メロス「私は、途中で一度、（⑥　）を見た。」 セリヌンティウス「たった一度だけ、ちらと君を疑った。」
結末	p.211・⑧～終わり	刑場	・王の改心。	王「信実とは、決して（⑦　）ではなかった。」 …王に人を信じる心がよみがえる。

おさえよう

主題 人間の心の〔ア 強さ　イ 弱さ〕や醜さを見つめつつ、それを乗り越える〔ア 知力や体力　イ 友情や信頼〕の強さ、美しさを、豊かな表現とリズミカルな文体で描いている。

知識の泉

Q「憮然《ぶぜん》とした表情」とは，どのような表情？

実力判定テストA　ステージ2

走れメロス

次の文章を読んで、問題に答えなさい。

教 p.197・⑰〜200・⑤

30分

自分の得点まで色をぬろう!　100点　80　60　0　/100

解答 28ページ

　メロスは単純な男であった。買い物を背負ったままで、のそのそ王城に入っていった。たちまち彼は、巡邏《じゅんら》の警吏に捕縛された。調べられて、メロスの懐中《かいちゅう》からは短剣が出てきたので、騒ぎが大きくなってしまった。メロスは王の前に引き出された。

「この短刀で何をするつもりであったか。言え!」暴君ディオニスは静かに、けれども威厳をもって問い詰めた。その王の顔は蒼《そう》白《はく》で、眉間のしわは刻み込まれたように深かった。

「町を暴君の手から救うのだ。」とメロスは、悪びれずに答えた。

「おまえがか?」王は、憫笑《びんしょう》した。「しかたのないやつじゃ。おまえなどには、わしの①孤独の心がわからぬ。」

「言うな!」とメロスは、いきり立って反駁《はんばく》した。「②人の心を疑うのは、最も恥ずべき悪徳だ。王は、民の忠誠をさえ疑っておられる。」

「疑うのが正当の心構えなのだと、わしに教えてくれたのは、おまえたちだ。人の心は、あてにならない。人間は、もともと私欲の塊さ。信じては、ならぬ。」暴君は落ち着いてつぶやき、ほっとため息をついた。「わしだって、平和を望んでいるのだが。」

「何のための平和だ。自分の地位を守るためか。」今度はメロスが嘲笑した。

「罪のない人を殺して、何が平和だ。」

「黙れ。」王は、さっと顔を上げて報いた。「口では、どんな清らかなことでも言える。わしには、人のはらわたの奥底が見え透いてならぬ。おまえだって、今にはりつけになってから、泣いてわびたって聞かぬぞ。」

「ああ、王は利口だ。うぬぼれているがよい。私は、ちゃんと死ぬる覚悟でいるのに。命乞いなど決してしない。ただ、――」と言いかけて、メロスは足元に視線を落とし、瞬時ためらい、「ただ、私に情けをかけたいつもりなら、処刑までに三日間の日限を与えてください。たった一人の妹に、亭主を持たせてやりたいのです。三日のうちに、私は村で結婚式を挙げさせ、必ず、ここへ帰ってきます。」

「ばかな。」と暴君は、しゃがれた声で低く笑った。「とんでもないうそを言うわい。③逃がした小鳥が帰ってくると言うのか。」

「そうです。帰ってくるのです。」メロスは必死で言い張った。「私は約束を守ります。私を三日間だけ許してください。妹が私の帰りを待っているのだ。そんなに私を信じられないならば、よろしい、この町にセリヌンティウスという石工がいます。私の無二の友人だ。あれを人質としてここに置いていこう。私が逃げてしまって、三日目の日暮れまで、ここに帰ってこなかったら、あの友人を絞め殺してください。頼む。そうしてください。」

　それを聞いて王は、残虐な気持ちで、そっとほくそ笑んだ。生意気なことを言うわい。どうせ帰ってこないに決まっている。このうそつきにだまされたふりして、放してやるのもおもしろい。

知識の泉　A　**失望してぼんやりとした表情。**　腹を立てている表情ではないので注意。

そうして身代わりの男を、三日目に殺してやるのも気味がいい。人は、これだから信じられぬと、わしは悲しい顔して、その身代わりの男を磔刑《たっけい》に処してやるのだ。世の中の、正直者とかいうやつばらにうんと見せつけてやりたいものさ。

④「願いを聞いた。その身代わりを呼ぶがよい。三日目には日没までに帰ってこい。遅れたら、その身代わりを、きっと殺すぞ。ちょっと遅れて来るがいい。おまえの罪は、永遠に許してやろうぞ。」

⑤「なに、何をおっしゃる。」

「はは。命が大事だったら、遅れて来い。⑥おまえの心は、わかっているぞ。」

〈太宰《だざい》 治《おさむ》「走れメロス」による〉

1 よく出る ①孤独の心 とありますが、その心は、王のどのような表情となって表れていますか。文章中から一文で抜き出し、初めの五字を書きなさい。（15点）

2 ②人の心を疑う ことを、メロスと王は、どのように考えていますか。文章中からそれぞれ八字以内で抜き出しなさい。10点×2（20点）

メロス…

王………

3 ③逃がした小鳥 とは、誰のことですか。（10点）

（　　　）

4 メロスは、三日間の日限をもらうために、どのような条件を出しましたか。（　）に当てはまる言葉を、文章中から抜き出しなさい。（10点）

無二の友人のセリヌンティウスを、（　　　）として置いていくという条件。

5 よく出る ④願いを聞いた。と言ったとき、王はどのような気持ちでいましたか。次から一つ選び、記号で答えなさい。（15点）

ア 人の心は信じられないが、情けをかけてやろうという気持ち。
イ メロスが信じられるかどうか、試してみようという気持ち。
ウ メロスが立派なので、人の心を信じてみようという気持ち。
エ 人の心が信じられないことを証明してやろうという気持ち。

（　　　）

攻略！ 直前の、王の気持ちが書かれている部分から読み取ろう。

6 ⑤なに、何をおっしゃる。とありますが、このときのメロスの気持ちを次から一つ選び、記号で答えなさい。（15点）

ア 自分のたくらみが王にばれてしまったことへの恥ずかしさ。
イ 自分を信じてくれず、卑劣なことを考えている王への憤《いきどお》り。
ウ 王に自分の提案を受け入れてもらえなかった悔しさ。
エ 王が見せた、思いもかけない優しさに対する驚き。

（　　　）

7 記述 ⑥おまえの心は、わかっているぞ。とありますが、王はメロスがどうすると思っているのですか。（15点）

（　　　）

攻略！ 王は、メロスの約束など信じていないのである。

実力判定テストB　ステージ3

走れメロス　(1)

30分

自分の得点まで色をぬろう！　100点　80　60　0　/100

解答　29ページ

☆ 次の文章を読んで、問題に答えなさい。　教 p.206・④～207・⑭

　セリヌンティウス、私は走ったのだ。君を欺くつもりは、みじんもなかった。信じてくれ！　私は急ぎに急いでここまで来たのだ。濁流を突破した。山賊の囲みからも、するりと抜けて一気に峠を駆け降りてきたのだ。①私だからできたのだよ。ああ、このうえ、私に望みたもうな。放っておいてくれ。どうでもいいのだ。私は負けたのだ。だらしがない。笑ってくれ。王は私に、ちょっと遅れて来い、と耳打ちした。遅れたら、身代わりを殺して、私を助けてくれると約束した。私は王の卑劣を憎んだ。けれども、今になってみると、私は王の言うままになっている。私は遅れていくだろう。②王は、独り合点《がてん》して私を笑い、そうしてこともなく私を放免するだろう。そうなったら、私は、死ぬよりつらい。私は、永遠に裏切り者だ。地上で最も不名誉《めいよ》の人種だ。セリヌンティウスよ、私も死ぬぞ。君といっしょに死なせてくれ。君だけは私を信じてくれるにちがいない。いや、それも私の、独りよがりか？　ああ、もういっそ、悪徳者として生き延びてやろうか。村には私の家がある。羊もいる。妹夫婦は、まさか私を村から追い出すようなことはしないだろう。正義だの、信実だの、愛だの、考えてみればくだらない。人を殺して自分が生きる。それが人間世界の定法《じょうほう》ではなかったか。ああ、何もかもばかばかしい。私は醜い裏切り者だ。どうとも勝手にするがよい。やんぬるかな。――四肢を投げ出して、うとうと、まどろんでしまった。

　ふと耳に、せんせん、水の流れる音が聞こえた。そっと頭をもたげ、息をのんで耳を澄ました。すぐ足元で、水が流れているらしい。よろよろ起き上がって、見ると、岩の裂け目からこんこんと、何か小さくささやきながら清水が湧き出ているのである。その泉に吸い込まれるようにメロスは身をかがめた。水を両手ですくって、一口飲んだ。ほうと長いため息が出て、夢から覚めたような気がした。歩ける。行こう。肉体の疲労回復とともに、③僅かながら希望が生まれた。義務遂行の希望である。我が身を殺して、名誉を守る希望である。④斜陽は赤い光を木々の葉に投じ、葉も枝も燃えるばかりに輝いている。日没までには、まだ間がある。私を待っている人があるのだ。少しも疑わず、静かに期待してくれている人があるのだ。私は信じられている。私の命なぞは問題ではない。死んでおわびなどと、気のいいことは言っておられぬ。私は信頼に報いなければならぬ。今はただその一事だ。⑤走れ！　メロス。

　私は信頼されている。私は信頼されている。先刻の、あの悪魔のささやきは、あれは夢だ。悪い夢だ。忘れてしまえ。五臓が疲れているときは、ふいとあんな悪い夢を見るものだ。メロス、おまえの恥ではない。やはり、おまえは真の勇者だ。⑥再び立って走れるようになったではないか。ありがたい！　私は正義の士として死ぬことができるぞ。ああ、日が沈む。待って

知識の泉　A　**最も印象的な部分。サビの部分。**　始まりの部分という意味ではない。

くれ、ゼウスよ。私は生まれたときから正直な男であった。正直な男のままにして死なせてください。

〈太宰《だざい》 治《おさむ》「走れメロス」による〉

1 ①私だからできたのだよ。とありますが、ここから読み取れるメロスの気持ちを次から一つ選び、記号で答えなさい。（10点）

ア 約束相手のセリヌンティウスに、自慢したいと思っている。

イ 多くを要求するセリヌンティウスを、苦々しく思っている。

ウ できるだけの努力はしたと、自分を正当化しようとしている。

エ 多くの苦難を乗り越えた自分の能力を、高く評価している。

2 レベルUP ②王は、独り合点して　とありますが、王はどのように考えるとメロスは思ったのか、「……と考えるだろうと思った。」につながるように書きなさい。（20点）

と考えるだろうと思った。

3 ③僅かながら希望が生まれた　とありますが、どのような希望が生まれたのですか。文章中から二つ抜き出しなさい。

10点×2（20点）

4 よく出る ④斜陽は赤い光を……燃えるばかりに輝いている。という情景描写は、メロスのどのような心情を表していますか。次から一つ選び、記号で答えなさい。（10点）

ア 刻々と過ぎ去る時間に対してのあせり。

イ 友を裏切ったことに対する自己批判。

ウ 目にも鮮やかな美しい景色に対する感動。

エ 希望に向かって突き進もうとする意欲。

5 記述 ⑤走れ！　メロス。とありますが、メロスは何のために走ろうとしていますか。書きなさい。（20点）

6 ⑥再び立って走れるようになった　のは、どのようなことがきっかけでしたか。十字以内で書きなさい。（10点）

7 よく出る この文章で、メロスの心情はどのように変化していますか。次から一つ選び、記号で答えなさい。（10点）

ア 裏切り者や不名誉の人種と思われることを恐れていたが、そんなことを恐れているより自由に生きようと思った。

イ 疲れて友との約束を果たせそうにないと投げやりな気持ちになったが、希望を取り戻し友の信頼に応えようと思った。

ウ 自分はがんばったと誇《ほこ》らしい気持ちでいたが、日没までに間に合いそうにないので、死んでおわびをしようと思った。

エ 友といっしょに死にたいと願っていたが、友のためにも自分一人だけでもなんとか生き延びなければと思った。

知識の泉 Q 同じ漢字を二つ重ねて熟語になるのはどれ？　ア＝告　イ＝穀　ウ＝刻

実力判定テストB ステージ3

走れメロス (2)

次の文章を読んで、問題に答えなさい。

教 p.208・⑮〜211・⑭

30分

自分の得点まで色をぬろう！

100点 80 60 0 /100

解答 29ページ

「やめてください。走るのはやめてください。今はご自分のお命が大事です。あの方は、あなたを信じておりました。刑場に引き出されても、平気でいました。王様がさんざんあの方をからかっても、メロスは来ますとだけ答え、強い信念をもち続けている様子でございました。」

「それだから、走るのだ。信じられているから走るのだ。間に合う、間に合わぬは問題でないのだ。人の命も問題でないのだ。私は、なんだか、①もっと恐ろしく大きいもののために走っているのだ。ついてこい！　フィロストラトス。」

「ああ、あなたは気が狂ったか。それでは、うんと走るがいい。ひょっとしたら、間に合わぬものでもない。走るがいい。」

言うにや及ぶ。まだ日は沈まぬ。最後の死力を尽くして、メロスは走った。メロスの頭は空っぽだ。何一つ考えていない。ただ、訳のわからぬ大きな力に引きずられて走った。日はゆらゆら地平線に没し、まさに最後の一片の残光も消えようとしたとき、メロスは疾風のごとく刑場に突入した。間に合った。

「待て。その人を殺してはならぬ。メロスが帰ってきた。約束のとおり、今、帰ってきた。」と、大声で刑場の群衆に向かって叫んだつもりであったが、喉が潰れてしゃがれた声がかすかに出たばかり、群衆は、一人として彼の到着に気がつかない。既に、はりつけの柱が高々と立てられ、縄を打たれたセリヌンティウスは徐々につり上げられてゆく。メロスはそれを目撃して最後の勇、先刻、濁流を泳いだように群衆をかき分けかき分け、

「私だ、刑吏！　殺されるのは、私だ。メロスだ。彼を人質にした私は、ここにいる！」と、かすれた声で精いっぱいに叫びながら、ついにはりつけ台に上り、つり上げられてゆく友の両足にかじりついた。群衆はどよめいた。あっぱれ。許せ、と口々にわめいた。セリヌンティウスの縄は、ほどかれたのである。

「セリヌンティウス。」メロスは目に涙を浮かべて言った。「私を殴れ。力いっぱいに頰を殴れ。私は、途中で一度、②悪い夢を見た。君がもし私を殴ってくれなかったら、私は君と抱擁する資格さえないのだ。殴れ。」

セリヌンティウスは、全てを察した様子でうなずき、刑場いっぱいに鳴り響くほど音高くメロスの右頰を殴った。殴ってから優しくほほ笑み、

「メロス、私を殴れ。同じくらい音高く私の頰を殴れ。私はこの三日の間、たった一度だけ、③ちらと君を疑った。生まれて初めて君を疑った。君が私を殴ってくれなければ、私は君と抱擁できない。」

メロスは腕にうなりをつけてセリヌンティウスの頰を殴った。

「ありがとう、友よ。」二人同時に言い、ひしと抱き合い、それからうれし泣きにおいおい④声を放って泣いた。

群衆の中からも、歔欷《きょき》の声が聞こえた。暴君ディオニスは、群

知識の泉 **A** ウ。（刻刻・刻々）同じ漢字を重ねる熟語には，他に段々・喜々など。

衆の背後から二人のさまをまじまじと見つめていたが、やがて静かに二人に近づき、顔を赤らめて、こう言った。

「おまえらの望みはかなったぞ。おまえらは、わしの心に勝ったのだ。信実とは、決して空虚な妄想ではなかった。どうか、わしも仲間に入れてくれまいか。どうか、わしの願いを聞き入れて、おまえらの⑤仲間の一人にしてほしい。」

どっと群衆の間に、歓声が起こった。

「万歳、王様万歳。」

〈太宰《だざい》 治《おさむ》「走れメロス」による〉

1 レベルUP ①もっと恐ろしく大きいもの とは、どのようなものだと考えられますか。次から一つ選び、記号で答えなさい。（10点）

ア 自分の身代わりになってくれた友に対する、感謝の思い。
イ 約束を果たし名誉《めいよ》を守ろうとする、自分の誇《ほこ》り。
ウ 信頼に応え信実を貫くという、人として大切な心。
エ 人を疑うのは悪徳だと証明しようとする、使命感。

（　　）

2 記述 ②悪い夢を見た とは、どういうことですか。説明しなさい。（20点）

（　　）

3 ③ちらと君を疑った とありますが、セリヌンティウスは、どのようなことを考えたのですか。（　）に当てはまる言葉を考えて書きなさい。（15点）

メロスが、自分を（　　）、帰ってこないかもしれないということ。

4 メロスとセリヌンティウスは、なぜ殴り合ったのですか。次から一つ選び、記号で答えなさい。（10点）

ア メロスの到着が現実のことだと実感したかったから。
イ 自分の犯した罪を完全に忘れてしまいたかったから。
ウ 相手の裏切りをとても許す気になれなかったから。
エ 互いに悪い考えをもったことを償いたかったから。

（　　）

5 よく出る ④声を放って泣いた とありますが、どのような気持ちからですか。次から一つ選び、記号で答えなさい。（10点）

ア 二人とも命が助かったという安心感。
イ 互いの友情と信頼を確認し合えた喜び。
ウ これから訪れるメロスの死に対する悲しみ。
エ 途中で友を疑ったことに対する反省と後悔。

（　　）

6 よく出る メロスとセリヌンティウスの行いによって、暴君ディオニスは、どのようなことを知りましたか。「……ということ。」につながるように、文章中から二十字以内で抜き出しなさい。（15点）

□□□□□□□□□□□□□□□□□□□□ということ。

7 記述 ⑤仲間 とは、どのような仲間なのですか。考えて書きなさい。（20点）

（　　）

知識の泉 Q □に漢字を入れてできる四字熟語は？ 「喜□□楽」

確認のワーク ステージ1

文法への扉3　一字違いで大違い（文法3　付属語）

学習のねらい
- 助動詞の種類と、どのような意味や気持ちを表すのかを覚えよう。
- 助詞の種類と働きを理解し、付け加える意味や示す関係を覚えよう。

解答 30ページ　スピードチェック 20ページ

教科書の要点

1 付属語　（　）に品詞名を書き入れなさい。　教 p.244

付属語
- 活用する　①（　　）
- 活用しない　②（　　）

＊付属語…単独では文節を作ることができない単語。

2 助動詞　（　）に教科書の言葉を書き入れなさい。

助動詞▶用言や体言、他の助動詞などに付いて、意味を付け加えたり、話し手・書き手の気持ちや判断を表したりする。

(1)　主な助動詞　教 p.245〜246

助動詞	意味	説明	例
れる られる	①（　　）	他からの動作を受ける。	例 後ろから押される。
	可能	それができることを表す。	例 一人で食べられる。
	尊敬	動作主への敬意を表す。	例 先生が来られる。
	②（　　）	自然とその状態になる。	例 昔が思い出される。
せる させる	使役	他に強制して何かをさせる。	例 問題を解かせる。 例 弟に答えさせる。
たい	希望	話し手・書き手の望み。	例 私は服を買いたい。
たがる		話し手・書き手以外の望み。	例 彼が買いたがる。
ない ぬ(ん)	否定（打ち消し）	物事や動作を打ち消す。	例 事実を知らない。 例 知らぬが仏。
う よう	③（　　）	想像・予想する。	例 場所は遠かろう。
	④（　　）	何かをしようとする。	例 本を読もう。
	勧誘	いっしょにしようと誘う。	例 さあ、出かけよう。
た	過去	現在より以前のこと。	例 昨日は暑かった。
	⑤（　　）	終了し、動きが止まること。	例 今、船が着いた。
	存続	ある状態が続いていること。	例 晴れた空を見る。
	想起	思い出し、思い当たること。	例 約束は明日だったね。
ます	丁寧	丁寧な気持ちを表す。	例 後で渡します。
らしい	推定	根拠に基づいて推し量る。	例 どうやら雨らしい。
ようだ ようです	推定	根拠に基づいて推し量る。	例 用は済んだようだ。
	比喩	物事を何かにたとえる。	例 まるで岩のようだ。
そうだ そうです	推定・様態	様子や状態から推し量る。	例 雪が降りそうだ。
	⑥（　　）	他の人から聞いたこと。	例 雪が降るそうだ。
まい	否定の意志	今後そうしないという気持ち。	例 二度と話すまい。
	否定の推量	今後そうならないという予想。	例 雪にはなるまい。
だ です	⑦（　　）	確かなこととして言い切る。	例 あの鳥はかもめだ。 例 明日は雨です。

知識の泉　A　**喜怒哀楽。**　人間のさまざまな感情を表す言葉。

(2) 助動詞の活用例 教 p.249〜250

基本形	未然形	連用形	終止形	連体形	仮定形	命令形
れる	れ	れ	れる	れる	れれ	れろ れよ
ない	なかろ	なかっ なく	ない	ない	なけれ	○
た	たろ	○	た	た	たら	○
だ	だろ	だっ で	だ	（な）	なら	○

3 助詞 （　　）に教科書の言葉を書き入れなさい。 教 p.246〜248

助詞▼自立語の後に付いて、さまざまな意味を付け加えたり、語句と語句の関係を示したりする。

(1) 格助詞…主に体言に付き、体言とその下の語句との関係を示す。

①（　　）を作る	が	例犬が走る。
	を	例水を飲む。〔対象〕
②（　　）修飾語を作る	に	例彼にきく。（③　　）
	で	例木で箱を作る。〔材料〕
	と	例「はい。」と言う。〔引用〕
	から	例ここから出発する。（④　　）
	へ	例山頂へ向かう。（⑤　　）
	より	例私は姉より足が速い。〔比較の基準〕
連体修飾語を作る	の	例花の名前。
並立の関係を作る	と	例赤と白の帽子。
	や	例兄や姉と遊ぶ。

(2) 副助詞…いろいろな語句に付き、意味を付け加える。

は・も・こそ・まで・しか・だけ・ほど・など・だって・でも・さえ・ばかり・くらい（ぐらい）・ずつ・か・とか・なり　など

- 例刺身は食べない。〔取り立てる・限定する〕
- 例ピアノも弾ける。〔他に同類がある〕
- 例次こそ成功させる。（①　　）
- 例弟にまで負ける。〔極端な例〕
- 例百円しかない。〔否定と呼応する限定〕
- 例私だけできた。（②　　）
- 例五キロほどの距離。〔大体の程度〕
- 例靴などを買う。（③　　）
- 例ケーキを二つずつ買う。〔割り当て〕

(3) 接続助詞…主に活用する語句に付き、前後の関係を示す。

から・ば・と・が・けれど・ながら・のに・ても（でも）・ので・て（で）・し・つつ・なり　など

- 例寒いから、上着を着る。（①　　）
- 例暇になれば、行く。〔条件〕
- 例疲れたが、歩き続けた。（②　　）
- 例急いだけれど、遅刻した。〔逆接〕
- 例笑いながら話す。（③　　）
- 例本を見つつ、料理をする。〔同時〕
- 例疲れて、座り込んだ。〔原因・理由〕

(4) 終助詞…文や文節の終わりに付き、気持ちや態度を表す。

か・な・なあ・ぞ・かしら・ね（ねえ）・よ・の・わ・とも・さ・や　など

- 例外は雨だろうか。〔疑問〕
- 例芝生《しばふ》に入るな。（①　　）
- 例すばらしい絵だなあ。（②　　）
- 例ついに成功したぞ。〔強調〕
- 例もう、帰ったかしら。〔疑問〕
- 例その話なら、もう聞いたよ。〔告知〕

知識の泉 Q □に共通して入る漢字は？　「□弱」「盛□」

実力判定テストA ステージ2

文法への扉3（文法3 付属語） 一字違いで大違い

30分

自分の得点まで色をぬろう!
100点 合格! 80 もう一歩 60 がんばろう! 0
/100

解答 30ページ

1 次の文の助動詞に——線を引き、その意味を後から一つずつ選び、（ ）に記号で答えなさい。 完答3点×4（12点）

① 紙に名前を書かせる。（ ）
② 三時に駅に着きます。（ ）
③ そんな話、彼は信じまい。（ ）
④ 一日中思いきり遊びたい。（ ）

ア 希望 イ 使役 ウ 否定の推量 エ 丁寧

2 次の——線の助動詞の意味を後から一つずつ選び、記号で答えなさい。 3点×4（12点）

① 風にも秋の気配が感じられる。（ ）
② 今なら電話をかけられる。（ ）
③ クラスの代表に選ばれる。（ ）
④ 先生が席を立たれる。（ ）

ア 受け身 イ 可能 ウ 尊敬 エ 自発

3 次の——線の助動詞の意味を後から一つずつ選び、記号で答えなさい。 3点×4（12点）

① やっと宿題を終えたところだ。（ ）
② 庭に咲いた花を眺める。（ ）
③ あなたは演劇部でしたね。（ ）
④ 去年の夏は暑かった。（ ）

ア 過去 イ 完了 ウ 存続 エ 想起

4 よく出る 次の——線の助動詞と同じ意味・用法のものをそれぞれ後から一つずつ選び、記号で答えなさい。 3点×8（24点）

① 天気予報によれば、明日は雨が降るそうだ。
ア いつも楽しそうだね。 イ 今日はかなり寒そうだ。
ウ 見晴らしがいいそうだ。 エ 帰りの電車は混みそうだ。（ ）

② この本は、中村さんのらしい。
ア 彼女は来ないらしい。 イ この種の魚はめずらしい。
ウ 色合いが秋らしい。 エ いかにも学者らしい説明だ。（ ）

③ 試合に勝って、さぞうれしかろう。
ア いっしょに遊ぼう。 イ 私ももっとがんばろう。
ウ 外は暑かろう。 エ 作文を書こうと思う。（ ）

④ 彼女は、うちのクラスの委員長だ。
ア 歴史小説を読んだ。 イ 妹は、うそが嫌いだ。
ウ 父は、明日帰るそうだ。 エ とてもおもしろい映画だ。（ ）

⑤ もう二度と会わないだろう。
ア 部屋にテレビがない。 イ 五時には帰れない。
ウ 危ない目に遭う。 エ 少しも楽しくない。（ ）

⑥ こちらが山下さんで、あちらが木田さんです。
ア 風邪《かぜ》で学校を休む。 イ 彼は親切で思いやりもある。
ウ 兄は高校生である。 エ 先生は本を読んでいる。（ ）

知識の泉 **A 衰。** 衰弱＝意味が似ている漢字，盛衰＝意味が対《つい》になる漢字，の組み合わせ。

⑦ 冬の朝なのに、暖かい。

ア 耳をつんざくような音。　イ 雪が降りそうな空だ。

ウ 姉はおだやかな人だ。　エ これが現実なのだ。

⑧ 外は晴れているようだ。

ア 笑顔《えがお》が太陽のようだ。　イ お客が来たようだ。

ウ 足が棒のようだ。　エ まるで夢の中にいるようだ。

攻略！ ⑤「ない」は、助動詞の場合と形容詞（形容詞の一部）の場合がある。

5 よく出る 次の――線「の」と同じ意味・用法のものを後から一つずつ選び、記号で答えなさい。　3点×4（12点）

① 私は、その作家の書いた小説が好きだ。（　　）

② 中村さんは、絵を描くのが上手だ。（　　）

③ 冬の海は、どこかもの悲しい。（　　）

④ 今日は、どこに行くの。（　　）

ア 私は甘いのにしてください。

イ 昨日、花柄のかばんを買った。

ウ 母の作ったご飯を食べる。

エ いつになったら始まるの。

攻略！「が」や「……もの（こと）」などに置き換えられるか確認する。

6 次の――線の副助詞の意味を後から一つずつ選び、記号で答えなさい。　2点×4（8点）

① 今度こそ優勝するぞ。（　　）

② 僕だけ手を挙げた。（　　）

③ 妹にまで笑われる。（　　）

④ 国語だけでなく数学も得意だ。（　　）

ア 限定　イ 強調　ウ 極端な例　エ 他に同類がある

7 次の――線の接続助詞の働きを後から一つずつ選び、記号で答えなさい。　2点×4（8点）

① 熱を出して、学校を休む。（　　）

② ものを食べながら話すのは失礼だ。（　　）

③ 晴れれば、遠足に行くことができる。（　　）

④ 走ったけれど、間に合わなかった。（　　）

ア 条件　イ 逆接　ウ 原因・理由　エ 同時

8 よく出る 次の――線の助詞と同じ意味・用法のものをそれぞれ後から一つずつ選び、記号で答えなさい。　3点×4（12点）

① 夜になると、雨はやんだ。（　　）

ア 彼は偉大な作家となる。　イ 早く帰ろうと思った。

ウ 手を離すと花瓶が倒れた。　エ 妹といっしょに出かける。

② 色鉛筆でスケッチをする。（　　）

ア 病気で学校を休む。　イ 静かで落ち着く場所だ。

ウ 学校のプールで泳いだ。　エ 紙粘土《ねんど》で人形を作る。

③ 予定の勉強が終わったから、寝ます。（　　）

ア 彼女から連絡がある。　イ 三時から会議です。

ウ 疲れたから、休憩《きゅうけい》しよう。　エ 船から、女性が下りる。

④ 悲しかったが、泣かなかった。（　　）

ア 新しい図書館が、隣の街にできる。

イ 難しい問題だったが、なんとか解けた。

ウ 痛かった。が、我慢して起き上がった。

エ 校長先生が、朝礼で話をする。

攻略！ ①と③は、格助詞と接続助詞を区別する。

知識の泉　Q □に入る対《つい》になる漢字は？「□悔□に立たず」

確認のワーク ステージ1

構成や展開を工夫して書こう 「ある日の自分」の物語を書く
言葉3 話し言葉と書き言葉／漢字3 送り仮名

学習のねらい
- 文章の構成や展開を理解し、展開を工夫した物語の書き方を知ろう。
- 送り仮名の主な原則と例外を覚え、正しく使えるようになろう。

解答 30ページ　スピードチェック 15ページ

漢字

1 漢字の読み 読み仮名《がな》を横に書きなさい。

① *曖*昧　② 校*閲　③ *肘　④ *堤［訓読み］
⑤ *寿［訓読み］　⑥ *誉れ　⑦ *薫る　⑧ ▼操る
⑨ *謹む　⑩ *粘り強い　⑪ ▼童歌　⑫ ▼健やか

*は新出漢字　▼は新出音訓・◎は熟字訓

2 漢字の書き 漢字に直して書きなさい。

① 栄養の（かたよ）り。　② 体を（きた）え直す。
③ （うれ）いを帯びる。　④ 敵を（こ）らしめる。
⑤ 反応が（にぶ）い。　⑥ 仕事を（なま）ける。

基本問題 構成や展開を工夫して書こう

1 物語や小説の構成について、次のようにまとめました。後の□から言葉を選び、（　）に書き入れなさい。

起	状況設定 出来事の発端《ほったん》	時間、場所、人物、状況。きっかけ。
承	展開	出来事の（①　　）。
転	（②　　）	状況が大きく動く場面。人物の心情や（③　　）などが大きく変化する。
結	（④　　）	出来事のその後など。

結末　山場　経緯　考え方

2 よく出る 次の文章の――線①・②は人物の心情を表しています。心情の表現方法を後から一つずつ選び、記号で答えなさい。

放課後の教室で窓の外を眺めながら、詩織《しおり》は昼休みのことを思い出していた。①窓から見える空は、どんよりとした雲に覆われている。ささいなことがきっかけのちょっとした口論。いつもの美香《みか》だったら、「詩織の言いたいことはわかったから。ごめん、ごめん。」とでも言って、その場を収めてくれたはず。でも、今日の美香は、黙り込んで教室を出ていってしまった。美香の後ろ姿を見ながら、②詩織は、胸に何か重いものを抱えてしまったような気がした。

ア 心情そのものを直接的に描く。　イ 比喩を使って心情を描く。
ウ 風景の描写を通して心情を描く。
エ 行動の描写を通して心情を描く。　①（　　）　②（　　）

攻略！ 詩織のゆううつな気分をどのように表現しているか捉えよう。

知識の泉 A 後・先。 済んだことを後から悔やんでも，取り返しがつかないという意味。

基本問題 言葉3

1 よく出る 話し言葉と書き言葉の特徴について、次のようにまとめました。後の［　］から言葉を選び、（　）に書き入れなさい。

話し言葉	書き言葉
①（　　）によって伝える。	②（　　）によって伝える。
状況や相手に応じて、内容を③（　　）できる。	曖昧な書き方をせず、整理した④（　　）を具体的に書く。

［情報　文字　省略　音声］

2 次の文章は、インタビューで聞き取った内容をそのまま書いたものです。クラスの人への報告の文章になるように、（　）に当てはまる言葉を考えて書きなさい。

［お店の人へのインタビュー］

うちの店は、三十年前からやってるよ。ええと、おやじの代から始めたんだけど、味は変わらないよ。朝が早いからね、豆腐屋は。それが大変だね。

［報告の文章］

こちらは①（　　）を作っているお店です。三十年前に、ご主人の②（　　）が始められ、その味を変えずに守っていらっしゃるそうです。大変なことは、③（　　）ことだとおっしゃっていました。

攻略！ 省略などに注意して、話の流れを整理する。

基本問題 漢字3

1 よく出る 送り仮名の正しいほうに、○を書きなさい。

① ア（　）衰える　イ（　）衰ろえる
② ア（　）照す　イ（　）照らす
③ ア（　）幼い　イ（　）幼ない
④ ア（　）美しい　イ（　）美くしい
⑤ ア（　）主な　イ（　）主もな
⑥ ア（　）朗か　イ（　）朗らか
⑦ ア（　）必ず　イ（　）必らず
⑧ ア（　）例ば　イ（　）例えば

2 次の――線の平仮名を漢字に直しなさい。送り仮名が必要なものは、平仮名で書きなさい。

① 異国的なおもむきのある家。（　　）
② 友人のかしこさに感心する。（　　）
③ 遠足の班でかかりを決める。（　　）
④ 「出藍《しゅつらん》のほまれ」という故事成語。（　　）

3 次の漢字は二通りの読み方をします。それぞれの読み方で送り仮名となる部分に、――線を引きなさい。

① 怠　A おこたる　B なまける
② 凍　A こおる　B こごえる
③ 捕　A とらえる　B つかまる
④ 触　A ふれる　B さわる

知識の泉 Q □に共通して入る言葉は？「思い出を胸に□□。」「包丁でねぎを□□。」

確認のワーク ステージ1 木

学習のねらい
- 抽象的な概念を表す言葉や表現技法に注意して詩を読もう。
- 作者の木に対する思いを、その理由と共に読み取ろう。

解答 31ページ　スピードチェック 15ページ

漢字 1 漢字の読み

読み仮名《がな》を横に書きなさい。

❶ *稲妻

*は新出漢字　▼は新出音訓・◎は熟字訓

基本問題

☆ 次の詩を読んで、問題に答えなさい。

教p.228〜229

木　田村《たむら》 隆一《りゅういち》

木は黙っているから好きだ
木は歩いたり走ったりしないから好きだ
木は愛とか正義とかわめかないから好きだ
①ほんとうにそうか
ほんとうにそうなのか

②見る人が見たら
③木は囁《ささや》いているのだ　ゆったりと静かな声で
④木は歩いているのだ　空にむかって
⑤木は稲妻のごとく走っているのだ　地の下へ
木はたしかにわめかないが
⑥木は
愛そのものだ　それでなかったら小鳥が飛んできて
枝にとまるはずがない
⑦正義そのものだ　それでなかったら地下水を根から吸いあげて
空にかえすはずがない

若木
老樹

ひとつとして同じ木がない
ひとつとして同じ星の光《ひか》りのなかで
目ざめている木はない

木
ぼくは⑧きみのことが大好きだ

（＊1〜22は行の番号です。）

知識の泉　A 刻む。「心に留める」「細かく切る」「継続していく」などの意味がある。

1 ①ほんとうにそうか／ほんとうにそうなのか の「そう」の指している内容を、詩の中から順に三つ抜き出しなさい。

2 ②見る人 とは、どのような人のことですか。次から一つ選び、記号で答えなさい。

ア 木を研究している人。 **イ** 物事の本質を理解できる人。

ウ 自然を恐れている人。 **エ** 作者とは木の見方が違う人。

3 よく出る ③木は囁いているのだ ゆったりと静かな声で で使われている表現技法を次から二つ選び、記号で答えなさい。

ア 直喩 **イ** 倒置 **ウ** 省略

エ 擬人法 **オ** 反復

4 記述 ④木は歩いているのだ 空にむかって ⑤木は稲妻のごとく走っているのだ 地の下へ とは、木のどのような様子を表していますか。それぞれ書きなさい。

④

⑤

攻略! 木のどの部分を表現しているのかを読み取ろう。

5 第三連の「木はたしかにわめかないが……空にかえすはずがない」（10～15行目）の部分は、第一連のどの行を受けていますか。行の番号で答えなさい。

（　）行目

6 よく出る ⑥木は／愛そのものだ ⑦正義そのものだ とは、どういうことですか。次から一つ選び、記号で答えなさい。

ア 木は愛と正義を力に、自然の厳しさと戦っているということ。

イ 木は小鳥のようにかわいらしく、自然に愛されているということ。

ウ 木は他の生命を守り、自然の秩序を形作っているということ。

エ 木は我慢強くて、自然を十分に利用しているということ。

7 14・15行目と対句になっているのは、どの行ですか。行の番号で答えなさい。

（　）・（　）行目

8 ⑧きみのことが大好きだ について答えなさい。

(1) 「大好きだ」と思うのは、なぜですか。□に当てはまる言葉を後から一つずつ選び、記号で答えなさい。

木は、尊い意思をもって Ⅰ を支え、 Ⅱ をもって生きているから。

ア 個性 **イ** 統一 **ウ** 自然の営み **エ** 文明の発展

Ⅰ（　） Ⅱ（　）

(2) 第一連の「好きだ」が「大好きだ」に変わっていることから、どのようなことがわかりますか。（　）に当てはまる言葉を考えて書きなさい。

木を「好きだ」という思いが（　）いること。

攻略! 第三連と第五連に着目しよう。

知識の泉 Q「行く」の謙譲語は？

確認のワーク ステージ1 形

学習のねらい
●登場人物の様子や会話から、考え方を捉えよう。
●「形」のもつ力とは何かを捉え、主題を読み取ろう。
解答 31ページ
スピードチェック 15ページ

漢字 1 漢字の読み

読み仮名《がな》を横に書きなさい。

① ◎大和

*は新出漢字 ▼は新出音訓・◎は熟字訓

教科書の要点

1 設定

（ ）に教科書の言葉を書き入れなさい。 教p.274〜275

●中村新兵衛《なかむらしんべえ》

・身分…摂津半国《せっつはんごく》の主《しゅ》である松山新介《まつやましんすけ》の（①　）。

・武勇…「（②　）」とよばれ、三間柄《さんげんえ》の大身《おおみ》の槍《やり》の矛先で、先駆けしんがりの功名を重ねていた。

●新兵衛の「形」（武者姿）

（③　）の服折《ふくおり》と唐冠纓金《とうかんえいきん》の（④　）。

→戦場の華《はな》。敵に対する脅威であり、味方にとっては信頼の的。

おさえよう

主題 新兵衛の強さは、初めは槍の実力によるものだったが、猩々緋の服折と唐冠のかぶとが彼の象徴となり、その形自体が敵に〔ア 信頼　イ 脅威〕を与える力をもつようになっていた。形のもつ力を知らずに形を手放した新兵衛の、〔ア 幸運と安心　イ 不幸と後悔〕が描かれている。

2 構成のまとめ

（ ）に教科書の言葉を書き入れなさい。 教p.274〜275

場面	第一場面	第二場面	第三場面
	教初め〜p.275・上⑧	p.275・上⑩〜下①	p.275・下③〜終わり
	新兵衛の服折とかぶと	若い士の活躍《かつやく》	新兵衛の苦戦
○出来事／▼新兵衛の心情	●若い士《さむらい》が、新兵衛の服折とかぶと（＝「形」）を貸してほしいと申し出る。 ▼（①　）受け入れる。…軽い気持ち。 ▼「……我らほどの（②　）をもたいではかなわぬことぞ。」…形ではなく実力が大事だという考え。	●猩々緋《しょうじょうひ》の武者（若い士）が敵陣《てきじん》に乗り入れる。 敵の様子 一角が吹《ふ》き分けられるように乱れる。 ▼自分の形に大きい（③　）を感じる。 …自分の実力に対する自信を深める。	●黒革おどしのよろいを着た新兵衛が敵陣に殺到する。 敵の様子 敵は勇み立ち、十二分の力を発揮する。 ▼手軽に形を貸したことを（④　）するような感じが頭をかすめる。 ●敵の槍が新兵衛の脾腹《ひばら》を貫いた。

知識の泉 **A 参る。伺う。** 「行く」の尊敬語は「いらっしゃる」「おいでになる」など。

基本問題

☆ 次の文章を読んで、問題に答えなさい。 教p.274・下⑤〜275・上⑧

「新兵衛殿《しんべえどの》、折り入ってお願いがある。」と元服《げんぶく》してからまだ間もないらしい①美男の士《さむらい》は、新兵衛の前に手を突《つ》いた。

「何事じゃ、そなたと我らの間に、さような辞儀《じぎ》はいらぬぞ。望みというを、はよう言ってみい。」と育むような慈顔《じがん》をもって、新兵衛は相手を見た。

その若い士は、新兵衛の主君松山新介《まつやましんすけ》の側腹《そばはら》の子であった。そして、幼少の頃から、②新兵衛が守《も》り役として、我《わ》が子のようにいつくしみ育ててきたのであった。

「ほかのことでもおりない。明日は我らの初陣《ういじん》じゃほどに、なんぞ華々《はなばな》しい手柄をしてみたい。ついては御身《おみ》様の猩々緋《しょうじょうひ》と唐冠《とうかん》のかぶとを貸してたもらぬか。あの服折《ふくおり》とかぶととを着て、敵の目を驚かしてみとうござる。」

「ハハハハ。念もないことじゃ。」

新兵衛は高らかに笑った。新兵衛は、相手の子供らしい無邪気《むじゃき》な功名心を快く受け入れることができた。

「が、申しておく、③あの服折やかぶとは、申さば中村《なかむら》新兵衛の形じゃわ。そなたが、あの品々を身に着けるうえからは、我らほどの肝魂《きもだま》をもたいではかなわぬことぞ。」

と言いながら、新兵衛はまた高らかに笑った。〈菊池《きくち》 寛《かん》「形」による〉

1 ①美男の士 について答えなさい。

(1) これは誰ですか。次から一つ選び、記号で答えなさい。

ア 中村新兵衛の子。　イ 中村新兵衛の主君の子。

ウ 中村新兵衛の家臣。　エ 中村新兵衛の家臣の子。

(2) よく出る 「美男の士」が、新兵衛に願い出たのは、どのようなことですか。

攻略！ 「美男の士」の言葉をもとに、「願い」をまとめよう。

2 ②新兵衛が守り役として、我が子のようにいつくしみ育ててきたとありますが、そのことがわかる新兵衛の表情を、文章中から七字で抜き出しなさい。

3 よく出る ③あの服折やかぶとは、申さば中村新兵衛の形じゃわとありますが、新兵衛はどのような考えを伝えようとしたのですか。次から一つ選び、記号で答えなさい。

ア 身に着けたら、「私」と同じような実力になるだろうという考え。

イ 借りるならば、「私」と同程度の手柄を立ててほしいという考え。

ウ 借りても、「私」のような度胸がないと力は出せないという考え。

エ 身に付けたら、自分なりの形に変えていくのがよいという考え。

攻略！ 直後の新兵衛の言葉に着目しよう。

実力判定テストA　ステージ2

形

30分

自分の得点まで色をぬろう！

100点　80　60　0

/100

解答　32ページ

次の文章を読んで、問題に答えなさい。

教 p.275・上⑩〜下⑳

①その明くる日、摂津《せっつ》平野の一角で、松山《まつやま》勢は、大和《やまと》の筒井順慶《つついじゅんけい》の兵としのぎを削った。戦いが始まる前いつものように猩々緋《しょうじょうひ》の武者が唐冠《とうかん》のかぶとを朝日に輝かしながら、敵勢を尻目《しりめ》にかけて、大きく輪乗りをしたかと思うと、駒《こま》の頭《かしら》を立て直して、一気に敵《てき》陣《じん》に乗り入った。

吹《ふ》き分けられるように、敵陣の一角が乱れたところを、猩々緋の武者は槍《やり》を付けたかと思うと、早くも三、四人の端《はし》武者を、突《つ》き伏せて、また悠々《ゆうゆう》と味方の陣へ引き返した。

その日に限って、黒革おどしのよろいを着て、南蛮《なんばん》鉄のかぶとをかぶっていた中村新兵衛《なかむらしんべえ》は、②会心の微笑を含みながら、猩々緋の武者の華々《はなばな》しい武者ぶりを眺めていた。そして自分の形だけすらこれほどの力をもっているということに、かなり大きい誇《ほこ》りを感じていた。

③彼は二番槍は、自分が合わそうと思ったので、駒を乗り出すと、一文字《いちもんじ》に敵陣に殺到《さっとう》した。

猩々緋の武者の前には、戦わずして浮き足立った敵陣が、中村新兵衛の前には、びくともしなかった。そのうえに彼らは猩々緋の「槍中村」に突き乱された恨《うら》みを、この黒革おどしの武者のうえに復讐《ふくしゅう》せんとして、たけり立っていた。

④新兵衛は、いつもとは、勝手が違っていることに気がついた。いつもは虎《とら》に向かっている羊のようなおじけが、敵にあった。彼らはうろたえ血迷うところを突き伏せるのに、なんの造作もなかった。今日は、彼らは対等の戦いをするときのように、勇み立っていた。どの雑兵もどの雑兵も十二分の力を新兵衛に対し発揮した。二、三人突き伏せることさえ容易ではなかった。敵の槍の矛先が、ともすれば身をかすった。新兵衛は必死の力を振るった。平素の二倍もの力をさえ振るった。が、彼はともすれば突き負けそうになった。⑤手軽にかぶとや猩々緋を貸したことを、後悔するような感じが頭の中をかすめたときであった。敵の突き出した槍が、おどしの裏をかいて彼の脾腹《ひばら》を貫いていた。

〈菊池《きくち》 寛《かん》「形」による〉

1 ①その明くる日　の戦いで、新兵衛は何を身に着けていましたか。文章中から二つ抜き出しなさい。　5点×2（10点）

（　　　　）
（　　　　）

2 ②会心の微笑　とありますが、このときの新兵衛は、何を感じていましたか。次から一つ選び、記号で答えなさい。　（10点）

ア　武者の動きが敵にあまり損害を与えていないことへの不満。
イ　立派に育った若者が自分を超えていくことへの寂《さび》しさ。
ウ　自分の実力が「形」にまで力を与えていることへの誇り。
エ　猩々緋の武者が「形」に頼らず戦うことへの満足。

（　　）

知識の泉　**A**　**イ。**　公演＝大勢の前で演じること。講演＝大勢の前で話すこと。好演＝うまく演じること。

3 ③彼は二番槍は、自分が合わそうと思ったので、駒を乗り出すと、一文字に敵陣に殺到した。とありますが、このときの新兵衛の気持ちを次から一つ選び、記号で答えなさい。（10点）

ア 猩々緋の武者が活躍《かつやく》しているので、力を抜こうという気持ち。
イ いつもの戦いのように敵を倒そうと、意気込む気持ち。
ウ 目立たない格好なので、目立つ行動はしたくない気持ち。
エ 猩々緋の武者に負けまいと、死に物狂《ぐる》いで挑んでいく気持ち。
（　　）

4 ④新兵衛は、いつもとは、勝手が違っていることに気がついた。について答えなさい。

(1) 敵兵の、Ⅰ…いつもの様子と、Ⅱ…今回の様子について、□に当てはまる言葉を文章中から抜き出しなさい。 5点×4（20点）

Ⅰ 虎に向かう□□のような□□□□があった。
Ⅱ □□の戦いをするときのように□□立っていた。

(2) 勝手が違っていたのは、なぜですか。（　）に当てはまる言葉を書きなさい。（10点）

新兵衛が（　　　　）ので、敵が新兵衛を恐れなかったから。

5 ⑤手軽にかぶとや猩々緋を貸したことを、後悔するような感じについて答えなさい。

(1) 記述 このときまで、新兵衛は「形」についてどのように思っていたと考えられますか。「形」「実力」という二つの言葉を使って書きなさい。（20点）

（　　　　）

(2) よく出る このとき、新兵衛はどのようなことに気づきかけたのですか。次から一つ選び、記号で答えなさい。（10点）

ア 「形」に頼りすぎていて、いつのまにか槍の実力が衰えていたこと。
イ 「形」を身に着けていないと、自分の本当の実力が出せないこと。
ウ 「形」には独自の力があり、自分は今までそれに助けられていたこと。
エ 「形」は単に、自分の実力に付随して存在するものであること。
（　　）

攻略！ 「形」を貸したことを「後悔」していることから捉えよう。

6 よく出る 作者は、この作品を通して、「形」のどのような面を描こうとしたのだと考えられますか。次から一つ選び、記号で答えなさい。（10点）

ア 「形」の力は、中身が異なれば大きく変化するという面。
イ 「形」の力は、中身の力と同じように把握《はあく》しやすいという面。
ウ 「形」の力は、あるとき突然《とつぜん》なくなることもあるという面。
エ 「形」の力は、中身の力を超えてしまうこともあるという面。
（　　）

知識の泉 Q ——線を漢字で書くと？ 災害にソナえる。

確認のワーク ステージ1

生物が記録する科学
――バイオロギングの可能性

学習のねらい
- 事実と考えの示し方に着目して、説明されている内容を捉えよう。
- 調査の目的と結果、それに対する筆者の考えを捉えよう。

解答 32ページ

教科書の要点

1 話題 「バイオロギング」とは、どのような調査方法ですか。（　　）に教科書の言葉を書き入れなさい。 教 p.278

動物に（　　　　）を取り付けて行動させ、それを回収して、そこに刻まれた（　　　　）を分析する調査方法。

2 筆者の考え 筆者は、「バイオロギング」のどのような点に可能性を感じていますか。（　　）に教科書の言葉を書き入れなさい。 教 p.282

人間が見たり、（　　　　）できる範囲よりも広い（　　　　）をもつ動物たちの生息環境を知ることで、人間が（　　　　）範囲を大きく広げてくれる点。

3 構成のまとめ （　　）に教科書の言葉を書き入れなさい。（各段落に1〜18の番号を付けて読みましょう。） 教 p.277〜282

(1) **序論**（1〜4段落）…「バイオロギング」とは

(2) **本論**（5〜16段落）…「バイオロギング」を用いた調査

本論		
エンペラーペンギンの調査	アデリーペンギンの調査	まとめ
目的 ペンギンの最大潜水深度《せんすい》と最大潜水時間は本当か。 **結果①** 浅い潜水ばかり。→浅い所に餌があるため。 **結果②** ほとんどが百メートルより浅く、六分以内の潜水。 ▼観察…長い潜水後→数時間休む。短い潜水後→すぐに次の潜水。 **考察** （①　　　）よく餌を捕《と》ることが重要。	**目的** ペンギンは水中でもいっしょに餌を捕っているのか。 **結果** 潜水の（②　　　）だけが一致《いっち》。 ▼観察…ウェッデルアザラシに狙《ねら》われている。 **考察** 捕食者《ほしょく》に（③　　　）ことが重要。	野生のペンギンは、生き残りをかけ、さまざまな（④　　　）を凝《こ》らしていることがわかる。

(3) **結論**（17〜18段落）…「バイオロギング」の可能性

おさえよう

要旨 野生動物に記録計を取り付ける調査方法「バイオロギング」により、野生動物の〔ア ありのままの イ 人間に対する〕行動を調べられるようになった。地球には、まだまだ私たちが〔ア 想定している イ 知らない〕ことが眠《ねむ》っている。このデータは、人間が思考できる範囲を大きく広げてくれるはずだ。

知識の泉 **A 備。** 備える＝物事に対応できるように準備する。供える＝神仏などに物をささげる。

☆基本問題

次の文章を読んで、問題に答えなさい。

教 p.280・⑤〜281・上②

私たちは、①潜水《せんすい》後のペンギンの様子に着目した。最も長い潜水を終えたペンギンは、氷上に寝《ね》そべったまま深呼吸を繰り返し、その後、立ち上がったものの、次の潜水を始めたのは数時間が経過してからであった。いっぽう、六分以内の潜水の場合、ペンギンは三十秒から一分程度休んだだけで、すぐに次の潜水を開始していた。一日のうちで、餌捕《と》り潜水についやす合計時間を増やしたければ、一回の潜水をむやみに長くするのではなく、短い潜水を数多く繰り返したほうが効率はよい。ときどき、深く、長時間潜《もぐ》るのは、同じ餌をめぐるライバルが多い状況では、浅い所にいる餌はすぐに捕り尽くされてしまうからだろう。

ペンギンは非常に高い潜水能力をもっているが、餌が浅い所にいる場合は無理をせず、短い潜水を繰り返して餌を捕る。これこそ、②厳しい自然環境の中で生きるエンペラーペンギンが選び取ったやり方だったのだ。私たちは、動物たちが示す最大能力に目を奪われがちであるが、野生動物にとっては常に能力を最大限に発揮することではなく、効率よく餌を捕ることが重要なのだ。このことに気づかされた調査であった。

〈佐藤《さとう》克文《かつふみ》「生物が記録する科学——バイオロギングの可能性」による〉

1 ①潜水後のペンギンの様子は、どうでしたか。（　）に当てはまる言葉を、文章中から抜き出しなさい。

長い潜水を終えたペンギンは、次の潜水を始めるまで（　　）かかったが、短い潜水を終えたペンギンは、少し休んだだけで、（　　）次の潜水を開始した。

2 よく出る　1から、どのようなことがわかりましたか。

（　　）

3 攻略！　長い潜水と短い潜水のどちらが効率的なのかを捉える。

②厳しい自然環境の中で生きるエンペラーペンギンが選び取ったやり方に当たるものを次から一つ選び、記号で答えなさい。

ア　同じ餌をめぐるライバルに勝つために、非常に高い潜水能力を身につけたこと。

イ　餌が浅い所にいる場合は無理をせずに、短い潜水を繰り返して餌を捕ること。

ウ　ごくたまに最大能力を発揮することで、同じ餌をめぐるライバルをけん制すること。

エ　餌の多い温暖な地で生きるのではなく、厳しい自然環境の中で生きること。

（　　）

4 よく出る　この調査から、野生動物にとって重要なのは、どのようなことだとわかりましたか。文章中から抜き出しなさい。

（　　）

知識の泉

Q「対等」の類義語はどっち？　ア＝平等　イ＝互角

実力判定テストA　ステージ2

生物が記録する科学
――バイオロギングの可能性

30分

自分の得点まで色をぬろう！
100点　80　60　0
/100

解答 33ページ

次の文章を読んで、問題に答えなさい。

教 p.281・上③〜282・下㉑

さて、もう一つ、「バイオロギング」を用いて明らかになったペンギンの興味深い行動がある。エンペラーペンギンと同様に、アデリーペンギンもまた、餌捕《と》り潜水《せんすい》をするために、氷の途切れた所まで歩いていく。ところが、しばらく歩き、目的地に到着《とうちゃく》したペンギンたちは、すぐには潜《もぐ》り始めない。数十羽が五メートルほど離れた所から水面を見つめて、じっと立っている。やがて一羽が「ガー」と鳴くと、周りのペンギンたちも「ガー、ガー」と答える。それがいつしか「ガーガーガー」という大合唱になり、一斉に水中に飛び込んでいった。そして、二分ほど経過すると、いっしょに水中から氷の上に飛び上がってきた。①ペンギンたちは、水中でもいっしょに餌を捕っているのだろうか。

私たちは、群れの中の三羽に深度記録計を取り付けて調べてみた。＊図3がその結果である。三羽が異なる深さで餌を捕っていることがわかる。同じような深さで餌捕りをすれば、餌をめぐって競争は激しくなる。それを避《さ》けて、別々に行動しているのだ。つまり、彼らは、潜水の開始と終了だけをわざわざ一致《いっち》させていることになる。なぜ、②このような行動を取るのだろう。

何日も観察していると、③その理由が見えてきた。あるとき、ペンギンたちがてんでんばらばらに、ものすごい勢いで氷の上に飛び出してきた。その直後に、ウェッデルアザラシが水面に顔を出した。ウェッデルアザラシは、普段は深い所で小魚を捕《つか》まえているが、氷が多い場所では水面に浮かぶ氷の陰に隠れて、飛び込んでくるアデリーペンギンを狙《ねら》っている。潜水開始と終了を一致させるペンギンたちの行動は、イワシなどの小魚が、群れになって捕食《ほしょく》者の目をくらませるのと同じように、捕食者から身を守るための行動であるようだ。野生のペンギンにとっては、餌を効率よく捕ることも重要だが、捕食者に食べられないこともまた重要なのだ。

十分な餌をもらい、捕食者から守られている水族館では、ペンギンたちはのんびりと暮らしている。しかし、野生のペンギンの行動を調べてみると、④生き残りをかけ、さまざまな工夫を凝《こ》らしていることがわかる。

野生動物に記録計を取り付けるという大胆な発想から生まれた⑤「バイオロギング」は、生息環境における動物たちのありのままの行動を調べることを可能にした。私たち研究者は、数々の失敗を重ねながら、この方法を開拓《かいたく》してきた。データの背後には、記録計を片手に、現場に向かう人間たちがいる。思うようにデータが得られずに苦しい日々が続くときでも、「あと一歩、もう少し何かを改良すれば、新事実に到達できるかもしれない。」、そんな希望を胸に工夫を重ねてきた。その結果、記録計は、ますます小さくなり、取り付けや回収の方法も改良されてきた。そして、今や、水中ばかりでなく、陸上や空中など、⑥さまざまな環境で生き

知識の泉　A イ。　二つのものの間に上下や優劣の差がないこと。

る動物たちのデータが集められている。

動物たちの行動圏は、人間の行動圏よりもはるかに広い。地球上で水平方向に広範囲に移動するだけでなく、深い水の中や高い空の上も含めた広大な空間を動き回っている。私たちは、自分が見たり、経験したりできる範囲だけで考えて、彼らをわかったつもりになっていないだろうか。海の中、そして、地球にはまだまだ私たちの知らないことが眠《ねむ》っている。動物たちからもたらされるデータは、私たちが思考できる範囲を大きく広げてくれるはずだ。

〈佐藤《さとう》克文《かつふみ》「生物が記録する科学――バイオロギングの可能性」による〉

＊図3は省略しています。

1 ①ペンギンたちは、水中でもいっしょに餌を捕っているのだろうか。という疑問に対して調査した結果、わかった事実を一文で抜き出し、初めの五字を書きなさい。（15点）

攻略！ 三羽に深度記録計を取り付けて調べた結果を捉えよう。

2 よく出る ②このような行動 とありますが、どのような行動ですか。次から一つ選び、記号で答えなさい。（15点）

ア すぐには潜らず、「ガーガー」鳴くという行動。
イ 水中でいっしょに餌を捕るという行動。
ウ 異なる深さで餌を捕るという行動。
エ 潜水の開始と終了だけを一致させるという行動。

（　　）

3 ③その理由が見えてきた とありますが、筆者はどのような推測を立てましたか。□に当てはまる言葉を、文章中から抜き出しなさい。10点×2（20点）

ペンギンたちの行動は、□であるウェッデルアザラシから□である。

4 よく出る ④生き残りをかけ、さまざまな工夫を凝らしている とありますが、野生のペンギンが生き残るためには、何が重要なのですか。文章中から二つ抜き出しなさい。10点×2（20点）

（　　）（　　）

5 ⑤「バイオロギング」によって、どのようなことが調べられるようになりましたか。文章中から抜き出しなさい。5点×2（10点）

（　　）における動物たちの（　　）の行動。

6 よく出る ⑥さまざまな環境で生きる動物たちのデータ によって、私たちはどのようなことができるようになると、筆者は考えていますか。次から一つ選び、記号で答えなさい。（20点）

ア 動物の行動圏よりも人間の行動圏のほうがはるかに広いことを理解できるようになる。
イ 人間でも、深い水の中や高い空の上も含めた広大な空間を自由に動き回れるようになる。
ウ 地球に眠っている自分たちの知らないことが、全てわかるようになる。
エ 自分たちが見たり経験したりできる範囲を超えて、思考ができるようになる。

（　　）

確認のワーク　ステージ1

古典の世界を広げる
敦盛《あつもり》の最期《さいご》――「平家物語」から

漢字

1 漢字の読み　読み仮名《がな》を横に書きなさい。

＊は新出漢字
▼は新出音訓・◎は熟字訓

❶ ◎太刀

☆基本問題

次の古文と現代語訳を読んで、問題に答えなさい。　教 p.285・上⑮〜287・下⑧

一《いち》の谷《たに》の戦いで、源氏方の武将熊谷《くまがえの》次郎直実《じろうなおざね》は、船に逃れようとした平家方の一人の武将と波打ち際《ぎわ》で対決する。首を切ろうと顔を見ると、十六、七歳ぐらいの、我《わ》が子小次郎《こじろう》と同じ年頃の美しい若武者で、どこに刀を突《つ》き立てていいかわからなくなる。

「そもそもいかなる人にてましまし候《さうらふ》ぞ。名乗らせたまへ。助け参らせん。」と申せば、「汝《なんぢ》はたそ。」と問ひたまふ。「物その者で候はねども、武蔵国《むさしのくに》の住人、熊谷次郎直実。」と名乗り申す。

「いったいあなたはどういう人でいらっしゃいますか。お名乗りください。お助けしましょう。」と申しあげると、「おまえは誰だ。」とお尋ねになる。「物の数にも入らぬ者ですが、武蔵の国の住人、熊谷次郎直実。」と名乗り申しあげる。

「さては、汝にあうては名乗るまじいぞ。①汝がためにはよい敵《かたき》ぞ。名乗らずとも頸《くび》を取つて人に問へ。見知らうずるぞ。」とぞ宣《のたま》ひける。熊谷、「あつぱれ、大将軍や。この人一人《いちにん》討ち奉《たてまつ》たりとも、負くべきいくさに勝つべきやうもなし。また討ち奉らずとも、勝つべきいくさに負くることもよもあらじ。小次郎が薄手《うすで》負うたるをだに、直実は心苦しうこそ思ふに、この殿《との》の父、ⓐ討たれぬと聞いて、いかばかりか嘆《なげ》きたまはんずらん。あはれ②助け奉らばや。」と思ひて、後ろをきつと見ければ、土肥《とひ》、梶原《かぢはら》五十騎ばかりで続いたり。熊谷涙をおさへて申しけるは、「③助け参らせんとは存じ候へども、御方《みかた》の軍兵雲霞《ぐんびやううんか》のごとく候。よも逃れさせたまはじ。人手《ひとで》にかけ参らせんより、同じくは直実が手に

「それなら、おまえに対しては名乗るまい。おまえにとって私はよい敵だ。私が名乗らなくても首を取って人に尋ねよ。人々は私を見知っているだろう。」とおっしゃった。熊谷は、「なんと立派な大将軍だ。この人一人を討ち取り申しあげたところで、負けるはずの合戦に勝つはずはない。また討ち取らずとも、勝つはずの合戦に負けることもまさかあるまい。我が子小次郎が軽傷を負っただけで、この直実はつらく思うのに、この殿の父は、我が子が討たれたと聞いて、どんなに嘆かれることだろう。ああ、助けて差しあげたい。」と思って、背後をさっと見たところ、土肥・梶原の軍が五十騎ばかりで追ってくる。熊谷が涙を抑えて申しあげるには、「お助けしたいと思いますが、味方の軍兵が雲や霞のように取り巻いています。決してお逃げになることはできますまい。他の者に討たせるよりは、同じことなら、こ

学習のねらい
- 会話文が誰の言葉なのかを捉え、人物関係を理解しよう。
- 若武者（敦盛《あつもり》）に対する直実《なおざね》の心情を読み取ろう。

解答　33ページ　スピードチェック　15ページ

知識の泉　A　**変化。**「変化」＝違う状態に変わること。「変遷」＝時がたつにつれて移り変わること。

かけ参らせて、後《のち》の御孝養《おんけうやう》をこそ仕《つかま》り候はめ。」と ⓑ申しければ、「ただとくとく頸を取れ。」とぞ宣ひける。熊谷あまりにいとほしくて、いづくに刀を立つべしともおぼえず、目もくれ心も消え果てて、前後《ぜんご》不覚《ふかく》におぼえけれども、さてしもあるべきことならねば、④泣く泣く頸をぞかいてんげる。

〈「敦盛《あつもり》の最期《さいご》——『平家物語』から」による〉

の直実が手にかけ申しあげて、死後のご供養《くよう》をいたしましょう。」と申しあげると、「ただ早く私の首を取りなさい。」とおっしゃった。熊谷はあまりにかわいそうで、どこに刀を当てていいかわからず、目もくらんで気も遠くなり、前後不覚に思われたけれども、そうしているわけにはいかないので、泣く泣く首をかき切った。

1 よく出る ①汝がためにはよい敵ぞ。とありますが、それはなぜですか。次から一つ選び、記号で答えなさい。

ア 若くて力が足りないため、討ちやすい相手だから。
イ 身分の高い自分を討てば、大きな手柄になるから。
ウ 大将である自分が討たれれば、戦いが終わるから。
エ 直実に勝《まさ》るとも劣らない武芸の腕をもつから。

（　　）

攻略！ 若武者は、人にきけばすぐに名がわかるほどの人物である。

2 ②助け奉らばや とありますが、このときの直実の気持ちに当てはまらないものを次から一つ選び、記号で答えなさい。

ア 一人くらい助けても、合戦の勝敗には関係ないだろう。
イ この若武者が亡《な》くなったときの父親の気持ちがわかる。
ウ 我が軍の大将軍は、自分の気持ちを理解してくれよう。
エ この立派な若武者の命を奪うのは、忍《しの》びない。

（　　）

3 ③御方の軍兵雲霞のごとく について具体的に書かれた部分を、古文中から十一字で抜き出しなさい。

4 ⓐ討たれぬ ⓑ申しければ の主語は、誰ですか。次から一つずつ選び、記号で答えなさい。

ア 直実　イ 若武者
ウ 若武者の父　エ 小次郎

ⓐ（　　）　ⓑ（　　）

5 ④泣く泣く頸をぞかいてんげる について答えなさい。

(1) よく出る 直実が若武者の首を切ったのは、なぜですか。次から一つ選び、記号で答えなさい。

ア 人に任せるよりは、自分で討って供養したかったから。
イ 早く首を取れという若武者の願いをかなえたかったから。
ウ 味方の軍勢が、早く首を取れと直実に催促《さいそく》をしたから。
エ どのみち討たれるのなら、自分の手柄にしたかったから。

（　　）

(2) この部分に含まれる「係りの助詞」を抜き出しなさい。

（　　）

6 この文章で描かれている若武者は、どのような性格ですか。次から一つ選び、記号で答えなさい。

ア 傲慢《ごうまん》で、自分勝手。　イ 控《ひか》えめで、心優《やさ》しい。
ウ 臆病《おくびょう》で、優柔不断。　エ いさぎよく、誇《ほこ》り高い。

（　　）

攻略！ 若武者が話した言葉の内容から考えよう。

プラスワーク

聞き取り問題① プレゼンテーション

野菜をもっと食べよう

放送文は、上のQRコードから聞くことができます。

解答 34ページ

/100

★ 放送を聞いて、問題に答えなさい。

メモ欄《らん》 放送の間は、問題に答えずメモを取りましょう。

「パーセント」などで表される数字や、グラフについて説明されている内容に気をつけてメモを取ろう。

⬇ここより下は問題になります。放送の指示にしたがって答えましょう。

(1) (問題は放送されます。) (20点)

(2) (問題は放送されます。) (20点)

ア

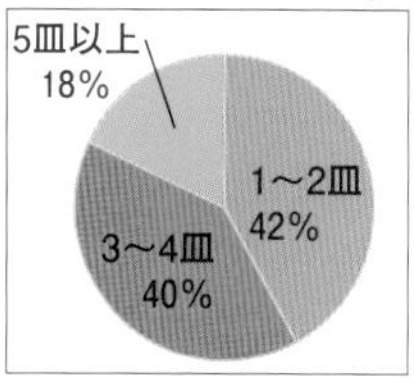

イ

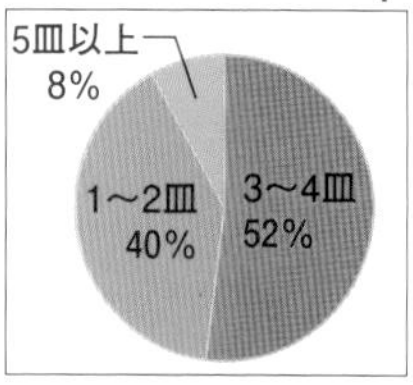

ウ

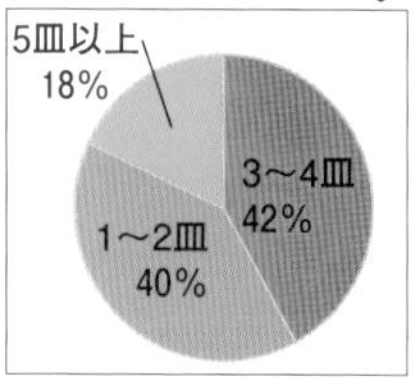

(3) (問題は放送されます。) 10点×2 (20点)

(4) (問題は放送されます。) の野菜。 (20点)

(5) レベルUP (問題は放送されます。) (20点)

▶文理ホームページからも放送文を聞くことができます。
https://www.kyokashowork.jp/ja11.html アクセスコードを入力→B063685

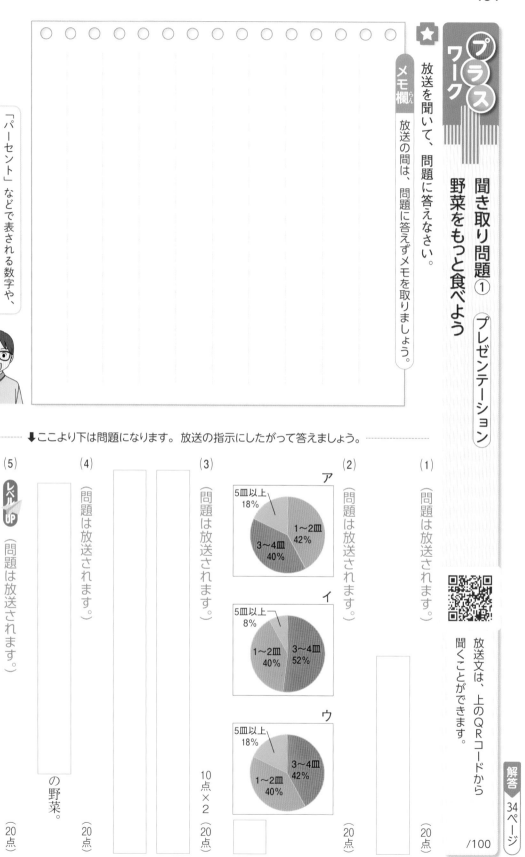

プラスワーク

聞き取り問題② グループ・ディスカッション

電子書籍《しょせき》と紙の本

放送を聞いて、問題に答えなさい。

解答 35ページ

/100

放送文は、上のQRコードから聞くことができます。

メモ欄《らん》 放送の間は、問題に答えずメモを取りましょう。

それぞれの発言者が、電子書籍《しょせき》と紙の本のどちらを支持しているかに注意しよう。
また、その理由もメモしておこう。

⬇ここより下は問題になります。放送の指示にしたがって答えましょう。

(1)（問題は放送されます。）（20点）

電子書籍と紙の本の　　　　　　　。

(2)（問題は放送されます。）（20点）

(3)（問題は放送されます。）（20点）

(4)（問題は放送されます。）（20点）

(5) レベルUP（問題は放送されます。）（20点）

プラスワーク 日本文学史（鎌倉《かまくら》時代～室町《むろまち》時代）

文学史の要点

鎌倉《かまくら》時代

【貴族文化から武家文化へ】戦乱の世が続く中で、戦いを題材にした軍記物語や、世の中をはかないものと考える仏教的な無常観に基づいた作品が生まれた。

歌集
新古今和歌集《しんこきんわかしゅう》　藤原定家《ふじわらのさだいえ》《ていか》ら撰《せん》。後鳥羽《ごとば》上皇の命による勅撰和歌集《ちょくせんわかしゅう》。七五調、技巧的で象徴的な歌が多い。代表的歌人は、式子内親王《しょくしないしんのう》《しきし》、西行法師《さいぎょうほうし》など。

軍記物語
平家物語　作者不明。平家一門の興亡を、仏教的な無常観を基調に悲哀《ひあい》をもって描いた長編。琵琶《びわ》法師によって語り広められた。

随筆
方丈記《ほうじょうき》　鴨長明《かものちょうめい》。悲惨《ひさん》な乱世を見つめ、人生の無常を説いた随筆。
徒然草《つれづれぐさ》　兼好法師《けんこうほうし》。豊かな教養と鋭《するど》い批評眼で、自然や人間についての感想・評論や見聞などを記した随筆。この時代の特徴である無常観が底流にある。

❖日本古典の三大随筆
枕草子《まくらのそうし》（清少納言《せいしょうなごん》）・方丈記（鴨長明）・徒然草（兼好法師）

説話集
宇治拾遺物語《うじしゅういものがたり》　編者不明。世俗《せぞく》や仏教の説話などをまとめている。「舌切りすずめ」など、現在も昔話として知られている話が多数収められている。

室町《むろまち》時代

【庶民《しょみん》の文化と芸能】民間の説話などをわかりやすく描いた御伽草子《おとぎぞうし》の他、能、狂言《きょうげん》、連歌《れんが》など、庶民を中心にした文化が栄えた。

物語
太平記《たいへいき》　作者不明。南北朝に分かれた朝廷の対立を和漢混交文《わかんこんこうぶん》で描いた軍記物語。
御伽草子　庶民に親しまれた絵入りの短編物語の総称。「浦島太郎《うらしまたろう》」などがある。

芸能
能　猿楽《さるがく》や田楽《でんがく》といった民衆芸能の芸術性を高めて大成した舞台芸能。
狂言　能の間に上演される滑稽な庶民劇。風刺や笑いを主題とする。

歌
連歌　上《かみ》の句（五七五）と下《しも》の句（七七）を何人かで詠《よ》み継ぐ。庶民に流行。

基本問題

(1) 藤原定家ら撰の勅撰和歌集を答えなさい。（　　）

(2) 平家の興亡を描いた軍記物語を答えなさい。（　　）

(3) 日本古典の三大随筆とは、「枕草子」「方丈記」の他に何がありますか。（　　）

(4) 鎌倉時代の随筆や軍記物語に特徴的にみられる仏教的思想を、三字で答えなさい。（　　）

(5) 狂言と関係の深いものを次から一つ選び、記号で答えなさい。［　　］
ア 能　イ 連歌　ウ 和歌　エ 川柳《せんりゅう》

解答 (1) 新古今和歌集　(2) 平家物語　(3) 徒然草　(4) 無常観　(5) ア

定期テスト対策

得点アップ！予想問題

1
この「**予想問題**」で
実力を確かめよう！

時間も
計ろう

2
「**解答と解説**」で
答え合わせをしよう！

3
わからなかった問題は
戻って復習しよう！

この本での
学習ページ

スキマ時間で漢字と知識事項を確認！
別冊「**スピードチェック**」も使おう

●予想問題の構成

第1回 予想問題

見えないだけ

次の詩を読んで、問題に答えなさい。

解答 37ページ

15分 ● 6問中 問

見えないだけ　牟礼《むれ》 慶子《けいこ》

空の上には 1
①もっと青い空が浮かんでいる 2
波の底には 3
②もっと大きな海が眠《ねむ》っている 4
胸の奥で 5
ことばがはぐくんでいる優《やさ》しい世界 6
次の垣根《かきね》で 7
蕾《つぼみ》をさし出している美しい季節 8
少し遠くで 9
待ちかねている③新しい友だち 10

あんなに確かに在るものが 11
まだ④ここからは見えないだけ 12

（＊1〜12は行の番号です。）

1 第一連をさらに二つに分けるとすると、後半はどこからになりますか。行の番号で答えなさい。

2 第一連で用いられている表現技法を次から全て選び、記号で答えなさい。
ア 倒置　イ 擬人法　ウ 対句
エ 直喩　オ 体言止め

3 ①もっと青い空　②もっと大きな海　は、何に対して「もっと青い」「もっと大きな」といっているのですか。次の□に当てはまる言葉を、考えて書きなさい。
□空と海に対して。

4 ③新しい友だち　が待ちかねているものは、何ですか。次から一つ選び、記号で答えなさい。
ア 美しい季節。　イ あなたとの出会い。
ウ 波の底に眠る海。　エ ことばがはぐくむ世界。

5 ④ここから　は、時を表す言葉で言い換えることができます。その言葉を、漢字一字で書きなさい。

6 この詩に込められている思いを次から一つ選び、記号で答えなさい。
ア これまでのことは全て忘れて、新しく生まれ変わろう。
イ 自分の未来に待つものを信じて、前向きに生きていこう。
ウ 自然のなぞを解明するために、学問をきわめていこう。
エ 心の安らぎを得るために、想像の世界を大切にしよう。

1	3	4
2		5
		6

第2回 予想問題 アイスプラネット

次の文章を読んで、問題に答えなさい。

解答 37ページ　15分　6問中　問

「悠君《ゆう》。アマゾンの動物はみんな大きいんだ。ナマズもでっかいのがいるぞ。どのくらいだと思う?」

どうせほら話だから僕も大きく出ることにした。

「そうだね。じゃ一メートル!」

「ブッブー。」

外れの合図らしいけど、まるっきり子供扱いだ。

「アマゾンでは普通に三メートルのナマズがいるよ。」

「うそだあ。ありえねえ。」

①さすがに頭にきた。僕を小学生ぐらいと<u>ⓐ勘違</u>いしているんだ。

「うそじゃないよ。口の大きさが一メートルぐらいだよ。」

ぐうちゃんはまた細い目になった。僕をからかって喜んでいる目だ。

「ふうん。」

なんだかばかばかしくなったので気のない返事をした。

「②あ、信じてないだろう。じゃあ がらっと変わって、きれいで小さい宇宙の話をしようか。」

ぐうちゃんは話の作戦を変えてきた。宇宙の話は好きだ。例えば宇宙には果てがあるのか、とか二重太陽のある星の話とかだ。ところが、ぐうちゃんの話は、③地球の中の宇宙の話だった。

「北極には、一年に一度流氷が解けるときに小さな氷の<u>ⓑ惑星</u>ができるってイヌイットの間ではいわれている。アイスプラネットだ。めったに現れないので、それを見た者はその年いいことがいっぱいあるといわれている。」

「童話か何かの話?」

「いや、本当にある話だよ。見ることのできた者を幸せにするという、地球の中にある小さな美しい氷の惑星。いい話だろ。」

〈椎名《しいな》 誠《まこと》「アイスプラネット」による〉

---

1 ═線ⓐ・ⓑの漢字の読み仮名《がな》を書きなさい。

2 ①さすがに頭にきた。とありますが、なぜですか。次から一つ選び、記号で答えなさい。

ア 前と同じ話をされ、子供だから手を抜かれたと思ったから。

イ 宇宙の話を聞きたかったが、最初に動物の話をされたから。

ウ 聞くつもりがなかったのに、一方的に話しかけられたから。

エ 子供しかだまされないような、ありえない話をされたから。

3 ②あ、信じてないだろう。とぐうちゃんが言ったのは、なぜですか。

4 ③地球の中の宇宙の話 とは、どのような内容でしたか。次の□に当てはまる言葉を、文章中から指定の字数で抜き出しなさい。

地球のⅠ〈二字〉にできる、小さなⅡ〈四字〉の話。

1		3	4	
ⓐ	ⓑ		Ⅰ	Ⅱ
2				

第3回 予想問題 枕草子《まくらのそうし》

次の文章を読んで、問題に答えなさい。

解答 37ページ　15分　●12問中　問

春はあけぼの。①ⓐやうやう白くなりゆく山ぎは、すこしあかりて、紫だちたる雲のほそくたなびきたる。

夏は夜。月のころはさらなり、闇もなほ、蛍の多く飛びちがひたる。また、ただ一つ二つなど、ほのかにうち光りて行くもⓑをかし。雨など降るもをかし。

秋は夕暮れ。夕日のさして山の端《は》いと近《ちか》うなりたるに、②烏《からす》の寝どころへ行くとて、三《み》つ四《よ》つ、二つ三つなど、飛びいそぐさへあはれなり。まいて③雁《かり》などのつらねたるが、Aいと小さく見ゆるはいとをかし。日入り果てて、風の音、虫の音《ね》など、はた言ふべきにあらず。

冬はBつとめて。雪の降りたるは言ふべきにもあらず、霜のいと白きも、またさらでもいと寒きに、火などいそぎおこして、炭もて渡るもいとCつきづきし。④昼になりて、ぬるくゆるびもていけば、火桶《ひをけ》の火も白き灰がちになりてわろし。

（第一段）
〈「枕草子《まくらのそうし》」による〉

1 ⓐやうやう　ⓑをかし　を現代仮名遣《かなづか》いに直して書きなさい。

2 Aいと　Bつとめて　Cつきづきし　の意味をそれぞれ次から一つずつ選び、記号で答えなさい。

A　ア かすかに　イ たいそう　ウ 少し

B　ア 早朝　イ 昼間　ウ 夜ふけ

C　ア わずらわしい　イ 慌ただしい　ウ 似つかわしい

3 ①やうやう白くなりゆく山ぎは、すこしあかりて　が表す情景を次から一つ選び、記号で答えなさい。

ア 山の中腹の辺りまでがやっと明るくなって。
イ 山のふもとの方までどんどん明るくなって。
ウ 山全体に朝日が差してぼんやり明るくなって。
エ 山に接した部分の空がだんだん明るくなって。

4 作者が夏の夜に風情《ふぜい》があると感じているものが三つあります。次の□に当てはまる言葉を、文章中からそれぞれ一字で抜き出しなさい。

・Ⅰの出ている頃。・闇の中をⅡが飛ぶ様子。・Ⅲが降る様子。

5 ②烏　と　③雁　の飛ぶ様子について、作者はどのように感じていますか。文章中からそれぞれ五字で抜き出しなさい。

6 ④昼になりて……わろし。から、作者のどのような感じ方がわかりますか。次から一つ選び、記号で答えなさい。

ア 昔から人々が愛してきたものにこそ、風情が感じられる。
イ 四季それぞれの、その季節らしさがよく表れた様子に趣がある。
ウ 季節らしさは、はなやかで美しい景色に表れるものである。
エ 日常生活のこまごまとしたものには、季節感が感じられない。

1	2	5
ⓐ	A	②
	B	
	C	
	3	③
ⓑ	4 Ⅰ	
	Ⅱ	
	Ⅲ	
		6

第4回 予想問題 クマゼミ増加の原因を探る

次の文章を読んで、問題に答えなさい。

解答 38ページ　15分　5問中　問

[仮説1] 冬の寒さのⓐ緩和

私たちはまず、地上で冬を越す「①卵の段階」に注目し、次のような仮説を立てた。

> **[仮説1]** クマゼミの卵は寒さに弱く、昔の大阪では冬を越せるものが少なかった。しかし、気温上昇で寒さが和らぎ、越冬できる卵が増えた。

この仮説を検証するために、私たちはクマゼミの卵がどれぐらいの低温に耐えられるかを実験してみた。その結果、なんと氷点下二十一度に一日置いても、大部分が生き延びることがわかった（図3）*。

次に、長く続く寒さへの耐性を調べた。観測史上、大阪市の一か月の平均気温がⓑレイドを下回ったことはない。そこで、それより低い氷点下五度に三十日間置いてみたが、特に影響は見られなかった（図4）*。

しかし、これらは全て実験室で得た結果だ。気温や湿度が変動する野外の冬に耐えられる保証はない。そこで、二〇〇五年九月、私たちはクマゼミの卵を大阪市および大阪市より気温の低い東大阪市の枚岡《ひらおか》山に置き、一年後に孵化《ふか》した数を調べた。その結果、より寒い枚岡山でも孵化率は下がらなかった（図5）*。十二月から二月までの大阪市の平均気温は五・五度、枚岡山は三・七度。枚岡山は一九六〇年代の大阪市内より少し寒いにもかかわらず、クマゼミの卵は問題なく越冬することができた。

これらの結果は、クマゼミの卵が寒さに強く、かつての大阪でも十分越冬できたことを示している。つまり、冬の寒さの緩和はクマゼミ増加の原因ではない。仮説が明確に否定されたことで可能性が一つ排除され、その分、原因を絞り込むことができた。

〈沼田《ぬまた》 英治《ひではる》「クマゼミ増加の原因を探る」による〉

*図は省略しています。

1 ══線ⓐは読み仮名《がな》を書き、══線ⓑは漢字に直して書きなさい。

2 仮説を検証するために行った実験について答えなさい。

(1) 実験の内容として当てはまらないものを次から一つ選び、記号で答えなさい。

ア 氷点下二十一度に卵を一日置いても孵化できるか。
イ 氷点下五度に卵を三十日間置いても孵化できるか。
ウ 野外に置いた卵が一年後にどれだけ孵化できるか。
エ 大阪市内と枚岡山のどちらで卵が早く孵化するか。

(2) 実験の結果から、[仮説1]についていえることを文章中から二十一字で抜き出し、初めと終わりの三字を書きなさい。

3 [仮説1]の検証結果は、研究全体に対してどのような役割を果たしましたか。

1	2	3
ⓐ	(1)	
ⓑ	(2) 〜	

第5回 予想問題 「自分で考える時間」をもとう

次の文章を読んで、問題に答えなさい。

解答 38ページ　15分　●5問中　問

1 朝のニュースは、会社や学校に出かける前の人たちに向け、前日の夜までに起きた出来事と、当日の予定を中心に伝えます。いっぽう、夜のニュースは、仕事帰りの人たちに向けた、政治や経済、国際問題などの話題が多くなります。深夜のニュースでは、夜に行われたスポーツの最新情報が入ってくるでしょう。同じ放送局でも、時間帯によって、ニュースの扱いは異なるのです。

2 また、同じ時間帯でも、放送局が異なれば、扱うニュースは違ってきます。経済を大きく扱う放送局もあれば、スポーツを重点的に放送するところもあります。

3 さらに、東京の放送局と大阪の放送局では、取り上げるニュースの項目も違います。プロ野球のどの球団を大きく取り上げるかも、地域によって異なるでしょう。

4 これらの違いに加え、各担当者の判断や、時には好みによっても編集のしかたは変わってきます。

5 だからといって、そのニュースが間違っているわけではありません。人間のすることですから、違いが出るのは当然なのです。

6 ただ、あってはならないことですが、時にはミスから誤った情報が入り込むことや、どちらかの立場に肩入れした情報を伝えることもありえます。近年では、「フェイクニュース」という、事実無根のにせのニュースもインターネット上に出現し、社会の混乱を招いています。

7 大事なことは、大量の情報に押し流されず、まずは情報を疑ってみること。情報を見たり聞いたりしたら、すぐにうのみにせず、「この情報をどう考えたらよいだろう。自分なら、違う取り上げ方をするかもしれない。」などと自分で考える時間をもつようにしましょう。また、一つのメディアのみではなく、複数のメディアに当たることも、情報を整理し、冷静に考える助けになります。

〈池上《いけがみ》 彰《あきら》「『自分で考える時間』をもとう」による〉

1 同じ放送局でも、時間帯によって、ニュースの扱いは異なるとありますが、なぜですか。次の［　　］に当てはまる言葉を、考えて書きなさい。

［　　］の需要《じゅよう》や好みに合わせて編集されているから。

2 2段落と3段落では、何によるニュースの扱いの違いが挙げられていますか。文章中からそれぞれ三字以内で抜き出しなさい。

3 ニュースの情報が誤っていることもあるという危険性について述べた段落を探し、段落番号で答えなさい。

4 筆者が言いたかったことを次から一つ選び、記号で答えなさい。

ア ニュースはどれも間違っているから、注意すべきだ。
イ 誤った情報やかたよった情報は、社会の混乱を招いてしまう。
ウ 情報をうのみにせず、自分で考える姿勢が大切だ。
エ ニュースの情報よりも、自分の考えのほうが正しい。

1	2	3	4
	2　　3		

第6回 予想問題　短歌に親しむ／短歌を味わう

解答 38ページ　15分　11問中　問

次の短歌を読んで、問題に答えなさい。

A　くれなゐの二尺伸びたる薔薇《ばら》の芽の針やはらかに春雨《はるさめ》のふる　正岡子規《まさおかしき》

B　夏のかぜ山よりきたり三百の牧の若馬耳ふかれけり　与謝野晶子《よさのあきこ》

C　死に近き母に添寝《そひね》のしんしんと遠田《とほだ》のかはづ天に聞《きこ》ゆる　斎藤茂吉《さいとうもきち》

D　鯨の世紀恐竜の世紀いづれにも戻れぬ地球の水仙の白　馬場《ばば》あき子《こ》

E　蛇行する川には蛇行の理由あり急げばいいってもんじゃないよと　俵《たわら》万智《まち》

〈栗木《くりき》京子《きょうこ》「短歌に親しむ」による〉

1　次の鑑賞文に当てはまる短歌を選び、記号で答えなさい。

①　生き方に重なる自然の様子を口語で歌い、温かみが感じられる。

②　こまやかに対象を見つめ、雨の日の情景を優しく表現している。

③　視線の移動が作る爽やかな流れが、季節感を印象づけている。

④　スケールの違う二つの時間が巧みに溶け合い、壮大《そうだい》さがある。

2　天に聞ゆる　ものは、何ですか。書きなさい。

1	2
①	
②	
③	
④	

次の短歌を読んで、問題に答えなさい。

A　白鳥はかなしからずや空の青海のあをにも染まずただよふ　若山牧水《わかやまぼくすい》

B　不来方《こずかた》のお城の草に寝ころびて
空に吸はれし
十五の心　石川啄木《いしかわたくぼく》

C　ぽぽぽぽと秋の雲浮き子供らはどこか遠くへ遊びに行けり　河野裕子《かわのゆうこ》

D　観覧車回れよ回れ想《おも》ひ出は君には一日《ひとひ》我には一生《ひとよ》　栗木京子《くりききょうこ》

〈「短歌を味わう」による〉

3　ぽぽぽぽ　は、何の様子を表していますか。抜き出しなさい。

4　Dの短歌で使われている技法を全て選び、記号で答えなさい。

ア　対句　イ　倒置　ウ　体言止め　エ　比喩

5　次の鑑賞文に当てはまる短歌を選び、記号で答えなさい。

①　対照的な言葉で二人の状況を表し、切ない恋心《こいごころ》を伝えている。

②　色の鮮やかな対比が、悲しみと孤独《こどく》をきわだたせている。

③　夢や悩みを抱えていた少年の日をなつかしむ思いを歌っている。

④　擬態語を効果的に用いて、おだやかな秋の一日を描いている。

3	5
	①
	②
	③
4	④

第7回 予想問題

言葉の力

次の文章を読んで、問題に答えなさい。

解答 38ページ　15分　●3問中　問

（桜の花が咲く直前の頃、桜の皮から美しいピンクの色が取り出せるという話を、筆者は、染織家《せんしょく》の志村《しむら》ふくみさんから聞いた。）

私はその話を聞いて、体が一瞬揺らぐような不思議な感じに襲われた。春先、もうまもなく花となって咲き出《い》でようとしている桜の木が、花びらだけでなく、木全体で懸命になって最上のピンクの色になろうとしている姿が、私の脳裏に揺らめいたからである。花びらのピンクは、幹のピンクであり、樹皮のピンクであり、樹液のピンクであった。桜は全身で春のピンクに色づいていて、花びらはいわばそれらのピンクが、ほんの尖端《せんたん》だけ姿を出したものにすぎなかった。

考えてみればこれはまさにそのとおりで、木全体の一刻も休むことない活動の精髄が、春という時節に桜の花びらという一つの現象になるにすぎないのだった。しかしわれわれの限られた視野の中では、桜の花びらに現れ出たピンクしか見えない。たまたま志村さんのような人がそれを樹木全身の色として見せてくれると、はっと驚く。

このように見てくれば、これは言葉の世界での出来事と同じことではないかという気がする。言葉の一語一語は、桜の花びら一枚一枚だといっていい。一見したところ全然別の色をしているが、しかし本当は全身でその花びらの色を生み出している大きな幹、それを、その一語一語の花びらが背後に背負っているのである。そういうことを念頭におきながら、言葉というものを考える必要があるのではなかろうか。そういう態度をもって言葉の中で生きていこうとするとき、一語一語のささやかな言葉の、ささやかさそのものの大きな意味が実感されてくるのではなかろうか。美しい言葉、正しい言葉というものも、そのとき初めて私たちの身近なものになるだろう。

〈大岡《おおおか》 信《まこと》「言葉の力」による〉

1 桜の花びらとは、何によって生まれた現象だと、筆者は考えていますか。文章中から十八字で抜き出し、初めと終わりの五字を書きなさい。

2 言葉の世界での出来事と同じことではないかという気がするとありますが、「言葉」と「桜の花びら」は、どのようなところが同じなのですか。次から一つ選び、記号で答えなさい。

ア 表面に見えるものよりも、背後にあるものが美しいところ。
イ 表面に見えるものの背後に、それを生む世界があるところ。
ウ 表面に見えているものは、背後になかったものであるところ。
エ 表面に見えるものが一つ一つ違っていて、個性があるところ。

3 2のことを意識して言葉の中で生きていくと、どうなるのですか。次の□に当てはまる言葉を、文章中から抜き出しなさい。

□が、私たちの身近なものになる。

1	2
〜	
	3

第8回 予想問題 盆土産《みやげ》

次の文章を読んで、問題に答えなさい。

解答 39ページ 15分 ● 4問中 問

えびフライ。どうもそいつが気にかかる。

ゆうべ、といっても、まだ日が暮れたばかりの頃だったが、町の郵便局から赤いスクーターがやって来たときは、①家中でひやりとさせられた。東京から速達だというから、てっきり父親の工事現場で事故でもあったのではないかと思ったのだ。普段、速達などには縁のない暮らしをしているから、急な知らせには訳もなく不吉なものを感じてしまう。

ところが、封筒の中には、伝票のような紙切れが一枚入っていて、その裏に、濃淡の著しいボールペンの文字でこう書いてあった。『盆には帰る。十一日の夜行に乗るすけ。土産《みやげ》は、えびフライ。油とソースを買っておけ。』

②祖母と、姉と、三人で、しばらく顔を見合わせていた。父親は、正月休みで帰ってきたとき、今年の盆には帰れぬだろうと話していたから、みんなはすっかり③その気でいたのだ。

もちろん、父親が帰ってくれるのはうれしかったが、正直いって土産が少し心もとなかった。えびフライというのは、まだ見たことも食ったこともない。姉に、どんなものかと尋ねてみると、

「どったらもんって……えびのフライだえな。えんびじゃねくて、えびフライ。」

④姉は、にこりともせずにそう言って、あとは黙って自分の鼻の頭でも眺めるような目つきをしていた。

〈三浦《みうら》 哲郎《てつお》「盆土産《みやげ》」による〉

---

1 ①家中でひやりとさせられた のは、どのようなことを考えたからですか。考えた内容を文章中から抜き出しなさい。

2 ②祖母と、姉と、三人で、しばらく顔を見合わせていた。とありますが、このときの三人の気持ちに当てはまらないものを次から一つ選び、記号で答えなさい。

ア 驚き イ 失望 ウ 喜び エ 困惑

3 ③その気でいた とありますが、三人はどう思っていたのですか。

4 ④姉は、にこりともせずに……目つきをしていた。とありますが、このときの姉の気持ちを次から一つ選び、記号で答えなさい。

ア 本当はえびフライが好きではないのでがっかりだ。

イ かつて食べたえびフライの味をなんとか思い出したい。

ウ 自分もえびフライを知らないことをごまかしたい。

エ えびフライのことを知らない弟にあきれてしまう。

1	2	3	4

第9回 予想問題

字のない葉書《はがき》

次の文章を読んで、問題に答えなさい。

解答 39ページ　15分　●7問中　問

死んだ父は筆まめな人であった。

私が女学校一年で初めて親元を離れたときも、三日にあげず手紙をよこした。当時保険会社の支店長をしていたが、一点一画もおろそかにしない大ぶりの筆で、

「向田邦子《むこうだくにこ》殿ⓐ」

と書かれた表書きを初めて見たときは、①ひどくびっくりした。父が娘宛ての手紙に「殿」を使うのは当然なのだが、つい四、五日前まで、

「おい、邦子!」

と呼び捨てにされ、「ばかやろう!」の罵声やげんこつは日常のことであったから、突然の変わりように、こそばゆいような晴れがましいような気分になったのであろう。

文面も、折り目正しい時候の挨拶に始まり、新しい東京の社宅の間取りから、庭の植木の種類まで書いてあった。文中、私を貴女《あなた》とよび、

「貴女の学力では難しい漢字もあるが、勉強になるからまめに字引を引くように。」

という訓戒も添えられていた。

②ふんどし一つで家中を歩き回り、大酒を飲み、かんしゃくを起こして母や子供たちに手を上げる父の姿はどこにもなく、威厳と愛情にあふれた非の打ちどころのない父親がそこにあった。

暴君ではあったが、反面照れ性ⓑでもあった父は、他人行儀ⓒという形でしか十三歳の娘に手紙が書けなかったのであろう。もしかしたら、③日頃気恥ずかしくて演じられない父親を、手紙の中でやってみたのかもしれない。

〈向田《むこうだ》 邦子《くにこ》「字のない葉書《はがき》」による〉

1 ═線ⓐ〜ⓒの漢字の読み仮名《がな》を書きなさい。

2 ①ひどくびっくりした　とありますが、このときの気持ちを、別の言葉で何と表現していますか。文章中から抜き出しなさい。

3 ②ふんどし……手を上げる父　とありますが、このような父親のことを、何と表現していますか。文章中から一語で抜き出しなさい。

4 ③日頃……演じられない父親　とは、どのような父親ですか。文章中から二十二字で抜き出し、初めと終わりの四字を書きなさい。

5 最後の段落の説明として適切なものを次から一つ選び、記号で答えなさい。

ア 父親に強い共感を覚えて、父親を弁護している。

イ 暴君である父親に対し、反発を感じて批判している。

ウ 個性的な父親を、幼い娘なりに理解しようとしている。

エ 年月を経て、当時の父親の心情を思いやっている。

1	2	3	4	5
ⓐ			〜	
ⓑ				
ⓒ				

第10回 予想問題

モアイは語る――地球の未来

次の文章を読んで、問題に答えなさい。

解答 39ページ　15分　5問中　問

現代の私たちは、地球始まって以来の異常な人口爆発の中で生きている。一九五〇年代に二十五億足らずだった地球の人口は、半世紀もたたないうちに、その二倍の五十億を突破してしまった。イースター島の急激な人口の増加は、百年に二倍の割合であったから、いかに現代という時代が①異常な時代であるかが理解できよう。

このまま人口の増加が続いていけば、②二〇三〇年には八十億を軽く突破し、二〇五〇年には九十億を超えるだろうと予測される。しかし、地球の農耕地はどれほど耕しても二十一億ヘクタールが限界である。そして、二十一億ヘクタールの農耕地で生活できる地球の人口は、八十億がぎりぎりである。食料生産に関しての革命的な技術革新がないかぎり、地球の人口が八十億を超えたとき、食料不足や資源の不足が恒常化する危険性は大きい。

絶海の孤島のイースター島では、森林資源が枯渇《こかつ》し、島の住民が飢餓に直面したとき、どこからも食料を運んでくることができなかった。地球も同じである。広大な宇宙という③漆黒の海にぽっかりと浮かぶ④青い生命の島、地球。その森を破壊し尽くしたとき、その先に待っているのはイースター島と同じ飢餓地獄である。とするならば、私たちは、今あるこの有限の資源をできるだけ効率よく、長期にわたって利用する方策を考えなければならない。それが、人類の生き延びる道なのである。

〈安田《やすだ》　喜憲《よしのり》「モアイは語る――地球の未来」による〉

1　①異常な時代　とありますが、何が異常なのですか。十字以内で書きなさい。

2　②二〇三〇年には……超えるだろう　とありますが、このとき、どのようになる危険性があるのですか。文章中から抜き出しなさい。

3　③漆黒の海　④青い生命の島　は、それぞれ何をたとえたものですか。文章中から抜き出しなさい。

4　この文章の内容に合うものを次から一つ選び、記号で答えなさい。

ア　人類が生き延びる唯一の方法は、急激な人口増加にストップをかけることである。

イ　人類が生き延びる唯一の方法は、食料生産に関しての革命的な技術革新を実現することである。

ウ　人類が生き延びるためには、森林資源を効率よく、長期にわたって利用する方策を考えるべきだ。

エ　人類が生き延びるためには、地球以外の場所から食料を確保する方法を模索するべきだ。

1	2	3	4
		③	
		④	

第11回 予想問題

扇の的――「平家物語」から

次の文章を読んで、問題に答えなさい。

解答 39ページ　15分　●7問中　問

与一《よいち》、かぶらを取ってⓐつがひ、よっぴいてひやうど放つ。①小兵《こひやう》とⓑいふぢやう、十二束三伏《そくみつぶせ》、弓は強し、浦響くほど長鳴りして、あやまたず扇の要《かなめ》ぎは一寸ばかりおいて、ひいふっとぞ射切ったる。②かぶらは海へ入りければ、扇は空へぞ上がりける。しばしは虚空《こくう》にひらめきけるが、春風に一《ひと》もみ二《ふた》もみもまれて、海へさっとぞ散ったりける。夕日のかかやいたるに、みな紅《ぐれなゐ》の扇の日出《いだ》したるが、白波の上に漂ひ、浮きぬしづみぬ揺られければ、沖には平家、ふなばたをたたいて感じたり、陸《くが》には源氏、えびらをたたいてどよめきけり。

あまりのおもしろさに、感に堪へざるにやとおぼしくて、舟のうちより、③年五十ばかりなる男《をのこ》の、黒革をどしの鎧《よろひ》着て、白柄《しらえ》の長刀《なぎなた》持ったるが、扇立てたりける所に立って舞ひしめたり。伊勢三郎《いせのさぶらう》義盛《よしもり》、与一が後ろへ歩ませ寄って、

「御定《ごぢやう》ぞ、つかまつれ。」

と言ひければ、今度は中差《なかざし》取ってうちくはせ、よっぴいて、しや頸《くび》の骨をひやうふっと射て、舟底へ逆さまに射倒す。④平家の方《かた》には音もせず、源氏の方にはまたえびらをたたいてどよめきけり。

〈「扇の的――『平家物語』から」による〉

1 〰〰線ⓐ・ⓑを現代仮名《かな》遣いに直して書きなさい。

2 ①小兵　とは、誰のことですか。

3 ②かぶらは海へ入りければ　と対句になっている部分を、文章中から抜き出しなさい。

4 矢が扇の的に当たったのを見た平家と源氏の人々は、それぞれどのように思いましたか。次から一つ選び、記号で答えなさい。

ア 平家は感動し、源氏は不満に思った。
イ 平家は悔しがり、源氏は感動した。
ウ 平家も源氏も納得せず、不満に思った。
エ 平家も源氏も見事だと感じ入った。

5 ③年五十ばかりなる男　が舞を舞った理由を書きなさい。

6 ④平家の方には音もせず　とありますが、このとき、平家の人々は何を感じたのですか。次から一つ選び、記号で答えなさい。

ア 与一の弓術のすばらしさ。
イ 戦《いくさ》というものの非情さ。
ウ 挑発に失敗した残念さ。
エ 舞った男のふがいなさ。

1	2	3	4	5	6
ⓐ					
ⓑ					

第12回 予想問題　仁和寺《にんなじ》にある法師――「徒然草《つれづれぐさ》」から

次の文章を読んで、問題に答えなさい。

解答 40ページ　15分　●8問中　問

仁和寺《にんなじ》にある法師、年寄るまで石清水《いはしみづ》を拝まざりければ、心うく覚えて、あるとき思ひたちて、ただ一人、徒歩《かち》より詣でけり。極楽《ごくらく》寺《じ》・高良《かうら》などを拝みて、①かばかりと心得て帰りにけり。

さて、Aかたへの人にあひて、「年ごろ思ひつること、果たしはべりぬ。聞きしにも過ぎて、尊《たふと》くこそおはしけれ。そも、参りたる人ごとに山へ登りしは、②何事かありけん、③ゆかしかりしかど、④神へ参るこそ本意《ほい》なれと思ひて、山までは見ず。」とぞ言ひける。

少しのことにも、B先達《せんだち》はあらまほしきことなり。

（第五十二段）

〈「仁和寺《にんなじ》にある法師――『徒然草《つれづれぐさ》』から」による〉

1 ①かばかり　とありますが、どこへ行って、こう思ったのですか。文章中から抜き出しなさい。

2 Aかたへの人　B先達　とは、どのような人ですか。それぞれ次から一つずつ選び、記号で答えなさい。

A　ア 師匠《ししょう》　イ 仲間　ウ 近所の人　エ 通りすがりの人

B　ア 極楽寺・高良をいっしょに拝んでくれる人。
イ 石清水の場所をきちんと案内してくれる人。
ウ 法師の後に続いて山に登ってくれる人。
エ 法師の代わりに「かたへの人」に説明してくれる人。

3 ②何事かありけん　④神へ参るこそ本意なれ　には、係り結びが使われています。係りの助詞をそれぞれ抜き出しなさい。

4 ③ゆかしかりしかど　について答えなさい。

(1) 意味を次から一つ選び、記号で答えなさい。
ア 知りたかったけれど　イ なつかしかったけれど
ウ 怖かったけれど　エ すばらしかったけれど

(2) どのようなことを「ゆかしかりしかど」と思ったのですか。現代語で書きなさい。

5 この文章の内容に合うものを次から一つ選び、記号で答えなさい。

ア 仁和寺の法師は、石清水に参拝しなかったことを、帰ってきた直後に気がついた。

イ 仁和寺の法師は、最近になって、極楽寺・高良を拝みたいと思うようになった。

ウ 仁和寺の法師は、石清水が山の麓《ふもと》ではなく、山上にあると思っていた。

エ 仁和寺の法師は、自分の勘違いによって、石清水を参拝することができなかった。

1	2 A	2 B	3 ②	3 ④	4 (1)	4 (2)	5

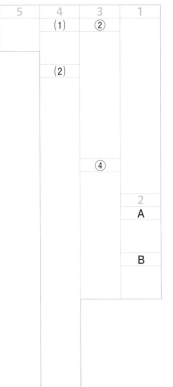

次の漢詩を読んで、問題に答えなさい。

絶句　杜甫《とほ》

江は碧《みどり》にして鳥は逾《いよい》よ白く
［　　　　　　　　　　］
今春看《みすみ》す又過ぐ
何《いづ》れの日か是《こ》れ帰年ならん

江ハ碧ニシテ鳥ハ逾ヨ白ク
山ハ青クシテ花ハ欲《ほっ》スレ然《も》エント
今春看ス又過グ
何レノ日カ是レ帰年ナラン

1　前半の二句から、色を表す字を順に四つ抜き出しなさい。

2　第二句を書き下し文に直しなさい。

3　「花欲ハスレ然エント」は、花のどのような様子を表していますか。次から一つ選び、記号で答えなさい。

ア　上に伸びている様子。　イ　大きく揺れている様子。
ウ　真っ赤に咲いている様子。　エ　焼かれている様子。

4　この詩の主題として適切なものを次から一つ選び、記号で答えなさい。

ア　行く春を惜しむ思い。　イ　故郷に帰れない悲しみ。
ウ　我が身が老いるつらさ。　エ　南国の美しさへの感動。

1	3
2	4

次の漢詩を読んで、問題に答えなさい。

黄鶴楼《くわうかくろう》にて孟浩然《まうかうねん》の広陵《くわうりよう》に之《ゆ》くを送る　李白《りはく》

故人西のかた黄鶴楼を辞し
①煙花三月揚州《やうしう》に②下る
孤帆《こはん》の遠影碧空《へきくう》に尽き
③唯《た》だ見る長江《ちやうかう》の天際に流るるを

故人西ノカタ辞シ二黄鶴楼一ヲ
煙花三月下ル二揚州一ニ
孤帆ノ遠影碧空ニ尽キ
唯ダ見ル長江ノ天際ニ流ルルヲ

5　①「煙花」が表している情景を次から一つ選び、記号で答えなさい。

ア　春雨が降る静かな情景。　イ　家から煙が昇るのどかな情景。
ウ　花が散るわびしい情景。　エ　春がすみが立つ美しい情景。

6　②「下る」③「見る」は、それぞれ誰の行動ですか。名前を書きなさい。

7　この詩に歌われている心情を次から一つ選び、記号で答えなさい。

ア　雄大な長江をゆったりと下っていく舟を見ながら、春を迎えた明るい喜びに浸っている。
イ　親しくしていた友が、勝手に一人で去っていく姿を見ながら、友情のはかなさを感じている。
ウ　友が乗った舟が消え、ただ川がどこまでも流れる風景を見ながら、別れの悲しみをいっそう深く感じている。
エ　黄鶴楼から、どこまでも続く長江を往来する舟を眺め、旅への憧れを強く感じている。

5	
6	②
	③
7	

第14回 予想問題 君は「最後の晩餐《ばんさん》」を知っているか

次の文章を読んで、問題に答えなさい。

解答 40ページ　15分　7問中　問

「最後の晩餐《ばんさん》」の①修復が終了したのは、一九九九年五月のことだ。それまでかびやほこりで薄汚れて、暗い印象のあった絵から、鮮やかな色彩がよみがえった。しかし、絵の細かいところはわからない。レオナルドが描いた細部は、ⓐ既に剝がれ落ちて、消えてなくなっていた。修復の作業は、あくまで汚れを落とすことと、現状の絵をそのままに保護することだけだ。だから修復された絵には、もう細かい描写はない。今、私たちが見ることができるのは、そんな「最後の晩餐」である。

　ところが、実際に修復を終えた「最後の晩餐」の前に立って、その絵を眺めると、文句がないほどに魅力的なのだ。確かに細部は落ちて、消えてなくなっている。しかし、そのためにかえって、②絵の「全体」がよく見えるようになった。人物のⓑ輪郭が作る形。その連なり。絵の構図がもっている画家の意図。つまり、レオナルドが、絵画の科学を駆使して表現しようとしたものが、とてもよく見えてくる。だから、いきなり③「かっこいい。」と思えるのだ。

〈布施《ふせ》 英利《ひでと》「君は『最後の晩餐《ばんさん》』を知っているか」による〉

1　――線ⓐ・ⓑの漢字の読み仮名《がな》を書きなさい。

2　①修復 について答えなさい。

(1)　この作業の後、Ⅰ…なくなっていたものと、Ⅱ…よみがえったものを、文章中からⅠは五字、Ⅱは六字で抜き出しなさい。

(2)　修復作業の果たした役割で、筆者が最も評価していることを次から一つ選び、記号で答えなさい。

ア　かびやほこりで薄汚れていたのがきれいになったこと。
イ　描かれた当時同様の、鮮やかな色彩をよみがえらせたこと。
ウ　現状の絵を、きちんとそのまま保護していること。
エ　「全体」がより明快に見えるようになったこと。

3　②絵の「全体」からは、何がよくわかりますか。文章中から二十七字で抜き出しなさい。

4　③かっこいい。とありますが、これと同じ内容を表している表現を、文章中から三字で抜き出しなさい。

1		2			3	4
ⓐ	ⓑ	(1) Ⅰ	(1) Ⅱ	(2)		

第15回 予想問題 走れメロス

次の文章を読んで、問題に答えなさい。

解答 40ページ　15分　4問中　問

「この短刀で何をするつもりであったか。言え!」暴君ディオニスは静かに、けれども威厳をもって問い詰めた。①その王の顔は蒼白《そうはく》で、眉間のしわは刻み込まれたように深かった。

「町を暴君の手から救うのだ。」とメロスは、悪びれずに答えた。

「おまえがか?」王は、憫笑《びんしょう》した。「しかたのないやつじゃ。おまえなどには、わしの孤独の心がわからぬ。」

「言うな!」とメロスは、いきり立って反駁《はんばく》した。「人の心を疑うのは、最も恥ずべき悪徳だ。王は、民の忠誠をさえ疑っておられる。」

「疑うのが正当の心構えなのだと、わしに教えてくれたのは、おまえたちだ。人の心は、あてにならない。人間は、もともと私欲の塊さ。信じては、ならぬ。」暴君は落ち着いてつぶやき、ほっとため息をついた。「わしだって、平和を望んでいるのだが。」

「何のための平和だ。自分の地位を守るためか。」今度はメロスが嘲笑した。

「罪のない人を殺して、何が平和だ。」

「黙れ。」王は、さっと顔を上げて報いた。「口では、どんな清らかなことでも言える。②わしには、人のはらわたの奥底が見え透いてならぬ。おまえだって、今にはりつけになってから、泣いてわびたって聞かぬぞ。」

「ああ、王は利口だ。うぬぼれているがよい。私は、ちゃんと死ぬる覚悟でいるのに。命乞いなど決してしない。ただ、――」と言いかけて、メロスは足元に視線を落とし、瞬時ためらい、「ただ、私に情けをかけたいつもりなら、処刑までに三日間の日限を与えてください。たった一人の妹に、亭主を持たせてやりたいのです。三日のうちに、私は村で結婚式を挙げさせ、必ず、ここへ帰ってきます。」

「ばかな。」と暴君は、しゃがれた声で低く笑った。「③とんでもないうそを言うわい。逃がした小鳥が帰ってくると言うのか。」

〈太宰《だざい》 治《おさむ》「走れメロス」による〉

1 ①その王の顔は……深かった。という表現から、王のどのような様子がわかりますか。次から一つ選び、記号で答えなさい。

ア 老齢で衰えた様子。　イ 怒りで興奮する様子。
ウ 孤独で苦しんでいる様子。　エ 解決策を模索する様子。

2 ②わしには……見え透いてならぬ。とありますが、王は人間についてどのように考えていますか。次の□に当てはまる言葉を、文章中から四字で抜き出しなさい。

人間は、□だから、信じてはならない。

3 メロスの考え方に合うものを次から一つ選び、記号で答えなさい。

ア 人の心はあてにならない。　イ 人の心は信頼できる。
ウ 人を疑うのも無理はない。　エ 人によっては信用できる。

4 ③とんでもないうそ とありますが、うそだと思ったのはどのようなことですか。

1	
2	
3	
4	

教科書ワーク 国語 特別ふろく①

無料アプリ どこでもワーク

こちらにアクセスして，ご利用ください。
https://portal.bunri.jp/app.html

スキマ時間で国語の知識問題に取り組めるよ！

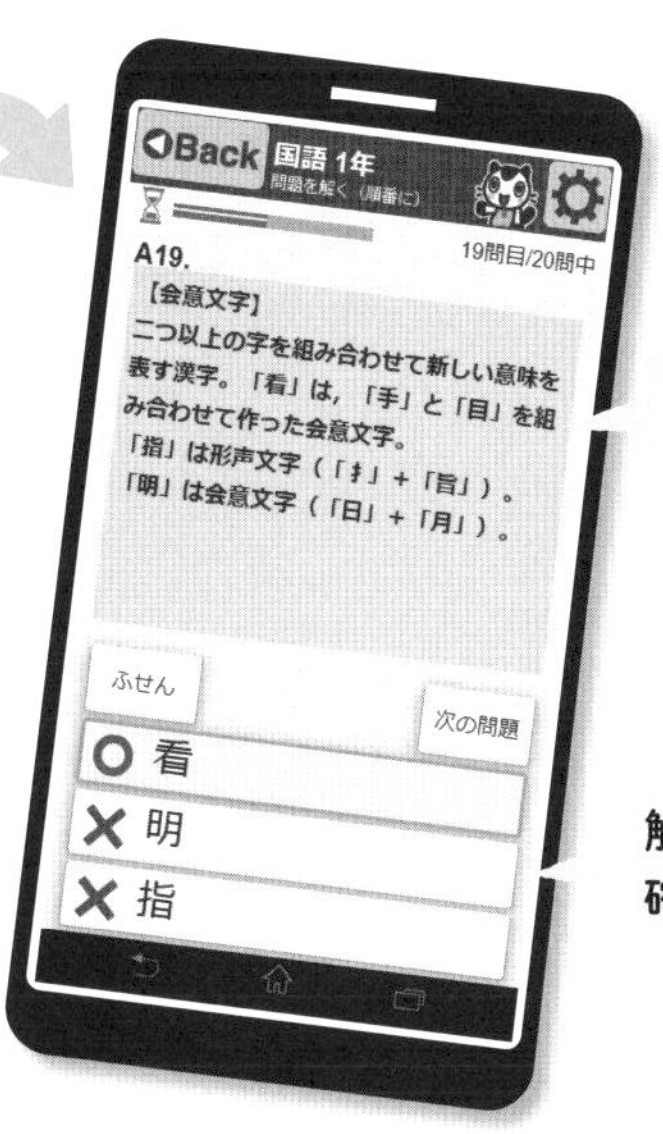

丁寧な解説つき！

解答がすぐに確認できる！

間違えた問題は何度もやり直せるよ！

無料ダウンロード ホームページテスト

無料でダウンロードできます。表紙カバーに掲載のアクセスコードを入力してご利用ください。
https://www.bunri.co.jp/infosrv/top.html

問題▶

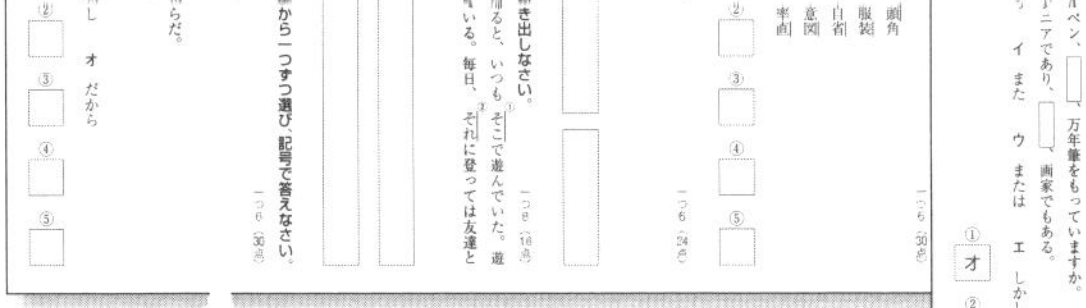

▼解答

解答が同じ紙面にあるから採点しやすい

文法や古典など学習内容ごとにまとまっていて取り組みやすい！

解説も充実！

注意 ●アプリは無料ですが，別途各通信会社からの通信料がかかります。
●iPhone の方は Apple ID，Android の方は Google アカウントが必要です。対応 OS や対応機種については，各ストアでご確認ください。
●お客様のネット環境および携帯端末により，アプリをご利用いただけない場合，当社は責任を負いかねます。ご理解，ご了承いただきますよう，お願いいたします。

中学教科書ワーク

解答と解説

光村図書版
国語2年

この「解答と解説」は、取りはずして使えます。

見えないだけ

2〜3ページ　ステージ1

教科書の要点

❶ 〔順に〕イ・イ

❷ ①波の底　②眠っている　③優しい世界　④新しい友だち

❸ ①青い空　②友だち　③見えない

おさえよう　〔順に〕イ・ア

★ 基本問題

1 エ

2 7・8／9・10

3 ウ・オ

4 イ・ウ・オ・カ・ク

5 例1これから出会えるはずだ　例2見えるときがくる

6 あんなに確かに在るものが／まだここからは見えないだけ

★ 解説

1 見えない先に、まだ知らない世界が大きく広がっているというのである。

2 対句は、言葉を形や意味が対応するように並べる表現技法。

「胸の奥で／ことばがはぐくんでいる優《やさ》しい世界」　5・6行目

「次の垣根《かきね》で／蕾《つぼみ》をさし出している美しい季節」　7・8行目

「少し遠くで／待ちかねている新しい友だち」　9・10行目

3 「美しい季節」が「さし出している」と、人間でないものを人間にたとえて表しているので擬人法。「……季節」と、行末を体言（名詞）で結んでいるので体言止め。

5 記述対策

・考え方…「まだ」とあるので、今は見えないが、未来には見えるのである。

・書き方…「これから出会えるに違いない」という内容を、解答欄《らん》の前後に合う形でまとめる。

6 重要　第一連で取り上げられていたものは「確かに在るもの」で、まだ「見えないだけ」だという。つまり、未来は可能性に満ちているというメッセージが、作者の最も伝えたいことに当たる。

アイスプラネット

4〜5ページ　ステージ1

漢字と言葉

1 ❶ふにん　❷ゆいいつ　❸ようち　❹あや　❺あし　❻ゆうべん　❼さび　❽とうぜん　❾あわ　❿にぎ　⓫は　⓬つ

2 ❶封筒　❷歓迎　❸極端　❹郊外　❺撮　❻吹

3 ❶ウ　❷ア　❸イ

教科書の要点

❶ ①歓迎　②おもしろい　③大好き　④怒る　⑤いそうろう　⑥ぐうたら

❷ ①気に入らない　②大好き　③おもしろい　④中学生　⑤羨ましい　⑥心配　⑦違う　⑧勝手に　⑨いそうろう

⑩不思議アタマ　⑪美しい

おさえよう　〔順に〕ア・イ

6～7ページ　ステージ2

★

1 ア

2 例1 昨日の話は本当なのか、早く証拠を確かめたいという気持ち。

例2 ぐうちゃんに証拠の写真を早く見せてもらいたいという気持ち。

3 (1) 言い逃れ

(2) ぐうちゃんに僕の人生が全面的にからかわれた感じ

4 ほら吹きになってしまった

5 (1) エ

(2) 例 ぐうちゃんが気ままな暮らしを続けることで、悠太に悪い影響が出ないかという心配。

6 ウ

解説

1 直後の「ありえねえ。」「証拠見せろよ。」から、吉井《よしい》と今村は、「僕」の話を全然信じていないことがわかる。

2 記述対策

・**考え方**…「僕」は、「証拠の写真を見せろよ」と言っている。ぐうちゃんの話が真実かうそかを確かめたくて、「大急ぎで」「真っ先に」ぐうちゃんのところに行ったのである。

・**書き方**…「早く証拠を確かめたい、見せてほしい」などの言葉を使い、文末を「……気持ち。」でまとめる。

3 (1) 「証拠の写真を見せろよ」と言う「僕」に対し、ぐうちゃんは紙焼きにしたら見せると答えている。その返答から「僕」は、ほら話だから証拠の写真はないので、「言い逃れ」をしていると思ったのである。

(2) 「むっとした」ときの気分を、ぐうちゃんに「僕の人生が全面的にからかわれた感じ」だと言い換えている。

4 直前に「吉井や今村に話をした分だけ」とある。二人にほら吹きと思われたことを、「損をした」「失敗した」と思っている。

5 (1) 父の言葉に「僕たちは、……なかなか気がつかないけど、由起夫《ゆきお》君は……日本の中にいたら気がつかないことがいっぱい見えているんだろうね。」とある。世界を旅し、いろいろなものを見ているぐうちゃんの生き方を、「羨ましいような気がする」と感じているのだ。

(2) 母の言葉から、ぐうちゃんのような生き方が「羨ましいような気がする」と言う父への不満が読み取れる。母にとってぐうちゃんは、働かずにぐうたらしていて、「悠太《ゆうた》に悪い影響が出ないか心配でしかたがない」存在なのである。

6 **重要** 直前の「僕のことでぐうちゃんが責められるのは少し違う気がする」に着目する。父母の話を聞くうちに、ぐうちゃんのことが思い出され、家にいない寂しさが胸に迫ってきたのだ。

8～9ページ　ステージ3

★

1 ウ

2 例1「僕」の家を出て、外国へ旅立つこと。

例2 ぐうたらした生活をやめ、外国へ行くこと。

3 イ

4 厳しい自然～一つの宇宙

5 ア

6 ・例 楽しいこと、悲しいこと、美しいことで満ち満ちているところ。

・例 誰もが一生懸命生きているところ。　〔順不同〕

7 例1 いろいろなことに興味をもって、世界の本当の姿を自分の目で確かめるような生き方をしてほしいということ。

例2 若いうちに勉強をたくさんして世界に出かけ、世界のありさまや人々の生き方を自分の目で確かめてほしいということ。

解説

1 重要 ぐうちゃんの「また外国をふらふらしてくるよ」という言葉に対する「僕」の返答であることに着目する。「ぐうちゃんの声はどんどん遠くなっていく」という表現からも、「僕」がぐうちゃんがいなくなることにショックを受けていることが読み取れる。

2 記述対策
・**考え方**…「いそうろう」は、独立せずに「僕」の家で暮らしていたことを指している。
・**書き方**…「いそうろう」の状態から卒業することを、「『僕』の家を出る」「ぐうたらした生活をやめる」のように表し、外国に行くことを入れてまとめる。

3 ぐうちゃんが出発した日、「僕」は「何て言っていいのかわからないまま」、握手をして別れた。その後、ぐうちゃんがいない部屋の前で「ほらばっかりだったじゃないか。」と文句を言っているが、これは**別れの寂しさ**の裏返しの表現なのである。

4 アイスプラネットについて説明している「氷の惑星だ。……もっともっとでっかい。」のうち、ぐうちゃんが思ったことを述べているのは、「きれいだったよ。厳しい自然に生きている人だけが目にできる、もう一つの宇宙なんだな、と思ったよ。」という部分。

5 勉強したり、本を読んだりして、「これは何だろう？」と何にでも興味をもつことを「不思議アタマ」と表現している。ぐうちゃんは、「僕」が**好奇心いっぱいの人になるよう願っている**のである。

6 ぐうちゃんの手紙の後半に、世界はどんなところかが書かれている。「世界は……満ち満ちている。」「誰もが一生懸命生きている。」の二文を使って書く。

7 記述対策
・**考え方**…手紙には「世界に出かけていくとおもしろいぞ」「それ（=世界の様子）を自分の目で確かめてほしいんだ。」とある。ぐうちゃんは、世界のさまざまなものを自分の目で見て、感じることのすばらしさを伝えようとしている。
・**書き方**…「世界を自分の目で確かめてほしい」「世界に実際に出かけてほしい」ということを中心に書く。

枕草子《まくらのそうし》

10～11ページ ステージ1

漢字

1 ❶ほたる ❷しも ❸おど ❹すいしょう

2 ❶趣 ❷傾 ❸紫 ❹寝

教科書の要点

1 ①清少納言 ②平安 ③随筆 ④季節 ⑤人生観 ⑥感覚

2 ①わ ②え ③お ④ようよう

3 ①例趣がある ②例しみじみとしたものを感じさせる ③例だんだんと ④例言うまでもない

4 ①あけぼの ②雲 ③夜 ④月 ⑤蛍 ⑥雨 ⑦夕暮れ ⑧烏 ⑨雁 ⑩風 ⑪つとめて ⑫雪 ⑬灰 ⑭瓜 ⑮雀 ⑯塵（別解ごみ） ⑰傾けて ⑱水晶

おさえよう 〔順に〕ア・イ・ア

12～13ページ ステージ2

1 ⓐなお ⓑちこう

2 をかし

3 ②ア ⑤イ

4 ウ　5 闇

6 蛍　7 ウ

8 日入り果て

9 例火などを急いでおこして、炭を持って通っていく様子が、冬の早朝に（似つかわしい）。

10 エ

11 イ

解説

1 ⓐ語頭以外の「はひふへほ」は、「わいうえお」と読む。ⓑ「ちかう」は、「かう」の部分が「kau→kō」となる。

2 **春の趣がある時間帯**として「あけぼの」を挙げている。夏、秋での、作者の感想中の表現を手がかりに考える。

3 だんだんと白んでいくのは山に接するように見える空(山ぎは)であり、夕日が近づくのは空に接する山の部分(山の端《は》)である。

4 「やうやう(＝だんだんと)」「すこしあかりて(＝少し明るくなって)」からは**微妙な変化**が、「白くなりゆく(＝白んでいく)」「紫だちたる(＝紫がかった)」からは**豊かな色彩**《しきさい》が読み取れる。

5 「月のころ」と「闇」(**月のない夜**)が対比されている。

6 **古文は主語の省略が多いので、補って解釈するようにする。**「蛍が多く飛びかっている(のがよい)」という内容を受けて「ほんの一、二匹ほのかに光って飛んでいくのも趣がある」と述べているので、「蛍」について述べているとわかる。

7 「三《み》つ四《よ》つ、二つ三つ」という表現から、数羽の烏《からす》の群れがあちこちに飛ぶ様子が読み取れる。

8 重要 秋の段の前半は、**烏や雁**《かり》**が飛ぶ様子(視覚で捉えるもの)**を述べているが、後半の「日入り果てて……」の文では、**風の音や虫の音**《ね》**の趣深さ(聴覚**《ちょうかく》**で捉えるもの)**を述べている。

9 「火などいそぎおこして、炭もて渡る」行動を、冬の早朝に似つかわしいものとして挙げているのである。

10 作者は、「**火桶**《ひをけ》**の火も白き灰がちにな**」った**状態を**「わろし」と感じている。炭が赤く燃えていないと、冬らしくないからである。

11 各段落の冒頭で、**四季それぞれに最も趣がある時間帯を挙げている**ことから考える。その理由は作者の主観なので、「客観的に」とある**エ**は誤り。冬の段では「わろし」と感じるものを挙げているが、他の段では悪い面は挙げていないので、**ウ**も誤り。

14〜15ページ ステージ3

❶
1 ⓐはいくる ⓑおおえる
2 (1) 例かわいらしいもの。 (2) 四
3 イ
4 (1) 雀の子 (2) (いと)うつくし
5 エ
6 ウ
7 エ
8 例1 小さいものや幼いもの。 例2 むじゃきなもの。

❷
1 ウ
2 エ

❸ ①イ ②ア ③エ

解説

❶
1 語頭以外の「はひふへほ」は、「わいうえお」と読む。

2 (1) 現代語の「美しい」とは意味が違うことに注意する。
(2) 「**瓜**《うり》**にかきたるちごの顔**」「**雀**《すずめ》**の子の……をどり来る**」「**二つ三**《み》**つばかりなるちごの、……大人ごとに見せたる**」「**頭**《かしら》**はあまそぎなるちごの、……物など見たる**」の四つ。

3 「ねず鳴き」とは、ねずみの鳴き声をまねてチュッチュッと言うこと。

4 (1) **雀の子が**「(人が)ねずみの鳴きまねをして呼ぶと」**踊るようにやって来る**、という主・述の関係。
(2) これも「うつくしきもの」の例の一つである。

5 続く部分に着目。「いそぎて這《は》ひ来る道に、……見せたる」というしぐさを、「いとうつくし」と述べている。

6 「をかしげ」は、いかにも「をかし」と感じられる様子のこと。ここでは「愛らしい」という意味であることに注意。

7 重要 直後の「目に髪のおほへるを、かきはやらで、うちかたぶきて物など見たる」様子を指している。「かきはやらで」は「かき払わずに」、つまり、そのまま気にせずにということ。

8 記述対策
- **考え方**…2・(2)で挙げた四つの事柄から、どのようなものを「かわいらしい」と言っているのかを考える。
- **書き方**…「小さい」「幼い」「むじゃき」などの言葉を入れて、「……もの。」で結ぶ。

❷
1 直後の「牛」は、牛車を引く牛のことである。
2 「水晶《すいさう》などのわれたるやうに、水の散りたる」様子を「をかし」と感じている。**水が飛び散る様子を、水晶などが割れたようだとたとえた表現である。**

❸
①・②「枕草子《まくらのそうし》」を書いた清少納言《せいしょうなごん》が仕えた定子《ていし》と、「源氏物語」を書いた紫式部《むらさきしきぶ》が仕えた彰子《しょうし》は、共に一条《いちじょう》天皇の妃《きさき》であった。③「枕草子」の中でよく使われている言葉である。

情報整理のレッスン／多様な方法で情報を集めよう

16～17ページ　ステージ1

漢字
❶ ❶どじょう　❷はいすい　❸え
❷ ❶排水　❷土壌

基本問題　情報整理のレッスン
★
1 ウ・オ
2 例昼の校内放送で委員会があることを連絡する。

基本問題　多様な方法で情報を集めよう
1
1 ウ
2 エ
2
1 イ
2 ア・ウ

解説

基本問題　情報整理のレッスン
★
1 図では、課題と、それに対する原因、解決策、解決策の利点・問題点が、分析しやすい形式でまとめられている。観点がはっきりすることによって、話の筋道や論点が見えやすくなり、頭の中も整理することができる。
2 「委員会の日は、お昼の校内放送で委員会があることを連絡してもらおうかな。」という言葉から、原因1に対する解決策がわかる。

基本問題　多様な方法で情報を集めよう
1
1 「調べたこと」の内容が、「『看護師国家試験』に合格し、看護師免許《めんきょ》を取得する。」という、どうしたら看護師になれるのかであることから、ウが選べる。
2 情報を集めるときには、**複数の情報源を比較して正確性を確かめることが大切である。**
2
1 「佐藤《さとう》さん」だけだと、何の取材だかすぐにはわからない。「佐藤さん」が現役の看護師であることがわかるイが適切。
2 職業ガイドを作るときには、文章だけでなく、図・表・グラフ・写真などを使うと、読み手の興味を引くことができる。また、文章をただ並べるのではなく、読みやすいように見出しを付けたり、箇条《かじょう》書きにしたり、記号を用いたりする工夫も必要である。

漢字1　熟語の構成　ほか

18～19ページ　ステージ1

漢字
❶ ❶とうじょう　❷かふく　❸せんと　❹しゅんそく　❺もうけん　❻しょうぞうが　❼きどあいらく　❽けいきょもうどう　❾しっぷうじんらい　❿おんこうとくじつ　⓫ようし　⓬めいぼ　⓭きにゅうらん　⓮せんせい　⓯かじょうが　⓰そし
❷ ❶妥当　❷喚起　❸秩序　❹濃霧　❺清浄　❻原稿　❼携帯　❽日没

教科書の要点　漢字1
❶ ①対になる　②主語　③修飾　④打ち消し　⑤二字熟語

基本問題　漢字1
1 ①ア　②エ　③カ　④オ　⑤イ　⑥ウ
2 ①エ　②ウ　③ウ　④イ　⑤ア
3 ①暖（別解和）　②優　③豊　④弔　⑤害　⑥雌

4 ①業を兼ねる。 ②市が営む。
5 ①非常＋口 ②上＋中＋下
6 ①非 ②不 ③無 ④性 ⑤化 ⑥的
7 ①ウ ②エ ③イ ④ア

解説

基本問題 漢字1

2 ①エは「強い力」で、上の漢字が下の漢字を修飾する。他は意味が似ている漢字の組み合わせ。②ウは「顔を洗う」で、下の漢字が上の漢字の目的や対象を示す。他は主語と述語の関係。③ウは「軽い傷」で、上の漢字が下の漢字を修飾する。他は下の漢字が上の漢字の目的や対象を示す。④イは同じ漢字を重ねたもの。他は上の漢字が下の漢字を修飾する。⑤アは意味が対になる漢字の組み合わせ。他は意味が似ている漢字の組み合わせ。

クマゼミ増加の原因を探る

20〜21ページ ステージ1

漢字と言葉

1 ❶うか ❷けんちょ ❸ぬ・がら ❹ほそう ❺か・えだ ❻さんらん ❼かんわ ❽れいど ❾やわ ❿ねら ⓫ひっす ⓬こうか
2 ❶休眠 ❷乾燥 ❸潜 ❹遭 ❺捕 ❻耐
3 ❶イ ❷ア ❸ウ

教科書の要点

1 高く
2 (1) Aイ Bエ Cウ Dア (2) 幼虫
3 ①クマゼミ ②ヒートアイランド ③越冬 ④寒さ ⑤否定 ⑥梅雨 ⑦土に潜る ⑧高かった

おさえよう ［順に］イ・イ・ア

22〜23ページ ステージ2

★

1 (1) 孵化できる (2) 例地中に潜る（別解土に潜る）・アリ
2 ①（雨の多い）梅雨 ②早まっている
③（ほとんど）変わっていない
3 (1) Ⅰ例孵化する時期の後半に梅雨が明けてしまうこと。
Ⅱ例孵化がほぼ梅雨の期間に収まっていること。
(2) イ
(3) 今より気温
4 エ

★解説

1 (1) 直前の段落の「孵《ふ》化できる状態」を指している。
(2) 直後の一文で「一時間以内に地中に潜らないと、アリに襲われたり乾燥したりして死んでしまう」と説明されている。

2 ——線②を含む段落で説明されている。「孵化の時期が雨の多い梅雨《つゆ》に当たれば、無事に孵化できる確率が高まる」「気温上昇によりセミの孵化は早まっている」「過去五十年間、梅雨明けの時期は、ほとんど変わっていない」の部分から抜き出す。

3 (1) 図6については、「図6を見てほしい。」以下で「他のセミは、孵化がほぼ梅雨の期間に収まっているのに対し、孵化が遅いクマゼミだけは、孵化する時期の後半に梅雨が明けてしまった。」と説明されている。クマゼミは後半を、他のセミについては前半を利用してまとめる。
(2) 「仮説2」の立証には、クマゼミの孵化の時期が梅雨と重なるかどうかを確認する必要があるが、その観察結果が図6である。したがってイが適切。「仮説の提示→仮説の検証（材料となる観察結果）→検証の結果」という流れを押さえる。ア…「仮説2」を立てるに至った経緯は、2で指摘されている三点である。エ…「気温上昇で孵化が早まり……クマゼミ増加の原因の一つと考えられる」とあるので、否定されたわけではない。

(3)「気温上昇が起こる前」なので、「今より気温が低かった一九六〇年代……」に着目する。

4 **重要** 直前に、「ただ、梅雨の期間に孵化が終わる点では、他のセミのほうが依然として有利だ。」とある。つまり、**孵化の時期が梅雨に重なることは他のセミにも当てはまる**ので、クマゼミだけが増えた原因とはいえないのである。これに当てはまる選択肢《し》はエ。ア…「孵化が梅雨の期間に収まるようになった」のではなく、梅雨の期間にかかるようになっただけである。イ…クマゼミだけの事情で、他のセミとの比較になっていない。ウ…「梅雨明け後に孵化の準備が整うようになった」が誤り。

24～25ページ ステージ3

1 市内の公園・硬く・市外の緑地や森林・軟らかい
2 例にくい・例高い
3 (1) セミの幼虫が土に潜る能力 (2) A
4 イ・オ
5 例1クマゼミ増加の原因を追究して結論を得るまでに、何年もの間、実験や観察を重ねたところ。
例2何年もの間、実験や観察を重ねて、大阪市内でクマゼミの占める割合が高まった原因を調べたところ。

解説

1 直前の「クマゼミが多い市内の公園は土が硬く、クマゼミが少ない**市外の緑地や森林は土が軟らかい**ことがわかった」から、クマゼミが多い場所と少ない場所の土の硬さの違いを捉える。

2 最初の段落に、土が軟らかくなると「幼虫が地面に潜りやすくなる」とあるが、大阪市内は「土が硬く」とあり、その逆である。しかし、クマゼミの占める割合は高い。そこで、筆者たちは、クマゼミの幼虫は土を掘る力が強い、という仮説を立てたのである。

3 (1)「実験」というキーワードから、――線③を含む段落の冒頭の「この仮説を検証するために、……**セミの幼虫が土に潜る能力を実験で比較した**。」に着目する。

(2) 実験結果については「クマゼミは他のセミと比べ、硬い土に潜る能力が圧倒的に高かった。……**他のセミが潜れなくなるほど硬くなった地面にも、クマゼミだけは潜ることができる。**」とある。ここから、いちばん硬い地面でも一定数の幼虫が潜ることを示しているAが選べる。

4 **重要** 後の「私たちの検証の範囲で関連が認められるのは……二点である。」の、二点の内容が正解に当たる。「ただし、冬の寒さの緩和は関係がなかった。」とあるので、エは誤り。

5 **記述対策**
・**考え方**…「科学的な根拠」＝「実験や観察」のこと。それを何年もの間重ねたことは「一歩一歩積み上げて臨む姿勢」といえる。また、この文章での実験や観察は、クマゼミ増加(具体的には、大阪市内でクマゼミの占める割合が高まったこと)の「原因」を追究するために行われている。
・**書き方**…「クマゼミ増加の原因」を追究するために、何年もの間、「実験や観察を重ねた」ことの二つの要素を押さえてまとめる。「どのようなところ」ときかれているので、文末は「……ところ。」にする。

思考のレッスン1／魅力的な提案をしよう ほか

26～27ページ ステージ1

1 漢字と言葉
①ちゅうしょう ②いりょうひ ③げんかん ④いかん ⑤じあい ⑥そぼく ⑦かんだい ⑧はんざつ ⑨きぐ ⑩さまた ⑪しげ ⑫ごらく

2 ①勧誘 ②余裕 ③壁 ④控 ⑤肩 ⑥飽

3 ①イ ②ア

基本問題 思考のレッスン1
1 イ 2 エ

★**基本問題** 魅力的な提案をしよう

1 （転校生の）安田さん
2 イ
3 興味や関心のあること・情報や実現方法
4 A遺跡　B体を動かす
5 ア

解説

★**基本問題** 思考のレッスン1

1 [A]の前には「文化祭のポスターは、よくできたと思う」とあり、後では、よくできたことの**具体的な事例**が挙げられている。

2 「学校のイラスト＝ひと目でわかりやすい」「人気の出そうな展示や発表のアピール＝見る人の興味を引く」、という関係を押さえる。

★**基本問題** 魅力的な提案をしよう

1 プレゼンテーションのテーマは、「転校生の安田さんに、わが町を楽しくめぐるコースを提案する。」である。

2 プレゼンテーションの目的とは、**「何のために提案するのか」**ということである。進行案を見ると、**安田さんに実際に行ってもらうために提案されている**のがわかる。

3 「相手に関する情報」から「提案する内容」が決められている。プレゼンテーション相手の**「好き」なこと＝興味・関心のあること**を踏まえたうえで、興味・関心のあることについての**情報や実現方法**を提供できるように、案が考えられている。

4 A…提案する具体的な内容については、進行案に書かれている。キャッチコピーに「自転車に乗って、遺跡で写真！」とあるので、「遺跡」が入るとわかる。B…「[B]ことが好きな安田さん」とある。好きなことは「相手に関する情報」に書いてある。そのうち、自転車に関係するのは「体を動かすのが好き」の項目。

5 プレゼンテーションの資料は、視覚的に見やすくするため、**必要最低限の情報をのせる**。詳しいことは、発表のときに補足しながら説明する。

文法への扉1　単語をどう分ける？

28〜29ページ　ステージ1

教科書の要点

1 ①自立語　②文の成分
2 ①動詞　②形容詞　③形容動詞
3 ①名詞　②副詞　③連体詞　④接続詞　⑤感動詞　⑥代名詞　⑦固有名詞　⑧呼応　⑨順接　⑩逆接

基本問題

1 ①形容詞　②形容動詞　③動詞　④形容動詞
2 ①おかしな　②とても　③のんびり　④ある
3 ①なぜなら・オ　②しかし・イ　③すると・ア

解説

1 言い切りの形で見分ける。**言い切りが「ウ」段の音になるのが動詞、「い」になるのが形容詞、「だ・です」になるのが形容動詞。**

2 ①は「事件」、④は「日」という体言（名詞）を修飾している。②は「広い」、③は「過ごす」という用言を修飾している。

30〜31ページ　ステージ2

1 ①遊ぶ　②落ちる　③聞く　④示す
2 ①イ　②ア　③ア　④イ　⑤イ　⑥ア
3 ①きれいです・イ　②美しい・ア　③大きい・ア　④簡単な・イ
4 ①イ　②イ　③ア
5 ①彼・イ　②万葉集・ウ　③六人・エ　④遠足・ア　⑤こと・オ
6 ①エ　②イ　③ウ
7 ①もし・雨なら・ウ　②そっと・置いた・ア　③ずいぶん・歩いたので・イ
8 ①エ　②ウ　③ア　④イ

9 ①あの・人が　②小さな・ヨットが　③あらゆる・ジャンルの
④わが・国が　⑤たいした・問題では

10 ①イ　②カ　③ア　④オ　⑤エ　⑥ウ

11 ①ねえ・イ　②こんにちは・エ　③まあ・ウ　④はい・ア

12 ①感動詞　②名詞（別解代名詞）　③形容詞　④動詞
⑤接続詞　⑥形容動詞　⑦連体詞　⑧副詞

解説

2 ①は「涙を」、④は「車を」、⑤は「おなかを」という動作の対象があるので、他動詞だと判断できる。

4 ①・③**補助動詞の上には**「歩いている」「読んでみる」のように、**「て」「で」という語がくることが多い。**②「正しく（は）ない」のように、**上の言葉との間に「は」が入る場合は補助形容詞。**

6 ①**エは普通名詞。**それ以外は数詞。②**イは普通名詞。**「日本」は、世界のさまざまな国のうちの一つなので固有名詞だが、「日本人」は、人の集まりに共通して使われるので普通名詞に当たる。それ以外は固有名詞。③**ウは普通名詞。**それ以外は代名詞。

7 ①「**もし……なら**」と呼応表現になっている。②「そっと」は、「どのように」置いたのかという状態を表している。③「ずいぶん」は、「どのくらい」歩いたのかという程度を表している。

8 呼応の副詞の問題。①は「**なぜ……か**」、②は「**まるで……のようだ**」、③は「**決して……ない**」、④は「**たとえ……ても**」のように、表現が呼応する。

9 **連体詞が修飾するのは体言（名詞）である。**設問に「文節に〜〜線を引きなさい」とあることに注意する。例えば、①は、「人」ではなく「人が」まで〜〜線を引くこと。

10 ①は逆接、②は転換、③は順接、④は説明・補足、⑤は対比・選択、⑥は並列・累加の接続詞を選ぶ。

12 **重要** ③・④・⑥は活用する自立語、それ以外は活用しない自立語。③・⑥名詞に続く形が、形容詞は「〜い」、形容動詞は「〜な」となる。⑦**連体詞「大きな」は、形容詞「大きい」とは違う**ので注意する。

メディアを比べよう／「自分で考える時間」をもとう　ほか

32〜33ページ　ステージ1

漢字

1 ❶あ　❷かいさい　❸つなみ　❹しょせき

2 ❶被害　❷避難所　❸活躍　❹掲載

教科書の要点　メディアを比べよう／メディアの特徴を生かして情報を集めよう

1 ①速報性　②出典　③確かな情報

2 ①イ　②ア

3 ①イ　②ウ　**4** 例（電池を入れて使用する）ラジオ

教科書の要点　「自分で考える時間」をもとう

1 ①新聞　②時間帯　③地域〔②・③は順不同〕　④考える
⑤複数　⑥伝える

2 ①B　②A

3 ①調査方法　②誰　③個別面接

おさえよう　〔順に〕ア・ア・イ

34〜35ページ　ステージ2

1
1 (1)会社や学校に出かける前の人（たち）
(2)夜のニュース・深夜のニュース〔順不同〕

2 時間帯・放送局・地域〔順不同〕　**3** ウ

4 当然・間違って　**5** 事実無根のにせのニュース

6 (1)エ
(2)・例1 情報をうのみにせず、自分で考える時間をもつこと。
（例2 情報をすぐにうのみにせず、いったん自分で考えること。）
・例1 一つのメディアのみではなく、複数のメディアから情報を得るようにすること。
（例2 複数のメディアに当たり、情報を整理して冷静に考えること。）〔順不同〕

❷ ①ウ ②ア

❶ 解説

1 (1) 直後に「会社や学校に出かける前の人たちに向け」と、対象を示している。

(2) 時間帯の違いによるニュースが比較されている。

2 「朝のニュースは、……」から始まる段落では時間帯の違いが、「また、同じ……」から始まる段落では放送局の違いが、「さらに、東京の……」から始まる段落では地域の違いが述べられている。

3 **重要** 放送する時間帯が違えば視《し》聴《ちょう》者層が違い、放送局が違えば方針が違い、放送する地域が違えばそれぞれの地域に合う内容が違う。それらを踏まえてどのニュースをどんな順番でどのように取り上げるかを考えるのが、ニュースにおける編集である。

4 「だからといって、そのニュースが……」から始まる段落に着目。

5 「『フェイクニュース』という、事実無根のにせのニュース」と言い換えて説明している。

6 (1) ――線④の前までで、ニュースにはさまざまに編集されたものがあり、なかには誤ったニュースもあることが述べられている。これを受けて「情報を疑ってみること」とあるので、ここで問題にされているのは、情報の見極め方だと判断できる。

(2) **記述対策**
・**考え方**…――線④の後に、情報をどう疑うかについて、筆者の勧める方法が書いてある。「この情報をどう考えたら……かもしれない。」の部分は自分で考えることの具体例なので、解答に含める必要はない。
・**書き方**…「自分で考える時間をもつ」「複数のメディアに当たる」というポイントを軸に、それぞれまとめる。文末は「……こと。」とする。

❷ 強調していることと同時に、いつと比較しているのかも捉える。①比較対象が前月の八月で、「二度しか違わず」と、暑さがあまり変わっていない表現から、**ウ**が選べる。②比較対象が昨年の九月で、「三度上昇」と暑さに差がある表現から、**ア**が選べる。

短歌に親しむ／短歌を味わう

36〜37ページ ステージ1

漢字と言葉

❶ ❶たく ❷ていねい ❸やさ ❹まき ❺あざ ❻さわ ❼きょうりゅう ❽すいせん ❾わ・ものがお ❿ゆうぜん ⓫すぐ ⓬いってき

❷ ❶丁寧 ❷鑑賞 ❸一滴 ❹悠然 ❺託 ❻鮮

❸ ❶イ ❷ウ ❸ア

教科書の要点

❶ 三十一

❷ ①体言止め ②対句

❸ ①色彩 ②の ③数詞 ④視線 ⑤しんしんと ⑥蛙 ⑦人間（別解人類） ⑧一滴 ⑨理由 ⑩呼びかけ

❹ ①海 ②空 ③まっすぐ? ④（秋の）雲 ⑤一生 ⑥ひとり

おさえよう 〔順に〕ア・イ

38〜39ページ ステージ2

❶
1 色彩・長さ 〔順不同〕
2 新芽のとげのみずみずしく柔らかな様子
3 （助詞「）の（」）・優しさ
4 イ
5 例数詞を使うことで、情景に臨場感が備わるから。
6 山・若馬の耳・生命への賛歌
7 ・夜がふけてゆく状況
・蛙の声が空に響く様子 〔順不同〕
8 死に近き母
9 母の死と向き合う悲しみ

✪解説

1 直前に「『くれなゐ』（紅色《べにいろ》）という色彩《しきさい》や『二尺』（約六十・六センチメートル）という長さによって」とある。

2 「薔薇《ばら》のとげを『針』と表現し」とあるので、「針」は薔薇のとげのこと。薔薇のとげについて説明しているのは、「新芽のとげのみずみずしく柔らかな様子が伝わってきます。」の部分。

3 「調べ」とは、歌のもつリズムのことである。「くれなゐの……」の短歌を説明した文章の最後に、「『くれなゐの』『薔薇の芽の』……助詞『の』が続いていることも、歌に優しさを添えています。」とある。

4 **重要** 「牧場の若い馬たちが気持ちよさそうに風に吹かれています。」「こうした動きが歌の中に爽やかな流れを作り、言葉の背後から生命への賛歌が聞こえてくるようです。」などの表現から、爽やかで生命力にあふれた夏の季節感が伝わってくる。

5 記述対策
- **考え方**…「三百」は「数詞」。「たくさんの」と表現した場合との違いを「情景に臨場感が備わ」ると述べている。
- **書き方**…「数詞を使うこと」によって「情景に臨場感が備わる」ことを、文末を「……から。」としてまとめる。

6 「視線」「言葉の背後」といった言葉を手がかりに、空欄に当てはまる言葉を探す。作者の視線の移動に関しては「遠い山に向けられていた視線が、やがて牧場へとくだり、最後には目の前の若馬の耳に移っていきます。」とある。遠くから近くへと視線が移り、その移動の流れと風の流れが重なっている様子を捉える。そして、「こうした動きが歌の中に爽やかな流れを作り、言葉の背後から生命への賛歌が聞こえてくるよう」だと感じている。

7 「しんしんと」については、「『しんしんと』は夜がふけてゆく状況とともに、蛙《かえる》の声が空に響く様子を表しています。」と説明されている。

8 「死にゆく」とは、「死に近づいている」という意味。

9 母に対する気持ちを表している部分を探す。「死にゆく母を見つめています」の部分は様子を表しているだけで、どのような「思い」なのかはわからないので誤り。

40〜41ページ ステージ3

❶
1 (1) 例もっと安らかで悠然としていた時代。 (2) とてつもなく長い (3) 水仙の白
2 イ 3 字余り
4 例人生

❷
1 A・D
2 B
3 (1) イ (2) エ
4 ウ 5 ア
6 我・一生・例切ない

❶解説

1 (1) 現代については、「人間は今、我が物顔で新しい世紀へ歩み出していますが」と述べられており、その後に「遠い昔の地球は、もっと安らかで悠然としていたのではないか。」と、鯨や恐竜が栄えていた時代が、現代と比較されている。

(2)・(3) 「鯨の世紀、恐竜の世紀といった、とてつもなく長い時間が『水仙の白』という一滴の時間の中に……」とあるように、「鯨の世紀恐竜の世紀」は「とてつもなく長い時間」であり、「一滴の時間」である「水仙の白」は、それと対照的である。

2 直前の「大きな時間と小さな時間が、一首の中でダイナミックに溶け合っているのがわかって」を受けての「ため息」である。また、直後では「このように壮大《そうだい》なことを表現することもできる」と述べている。この「ため息」は、感動からくるものである。

3 短歌では通常第二句と第四句は七音だが、「蛇行する……」の短歌では八音になっている。このように、定型の音数よりも多いものを「字余り」という。「じゃ」は二字で一音に数えるので、結句は通常どおりの七音。

4 「蛇行する」、つまり、曲がりくねっている様子や、「急げばいいってもんじゃない」と歌われていることから考える。「川の流れ」は、人生のたとえとして使われることが多い。

❷

1 「句切れ」は、**短歌の意味や調子が大きく切れるところ**。普通の文ならば句点（。）が打てるところや、情景から心情へなど、内容が変わるところを探す。

2 短歌を三行に分けて書く「三行書き」は、啄木《たくぼく》が生み出した。

3 (2) 白鳥は「空の青海のあを」にも染まることなく、一羽でただよっている。作者はその孤独《こどく》な姿に共感を覚えている。

4 「不来方《こずかた》（盛岡《もりおか》）のお城の跡の草の上に寝転んで空を眺めていると、空に吸い込まれるような気がしたよ。十五歳の頃の心は。」という意味。**十五歳の頃の自分をなつかしんでいる。**

5 自転車で坂を上る子供の「まっすぐ?」という問いかけに対し、「そうだ」と肯定し、「どんどんのぼれ」とはげましている。

6 **重要** 「観覧車よ、どんどん回れ。いっしょに観覧車に乗った想《おも》い出は、あなたにとっては今日一日のものかもしれないが、私にとっては一生のものなのだ。」という意味。同じ時間をいっしょに過ごしながら、想いの強さの違いを感じている「我」の切ない気持ちが読み取れる。

言葉の力

42〜43ページ ステージ1

漢字と言葉

❶ ①ごい ②あわ ③ひ ④はな ⑤につ ⑥のうり ⑦せいずい

❷ ①精髄 ②華 ③煮 ④淡

❸ ①エ ②ウ ③オ ④カ ⑤ア ⑥イ

教科書の要点

❶ イ

❷ 人間全体

❸ 染織家・桜（の木）・ピンク

❹ ①ない ②反映 ③直前 ④全身（別解 木全体） ⑤尖端 ⑥精髄 ⑦花びら ⑧幹 ⑨一語一語 ⑩美しい

おさえよう ［順に］イ・ア

44〜45ページ ステージ2

★

1 本質・全体

2 エ

3 (1) 直前・皮 (2) 春先、もう〜している姿

4 桜は全身で

5 ①桜の花びら一枚一枚 ②（発している）人間全体（の世界）

6 例1 言葉の一語一語は、それを発する人間全体の世界を背負っているということを念頭におきながら、言葉というものを考える態度。

例2 言葉には、それを発した人の人間全体が反映されているということを常に意識して、言葉のことを考える態度。

★解説

1 直後の文で「言葉というものの本質が、……それを発している**人間全体の世界をいやおうなしに背負ってしまうところにあるから**」と理由が説明されている。

2 筆者は「美しいピンクの色」が、桜の花びらを煮詰めて取り出したものだろうと推測したが、**実際は桜の皮から取り出したものだと知り、意外に感じているのである**。その意外性を強調するために、「この美しいピンクの色」と対比した「あの黒っぽいごつごつした桜の皮」という表現をしている。

3 (1) 直前の、志村《しむら》さんの話の内容を捉える。

(2) 「……姿が、私の脳裏に揺らめいた」の部分に、筆者が思い描いたものが述べられている。

4 直後の「木全体の一刻も休むことない活動の精髄が、……現象になるにすぎない」が「これ」の内容の説明になっているので、「これ」が指すのは、ここと同じような内容であることがわかる。

5 **重要** ①「言葉の一語一語は、桜の花びら一枚一枚だといっていい。」とある。②**言葉の世界での**「大きな幹」に対応するものを考える。言葉の一語一語の背後にあり、言葉を生み出しているものなので、**言葉を発する人間全体の世界**のことだとわかる。

6 記述対策
・**考え方**…「そういうことを念頭におきながら」、言葉を考える態度のことである。「そういうこと」が指すのは、直前の「しかし本当は……背負っているのである」の部分。「花びら」は言葉、「大きな幹」は言葉を発する人間全体の世界のこと。
・**書き方**…「言葉はそれを発する人間全体の世界を背負っているということを念頭におきながら、言葉というものを考える」という内容を、「……態度。」の形でまとめる。

46～47ページ ステージ1 言葉1 類義語・対義語・多義語／言葉を比べよう

漢字
1 ❶さ ❷ふうりん ❸れんか ❹しんし ❺じっせん ❻しんちょう ❼がいねん ❽なべ
2 ❶需要 ❷購入

教科書の要点 言葉1
❶ ①類義語 ②対義語 ③多義語

基本問題 言葉1
1 ①A結ぶ Bつなぐ ②A心配 B不安
2 ①意 ②向 ③箇 ④短
3 ①弟 ②姉
4 ①A低い B安い ②A閉まる（別解閉じる） B縮まる（別解縮む・詰まる）
5 ①伸 ②重 ③肯定 ④理想 ⑤権利 ⑥減少 ⑦収入 ⑧結果 ⑨主観 ⑩消極
6 ①イ ②ウ ③ア
7 ①ウ ②イ
8 ①乗る ②手

基本問題 言葉を比べよう
★ ①イ ②ウ ③ア

解説

基本問題 言葉1
7 ①例文とウの「かける」は、「引っかけて落ちないようにする」という意味。②例文とイの「口」は、「言葉」という意味。
8 ②「手がかかる。」「手が足りない。」「手を尽くす。」の「手」は、順に「手間」「人手」「手段」の意味で使われている。

基本問題 言葉を比べよう
★ 「体験」と「経験」という類義語の使い分けに関する問題。
① 「実際に見たり、聞いたり、やってみたりすること」という共通した意味〔体験・経験〕→文化祭実行委員の活動
② 時間の経過や積み重ねを表す〔経験〕→外国での生活
③ 体を使って直接という印象が強い〔体験〕→野球部での活動

48～49ページ ステージ1 翻訳作品を読み比べよう／「わからない」は人生の宝物

漢字と言葉
1 ❶ほんやく
2 ❶翻訳
3 イ

基本問題 翻訳作品を読み比べよう
★ 1 すると彼はさけんだ――。

2 王子さまは、そう言って、たいそうかわいらしい声で笑いました。

3 ①A ②B ③A ④B

☆ **基本問題** 「わからない」は人生の宝物

1 ・例覚えにくい人名が出てくるから。
・例外国の文化を知らないとよく理解できないから。〔順不同〕

2 新しい世界への扉

3 かもじゅ・付け毛・二十年

4 イ

解説

☆ **基本問題** 翻訳作品を読み比べよう

3 同じ部分を訳したものを比べるとわかりやすい。例えば、王子さまが笑った後の部分を比較してみると、池澤《いけざわ》訳では「不運」と一言ですっきりと述べていることを、内藤《ないとう》訳では「天から落ちるなんて、ありがたくないこと」と丁寧にわかりやすく説明している。また、内藤訳は「……ました。」「……です。」と敬体で、池澤訳は「……た。」「……のだ。」と常体で訳されている。

☆ **基本問題** 「わからない」は人生の宝物

1 すぐ後の「覚えにくい人名が出てくるので苦手、外国の文化を知らないとよく理解できないから敬遠してしまう」の部分を二つに分けてまとめる。

2 「『わからない』ところ」＝「日本語の日常生活で出会えないものや考え方」＝「(それは) 新しい世界への扉」、という言い換えの関係になっている。

3 前の段落で述べられている具体例の内容を捉える。「かもじゅ」は、付け毛を意味する「かもじ」がなまった言葉。これがわかるのに二十年かかっている。

4 重要 筆者は翻訳小説のことを、「『わからない』ところが魅力」と評している。わからないものとの出会いが、人生を豊かにしてくれたのだ。アは、「日本より優れた文化や考え方」の部分が誤り。

盆土産《みやげ》

50〜51ページ ステージ1

漢字と言葉

1 ❶つ ❷つ ❸あ ❹つぶ ❺だえき ❻つぶ ❼は ❽ふた ❾えら ❿こ ⓫ちみつ ⓬ふめいりょう

2 ❶訂正 ❷食卓 ❸敏感 ❹不吉 ❺砕 ❻濁

3 ❶ウ ❷ア ❸イ

教科書の要点

1 ①姉 ②父 (親) (別解父っちゃ) ③盆の入り (別解盆)

2 えびフライ

3 ア

4 ①心もとなかっ ②うまい ③二匹 ④えもいわれない ⑤上目 ⑥しゃくり上げ ⑦頭 ⑧えんびフライ

おさえよう 〔順に〕イ・ア

52〜53ページ ステージ2

☆

1 (「) お前と姉は二匹ずつ食え。(おらと婆っちゃは一匹ずつでええ。」)

2 ア 3 しゃおっ

4 (1) 調子を合わせて
(2) 例1 えびフライのおいしさに、夢中になっていたから。 例2 えびフライがあまりにおいしくて、他のことは考えられなかったから。

5 えび (フライ) のしっぽ

6 エ 7 イ

8 例1 今まで食べたことがない、とてもおいしい食べ物。
例2 初めて食べる、おいしい食べ物。

☆ **解説**

1 おいしいものを、子供たちに少しでも多く食べさせたいという、子供を思う親心が表れた言葉である。

3 「揚げたてのえびフライは、……」以降の、えびフライを食べている様子を表した部分から探す。「しゃおっ、というような音」とあり、擬声語だとわかる。なお、「くるみ味といっているえもいわれないうまさ」は味に対する表現。

4 (1) 直前に「自分のだけ先になくならないように、横目で姉を見ながら調子を合わせて食っていた」と書かれている。

(2) 記述対策
・**考え方**…「えもいわれないうまさ」に、食べるのが惜しいという気持ちもなくなってしまったのである。
・**書き方**…えびフライがおいしいことを必ず入れ、「夢中になっていた」などの様子を加えて書く。

5 直後に「姉が背中をたたいてやると……えびのしっぽをはき出した」とある。祖母は歯がないのにしっぽまで食べようとしたため、喉に詰まらせてむせたのだ。

6 重要 少年も姉も、祖母と同様「しっぽを残す」ことを知らなかった。「誰にともなくそう言う」姉の様子から、知らなかった恥ずかしさをごまかそうという気持ちが読み取れる。

7 しっぽは残すものと聞いたうえで食べていることに注意。姉や父親とは無関係で、ただおいしくて残すのがもったいないので、姉の言葉をいいきっかけにして、二尾目のしっぽも食べたのだ。

8 記述対策
・**考え方**…えびフライのおいしさに夢中になったり、しっぽを残すのを知らなかったりすることから考える。
・**書き方**…初めて食べる物であることを押さえてまとめる。

54～55ページ ステージ3

✪
1 父親が夕方
2 例母親が好きだった花を墓に供えるため。
3 祖母は昨夜
4 例1 自分たちだけでおいしいものを食べて、母親に申し訳ないと思ったから。
例2 母親が食べられなかっただろううまいものを、自分たちだけ食べたことを後ろめたく思ったから。
5 例1 父親との別れを実感し、悲しくなったから。
例2 父親と別れるのがつらいから。
6 エ　7 ウ　8 イ

✪ 解説

1 前半は家族みんなで墓参りに出かけた場面、後半は東京へ戻る父親を少年が見送る場面である。

2 コスモスもききょうも「死んだ母親が好きだった」花。小さすぎる墓を色とりどりの花で埋めて、供養《くよう》しようと考えたのだ。

3 祖母が「えんびフライ……。」と言うのを聞いて、「祖父と母親に報告しているのだろうか」と少年は想像している。

4 記述対策
・**考え方**…「早死にした母親は、あんなにうまいものは一度も食わずに死んだのではなかろうか」と考えているうちに、墓を直視できなくなってしまったのである。
・**書き方**…「申し訳ない」など、母親に悪いと思う気持ちを表す言葉を入れる。

5 記述対策
・**考え方**…「こんだ正月に帰るすけ」という言葉を聞き、少年は父親との別れを実感し、泣きそうになっている。
・**書き方**…「別れを実感したこと」、それに対する「つらい」「悲しい」などの気持ちを補ってまとめる。

6 少年と同じように、**父親も別れがつらい**のである。少し手荒いしぐさに、言葉を超えた子供への愛情が込められている。

7 重要 「うっかり」言ってしまったとあることから、**別れの寂しさを抑えようと混乱**して、思わず口走ってしまったと読み取れる。

8 父親も少年も別れの悲しみや互いへの愛情を伝えたいのだが、それをうまく言い表せない。しかし、**言葉に出さなくても、二人とも互いへの思いを感じ取っている**。少年が「えんびフライ」と口にしたのも、**父親の愛情がこもったえびフライが少年の心に強く残っていた**からであり、確かな家族のきずなを感じさせる。

字のない葉書《はがき》

56〜57ページ ステージ1

1 漢字と言葉

1 ❶あいさつ ❷て・しょう ❸もめん ❹ぬ ❺ぞうすい ❻もち ❼しか ❽さけ

2 ❶行儀 ❷肌着 ❸叫 ❹吐 ❺縫 ❻殿

3 ❶ウ ❷エ ❸イ ❹オ ❺ア

教科書の要点

1 (1) ①十三 ②親元 ③筆まめ ④終戦 ⑤（学童）疎開 ⑥マル

(2) 三十一・妹

2 ①殿 ②貴女 ③こそばゆい ④かんしゃく ⑤優しい ⑥元気 ⑦遠足 ⑧はだし ⑨泣いた

おさえよう ［順に］イ・イ・ア

58〜59ページ ステージ2

★ 1 妹は、まだ字が書けなかった。 2 エ

3 例元気な（別解楽しげな）

4 例1どんどん元気がなくなり、つらい思いをしている様子。
例2だんだんと元気がなくなり、寂しがっている様子。

5 例妹を喜ばせるため。

6 例1妹の帰りを待ちわびる気持ち。
例2妹が早く帰ってこないかと心配する気持ち。

7 茶の間に座

8 例驚く（別解びっくりする）・例感動し（別解心打たれ）

9 ウ

★解説

1 末の妹は小学校一年で、まだ字が書けないくらい幼かった。

2 疎開先の娘の様子を知りたいという父親の思いが表れている。

3 「マル」は、元気なことを知らせる印。「赤鉛筆の大マル」ということは、**元気いっぱいで楽しく暮らしている**ことを表している。

4 記述対策

・**考え方**…マルが急激に小さくなる→「情けない黒鉛筆の小マル」→「バツ」という変化から、妹がどんどん元気をなくしている様子を捉える。

・**書き方**…「元気がなくなる」という変化と、最終的につらい状態にあることの二点を押さえてまとめる。

5 「これぐらいしか妹を喜ばせる方法がなかったのだ。」に着目。戦争でものがない中での精いっぱいの思いやりだったのである。

6 記述対策

・**考え方**…「夜遅く」から、疎開先からの妹の帰りが遅くなっていることがわかる。それを「出窓で見張っていた」のは、今か今かと待ちわびていたからである。

・**書き方**…「妹の帰り」に対して、「待ちわびる」「心配する」などの気持ちを書いてまとめる。

7 **重要** 「はだしで表へ飛び出した」から、妹が家に入ってくるまで待ちきれず、思わず外へ走り出た様子が読み取れる。そして、子供たちの目も気にせず「声を上げて泣いた」ことから、**どれほど妹のことを心配していたか**がわかる。

8 「私」は、大人の男が人前で声を立てて泣くのを初めて見て**驚き**、一方で父親の**子供に対する愛情の深さ**を感じ、**感動**している。

9 「字のない葉書《はがき》」とは、父親が疎開する妹に持たせた葉書のこと。帰宅した妹の肩を抱いて声を上げて泣く父親の姿は、**父親の子供に対する愛情や家族のきずな**を感じさせる思い出として、「私」の心に三十一年過ぎた今も強く残っているのである。

聞き上手になろう／表現を工夫して書こう／［推敲《すいこう》］

60〜61ページ ステージ1

基本問題 聞き上手になろう

★ 1 ウ

2 ウ
3 ア

1 基本問題 表現を工夫して書こう／［推敲《すいこう》］

①B ②A

2
1 ウ
2 Bイ Cウ
3 イ
4 行→エ
5 例なかったら
6 エ
7 イ

解説

★ 基本問題 聞き上手になろう

2 森さんの「それはうれしいですね。」が、佐藤《さとう》さんの「森さん、……ものすごくトランペットが上達したんだよな。」という言葉に対するものであることから考える。佐藤さんの言葉に対して「どう思いますか。」ときいたとわかる。

3 「相手が答えやすい質問を用意する」のはいいが、「一問一答で終わる」の部分が誤り。**インタビューでは、会話のやり取りを通じて、話を広げたり深めたりすることが必要。**

2 基本問題 表現を工夫して書こう／［推敲］

1 十月十三日に書かれた手紙であることから考える。アは二月、イは六月、エは十二月の時候の挨拶。

2 C…会社や団体宛てには、「御中《おんちゅう》」を用いる。

4 「行程」は道のりのこと。作業の過程は「工程」を使う。

6 手紙では、結びの言葉として、相手の健康を気遣ったり活躍を願ったりする言葉を書く。

7 主文の冒頭に、「さて、先日はお忙しい中、私たちの職場見学のために……**ありがとうございました。**」とある。つまり、職場見学に対するお礼を伝えるのが、この手紙の目的である。

言葉2 敬語

62〜63ページ ステージ1

漢字

1 ❶らいひん ❷おんしゃ ❸せっちょ ❹そしな

2 ❶行為 ❷伺

教科書の要点

❶ ①丁寧語 ②尊敬語 ③謙譲語

❷ ①お（ご）〜になる ②お（ご）〜する ③参る ④おっしゃる ⑤拝見する ⑥いただく ⑦くださる ⑧伺う

基本問題

1 ①ウ ②イ ③ア ④イ ⑤ウ ⑥ア

2 ①A拝見する Bご覧になる（別解見られる）
②Aいらっしゃる（別解おいでになる・来られる） B伺い（別解参り）
③A召しあがる（別解お食べになる・食べられる） Bいただく（別解ちょうだいする）
④Aおっしゃる（別解言われる） B申しあげる（別解申す）

3 (1)①尊敬語 ②尊敬語 ③謙譲語 ④丁寧語
(2)②校長先生 ③（お集まりの）皆様

4 ①お書きになる（別解書かれる） ②おっしゃっ（別解言われ・お話しになっ） ③〇 ④なさっ ⑤おり ⑥弊社（別解小社） ⑦お乗りになり（別解乗られ）

解説

4 ①「お〜する」の形の**謙譲語**。お客様の動作なので「**お〜になる**」の**尊敬語**に直す。②「申しあげる」は「言う・話す」の謙譲語。先生の動作なので、尊敬語に直す。④「いたす」は「する」の謙譲語。声をかける相手の動作なので、尊敬語「なさる」に直す。⑤「いらっしゃる」は尊敬語。**身内の動作・行為には謙譲語を使う。**⑥自社の場合は、「弊社」を使う。⑦「お乗りになる」＋「乗られる」の形で、敬語を重ねすぎている。

漢字2 同じ訓・同じ音をもつ漢字 ほか

64〜65ページ ステージ1

漢字

1 ❶ごしん ❷ちんしゃ ❸かんがい ❹しんしてき ❺りんり ❻かね ❼くじゅう ❽きせき ❾はいぜん ❿かいそう ⓫じょうぞう ⓬せんちゃ ⓭じゅうてん ⓮かさく ⓯おうとつ ⓰かじょう

2 ❶苦渋 ❷洗剤 ❸福祉 ❹摂取 ❺干渉 ❻募金 ❼享受 ❽浸水

教科書の要点 漢字2

1 ①文脈 ②同音異義語 ③熟語

基本問題 漢字2

1 ①破 ②諮 ③捕 ④治 ⑤努 ⑥挙

2 ①A早 B速 ②A謝 B誤 ③A冒 B犯
④A伸 B延 ⑤A表 B現 ⑥A映 B生

3 ①態勢 ②過程 ③驚異 ④並行 ⑤支持

4 ①A輩出 B排出 ②A介抱 B快方 ③A追及 B追究
④A鑑賞 B観賞 ⑤A避難 B非難 ⑥A近郊 B均衡
⑦A補償 B保証 ⑧A阻害 B疎外

解説

基本問題 漢字2

1 迷うものは、熟語など、他の使い方から考える。①「破損」の「破」。「敗れる」は負けること。②「諮問」の「諮」。③「捕球」の「捕」。④「治療」の「治」。⑤「努力」の「努」。⑥「列挙」の「挙」。

2 ①A「早起き」の「早」。B「速度」の「速」。②A「謝罪」の「謝」。③A「冒険」の「冒」。B「犯罪」の「犯」。④B「延期・延長」の「延」。⑤A「表情」の「表」。B「出現」の「現」。⑥A「反映」の「映」。

4 ②他に「解放」「開放」なども使い分けられるようにする。⑦他に「一定の状態を保護し、守ること」の意味の「保障」もある。

モアイは語る——地球の未来

66〜67ページ ステージ1

漢字と言葉

1 ❶きょだい ❷ぼうだい ❸なぞ ❹ぎょうかいがん ❺たいてい ❻たいせきぶつ ❼じょじょ ❽しんしょく ❾こうじょうか ❿きが ⓫しっこく ⓬じごく

2 ❶放棄 ❷頻発 ❸運搬 ❹崩壊 ❺栽培 ❻抗争

3 ❶イ ❷ウ ❸ア

教科書の要点

1 顔・石像・イースター島

2 イ

3 例未来

4 ①誰 ②文明 ③ポリネシア ④ヤシ ⑤五世紀 ⑥ヤシの森
⑦消滅 ⑧減少 ⑨食料危機 ⑩地球 ⑪資源

おさえよう 〔順に〕ア・イ・ア

68〜69ページ ステージ2

★

1 ウ

2 モアイがそれぞれの集落の祖先神であり、守り神だったから（だ）

3 （木の）ころ・支柱 〔順不同〕 **4** ア

5 例人間が移住する前のイースター島が、ヤシの森に覆われていたこと。

6 ヤシの木・ころ

7 ヤシの森が消滅していったこと **8** エ

9 例1森が消滅して、ヤシの木をころとして使うことができなくなったから。
例2森が消滅したため、運搬用のヤシの木のころが作れなくなったから。

解説

1 直後の一文に「……からである。」と理由が述べられている。モアイを作るのに適した**軟らかい凝灰岩**、つまり材料があったからである。

2 直後の一文で、「それは、……だったからだと考えられる。」と、筆者の推測した理由が述べられている。

3 モアイを海岸の台座まで運ぶには「**木のころが必要不可欠**」であり、台座の上に立てるときには「**支柱は必要**」とある。

4 モアイを遠くまで運ぶには「木のころが必要不可欠」であるが、現在のイースター島には、最近植栽したユーカリの木以外に森は全くない。森がなければ木材も手に入らないはずだが、モアイを作った時代はどうだったのか。このように筆者は、モアイの運搬方法に疑問をもったのだ。

5 ――線④の直後に、「このことは、……を示している。」と、分析の結果からわかったことが書かれている。

6 次の段落に、「**ヤシの木をころとして使い**、完成したモアイを海岸まで運んだのであろう」と、筆者の推測が述べられている。

7 ――線⑤の直後に「このことは、**ヤシの森が消滅《しょうめつ》していった**ことを物語っている。」とある。

8 重要 「私たちの花粉分析の結果から」で始まる段落に、「**家屋の材料や日々の薪、それに農耕地を作るために伐採**されたのだろう」と、森が消滅した理由が述べられている。続く「さらに、……」の文で、**森の木がモアイの運搬用のころや支柱としても使**われたと書かれている。

9 記述対策

・**考え方**…直後に「森が消滅した結果、海岸までモアイを運ぶことができなくなった」とある。森の消滅→ヤシの木のころが作れない→モアイが運べない、という流れ。

・**書き方**…モアイを運べなくなった理由なので、「森の消滅」と「ヤシの木のころが作れない」という内容を入れる。文末は「……から。」など、理由を述べる言い方で結ぶ。

70～71ページ　ステージ3

1 ⓐ表層土壌　ⓑ主食（別解 食料）　ⓒ船　ⓓ魚

2 Ⅰ崩壊　Ⅱ森の消滅

3 ウ

4 文明を守る生命線

5 (1)（絶海の孤島の）イースター島

(2) 例 森林資源が枯渇し、飢餓に直面したとき、どこからも食料を運んでくることができない点。

6 例 今ある有限の資源を、できるだけ効率よく、長期にわたって利用する方策を考えること。

解説

1 「こうして」とあるので、直前の段落に着目する。「表層土壌が流失してしまうと、もう主食のバナナやタロイモを栽培することは困難となる」「木がなくなったため船を造ることもできなくなり、たんぱく源の魚を捕ることもままならなくなった」とある。

2 重要 ――線①で始まる段落の「文明を崩壊させた根本的原因は、森の消滅《しょうめつ》にあったのだ。」という一文に着目する。イースター島に存在した文明は、**人口増加→ヤシの木の利用・伐採→森の消滅→食料危機→文明の崩壊**、という経過をたどったと考えられる。

3 第二・第三段落の内容を捉える。ここでの「運命」とは、イースター島の文明が最終的にどうなったのか、ということである。

4 日本列島の文明も森と深く関わっている。つまり、**森は文明の存続のためには必要不可欠なもの**であった。それを直後の文で、「文明を守る生命線」という言葉で言い換えている。

5 (1)・(2) 直前の文を受けて、「地球も同じである。」と言っている。イースター島の「**森林資源の枯渇《こかつ》→飢餓に直面→しかしどこからも食料を運んでくることができなかった**」という構図と、地球も同じだというのである。

6 最後に「それが、人類の生き延びる道なのである。」とある。この「それ」は直前の一文を指すので、一文の内容を使って答える。

思考のレッスン2／根拠の適切さを考えて書こう

72～73ページ　ステージ1

漢字　❶ぎんみ　❷はあく　❸いっち

基本問題　思考のレッスン2

★　①イ　②ア　③エ　④ウ

基本問題　根拠の適切さを考えて書こう

1　ウ

2　ア

3　1　川口町のコンビニエンスストアの二十四時間営業・賛成
2　エ
3　(1)　この考えに
(2)　イ

解説

基本問題　思考のレッスン2

★　①他のグループでどうかはわからない。つまり、例外がある。②個人の主観でしかない。③アンケートの数字が、客観的事実といえる。④小説＝「難しくない本」とは限らないので、「小説をいちばん多く置くべきだ」という意見の根拠としては結び付きが弱い。

基本問題　根拠の適切さを考えて書こう

3　1　文章の冒頭で述べられている。
2　エは文章中に「……二十四時間営業の店を利用したいという需要も高まっていくと考えられる」とあるように、筆者の推論である。
3　(1)　二十四時間営業に反対する意見を探す。
(2)　予想される反論に対して、「しかし、二十四時間営業と長時間労働は、分けて考えるべき問題である。」と述べていることから考える。新たな視点を提示し、そのうえで自分の考えをはっきりと述べている。

［討論］異なる立場から考える／立場を尊重して話し合おう　ほか

74～75ページ　ステージ1

漢字
❶　❶じんとう　❷しゅりょう　❸ぼっぱつ　❹こんせき　❺かいしょ　❻ていたく　❼がいこつ　❽いしょく　❾じゅばく　❿せいぼ　⓫いしょう　⓬しなん・わざ
❷　❶古墳　❷該当　❸臆病　❹鎌倉
❸　❶開拓・かいたく　❷示唆・しさ　❸暴露・ばくろ

基本問題　［討論］

★　①エ　②オ　③イ

教科書の要点　立場を尊重して話し合おう

❶　①根拠　②答え　③立場　④司会

❷　ア・ウ

基本問題　立場を尊重して話し合おう

★　1　賛成
2　②ウ　③イ
3　イ

解説

基本問題　［討論］

★　①・②…Aでポイントとなるのは、宿題の「範囲」について。クラス全員が同じ範囲を学習することについて、範囲が指定されてわかりやすいと肯定しているのがエで、一律で宿題を出すのはおかしいと否定的な意見がオである。③…B・Cでポイントとなるのは宿題の「強制力」と「学習時間」について。これを肯定的にとると、宿題があるから家庭学習時間が確保できるというイのような意見となる。

基本問題　立場を尊重して話し合おう

★　1　テーマと意見が同じなので、賛成の立場である。
3　「病人が、お金を気にせず救急車を呼べる方法」を考えればよい。

音読を楽しもう 月夜の浜辺

76～77ページ ステージ1

漢字

1 ❶しの

教科書の要点

❶ イ

❷ 例捨てられない（別解捨てることができない）

❸ ①ボタン ②捨てる ③心

おさえよう 〔順に〕イ・イ

★基本問題

1 イ

2 例（拾って）袂に入れた。

3 ウ

4 指先・心 〔順不同〕

5 イ・エ

★解説

3 言葉を形や意味が対応するように並べる表現技法を、対句という。どこに向けてもボタンを投げ捨てることができない気持ちを、ここだけ三字下げた書き方で表している。

4 第五連に「指先に沁《し》み、心に沁みた」と、「僕」の心情が表現されている。

5 重要 イ…この詩には、反復表現が多く使われている。第一連と第三連は連全体が反復表現である。また、第二連と第四連では「それを拾つて、役立てようと／僕は思つたわけでもないが」と「僕はそれを、袂《たもと》に入れた。」が繰り返されており、第五連と第六連では、「月夜の晩に、拾つたボタンは」が繰り返されている。

エ…この詩は、主に七音か七音に近い音数の言葉で構成されている。音読してみると、心地《ここち》よいリズムが生まれることがわかる。

音読を楽しもう 平家物語／扇の的――「平家物語」から

78～79ページ ステージ1

漢字

1 ❶おうぎ ❷わず ❸ふね ❹ぼう ❺うら ❻いつわ ❼はちじゅうよき ❽ちょうしょう

2 ❶突如 ❷手綱 ❸堪 ❹漂

教科書の要点

❶ ①鎌倉 ②軍記 ③平家

❷ ①無常 ②漢語 ③平曲

❸ ①わ・い・う・え・お ②い・え・お ③じ・ず

❹ ①わ ②い ③お ④ず ⑤にっこう ⑥みょう ⑦い

❺ ①は（別解が） ②を

❻ ①ぞ ②ける

❼ 沙羅双樹・盛者必衰

❽ ①那須与一 ②自害 ③舞 ④大将

おさえよう 〔順に〕ア・イ

80～81ページ ステージ2

❶

1 エ

2 ・おごれる人も久しからず（、）
・たけき者もつひには滅びぬ（、） 〔順不同〕

3 風の前の塵 4 漢・無常・平家

❷

1 ⓐゆりすえ ⓑねがわくは ⓒはずさせ

2 ウ

3 (1) が（別解は）・を
(2) 例揺れ動いている状態。

4 沖には平家、舟を一面に並べて見物す。

5 (1) イ (2) ウ

6 これを射損

7 例自分の放つ矢が扇の真ん中に命中すること。

❷❶解説

2 「おごれる人」「たけき者」は、栄華を極めた平家のことを指す。

2 昔は一日を十二に分けて十二支を当て、二時間ごとに、「子《ね》の刻」（夜の十二時）、「丑《うし》の刻」（午前二時）……とよんだ。

3 (2) 「くしに定まらずひらめいたり」とある。竿《さお》の先の扇は安定せず、舟とともに揺れてひらひら動いていたのである。

4 **重要** 「対句」は、言葉を形や意味が対応するように並べて表現すること。「沖」と「陸《くが》」、「平家」と「源氏」、「舟」と「くつばみ」、「見物す」と「見る」というように対応している。

5 (1) 「ず」と「なき」は、否定の意味をもつ言葉。直訳すると、「晴れがましくないということはない。」二重に否定することで、「まことに晴れがましい」という強い肯定の意味を表す。

(2) 源氏の名誉《めいよ》、武士としての名誉をかけて、風に揺れ動く、はるか遠くの扇を射当てなければならない与一《よいち》の心情を捉える。

6 矢が当たらなかったら自害するという覚悟なのである。

7 「あの扇の真ん中射させてたばせたまへ」（あの扇の真ん中を射させたまえ）が、神仏に祈った内容である。

82〜83ページ ステージ3

❶ 1 Aウ Bエ

2 例扇の要から一寸ほど離れた所。

3 ひいふつ　4 扇

5 夕日のかか～られければ

6 (1) 平家…ふなばたをたたいて感じたり（、）
源氏…えびらをたたいてどよめきけり（。）

(2) 例1与一のすばらしい弓の腕前に感動したから。
例2与一の弓の腕前が見事だったから。

7 (1) （伊勢三郎）義盛が、（那須）与一に（言った言葉）。

(2) 例舞を舞っている男を射よ。

8 ウ

❷ 1 イ

❶解説

1 A後の「弓は強し」に着目する。「小兵《こひょう》」（小柄なこと）だが「弓は強い」という逆接のつながりなので、ウが正解。

2 後の部分に「あやまたず……射切つたる」とある。矢は、「扇の要《かなめ》ぎは一寸ばかり」離れた所に当たったのである。

3 「ひいふつ」は、矢が風を切り、的に当たった音を表している。その後の「さつと」は、扇が散り落ちる様子を表した擬態語である。

4 直前の文の主語「扇は」が、そのままこの文の主語にもなっている。射られた扇が空に舞い、海へ散り落ちる様子を描いている。

5 夕日の輝くなか、金の日輪を描いた紅《くれない》の扇が白波に漂う、という情景である。扇の赤、波の白という対比を押さえる。

6 (2) 記述対策
・**考え方**…平家の人々も、源氏の人々と同じように、与一《よいち》の腕前に感心していることを押さえる。
・**書き方**…「与一の弓の腕前」に感動したということがわかるように書き、理由を述べる言い方で結ぶ。

7 (1) 直前の「伊勢《いせ》三郎義盛《のさぶらうよしもり》、与一が後ろへ歩ませ寄つて」から考える。

(2) 与一はこの後に舞を舞った男を射倒している。

8 **重要** 平家方の男は、見事に扇を射落とした与一の弓の腕前に感動して舞を舞ったのである。そこには、たとえ敵であっても、すばらしいものはたたえるという風流な気持ちがある。そのような男を射殺してしまった、源氏方の風流を解さない非情な行為に対して、「情けなし。」（心ないことを）と言っているのである。

❷ 1 義経《よしつね》が弓を取り戻した理由を会話部分から読み取る。「弓の惜しさに取らばこそ。」「嘲哢《てうろう》せんずるが口惜《くちを》しければ、命にかへて取るぞかし」から、義経は弓が惜しいのではなく、嘲笑されるのが悔しいと考えていることがわかる。武士としての面目《めんぼく》を命に代えても保とうとした姿勢に、人々は感じ入ったのである。

仁和寺《にんなじ》にある法師――「徒然草《つれづれぐさ》」から

84～85ページ　ステージ1

漢字
1 ❶するど　❷まさ

教科書の要点
❶ ①兼好法師　②鎌倉　③随筆（文学）　④無常
❷ ①こそ・なれ　②ぞ・ける
❸ 石清水

おさえよう　〔順に〕ア・イ

基本問題
1 随筆
2 ⓐむかいて　ⓑあやしゅう
3 ①ウ　②イ　③ア
4 (1) エ　(2) 心にうつりゆくよしなし事　(3) エ
5 イ

解説
3 ①「つれづれなり」は、することがなくて退屈《たいくつ》である状態を表す。③「よしなし事」の「よし」は、理由という意味。
4 (2) 「心に次々と浮かんでは消えていく、とりとめもないこと」を書きつけているのである。
(3) 重要 ここでの「あやし」は、「妙だ」という意味。「ものぐるほし」は、気持ちが高ぶる、ざわつく様子を表す言葉。
5 「つれづれなるままに」が、「徒然草《つれづれぐさ》」を書いたときの状況で、「あやしうこそ」以下が、そのときの心境を表している。

86～87ページ　ステージ2

1 ⓐいわしみず　ⓑおもいたちて　ⓒこうら　ⓓかたえ
2 Aエ　Bア
3 ①極楽寺・高良（など）　②石清水
4 (1) エ　(2) 例石清水に参拝すること。
5 係り結び・尊く
6 参りたる人ごとに山へ登りし
7 (1) 例本来の目的だ。　(2) エ
8 誰が…（仁和寺にある）法師　誰に…かたへの人（に）
9 ウ
10 イ

解説
2 A「心うく」の終止形は「心う（憂）し」。「残念だ・情けない」という意味。B「過ぐ」は、ここでは「度を超す」の意味。
3 法師が参拝したかったのは石清水《いわしみず》であるが、実際に参拝したのは、極楽寺《ごくらくじ》・高良《こうら》だったことから考える。「かばかりと心得て」は、「これだけのものと思い込んで」という意味。
4 (2) 「年ごろ思ひつること」は、「長年の間思っていたこと」という意味。法師が思っていたことは、「石清水に参拝すること」である。「石清水にお参りすること」などの表現でも可。
6 人々が山に登るのを見て、「何事があるのだろうか」と思っていたのである。
7 「石清水に参拝することが本来の目的だと思って、山までは見ませんでした」という言葉から、信仰《しんこう》に対する誇《ほこ》りと自分の行動への満足感が読み取れる。
8 直前の会話の前後の部分をつないでみると、「かたへの人にあひて」「とぞ言ひける」となるので、「誰に」は「かたへの人」にだとわかる。「誰が」は、参拝してきた人＝「仁和寺《にんなじ》にある法師」。
9 重要 法師の失敗を踏まえたうえで、作者は「石清水のことをよく知っている人といっしょに行っていればよかったのに」と考え、それを一般論に広げて教訓として述べている。
10 法師が極楽寺・高良を石清水と勘違いして、石清水がある山を登ることなく帰ってきてしまったことと、最後の一文に述べられた作者の感想とをあわせて考える。

漢詩の風景

88〜89ページ ステージ1

漢字

1 ❶あかつき ❷ぞくじん ❸へいぼん ❹し ❺ち・し ❻また ❼ろう ❽ろうにん

2 ❶雰囲気 ❷旧暦 ❸沈 ❹寝床

教科書の要点

❶ ①五言絶句 ②七言絶句 ③五言律詩

❷ ①起句 ②承句 ③転句 ④結句

❸ ①別れを恨んでは鳥にも心を驚かす ②春眠暁を覚えず

❹ 意味

❺ ①孟浩然 ②五言絶句 ③夜 ④風雨 ⑤散った ⑥杜甫 ⑦五言絶句 ⑧燃える ⑨春 ⑩故郷 ⑪李白 ⑫七言絶句 ⑬黄鶴楼 ⑭揚州（別解広陵） ⑮青空（別解碧空） ⑯杜甫 ⑰五言律詩 ⑱山 ⑲花 ⑳万金

おさえよう 〔順に〕ア・ア・イ

90〜91ページ ステージ2

❶
1 五言絶句
2 夜が明けたのも気づかない
3 処処啼鳥を聞く　4 夜来
5 (1) 花はいったいどれほど散ったことやら（。）
(2) 例ゆうべは「風雨」の音がしていたから。
6 イ

❷
1 山は青くして花は然えんと欲す
2 山《ハ》 青《クシテ》 花《ハ》 欲《ス》レ 然《エント》
3 鮮やかな南国の春景色　4 ウ　5 エ

解説

❶
2 「『暁を覚えず』、つまり……」と意味が説明されている。
4 転句では、明るい春の情景から、「夜」「風雨」という語が表す、暗い雰囲気の情景に一変している。
5 (2) 直前の第三句で「ゆうべは風雨の音がしていた」と歌っている。「風が吹き雨が降る→花が散る」という関係を押さえる。
6 寒くてつらい冬が過ぎ、待ち望んでいた暖かい春が訪れたことへの喜びが、春の眠りをむさぼる作者の様子に表れている。

❷
1 語の組み立て（「〜は…して〜は…」）が似ている。また、「江↕山」「碧《みどり》↕青」「鳥↕花」「白↕然」の漢字も対になっている。
3 文章の第一段落の最後の一文が、詩の前半のまとめになっている。
4 「看《みす》す」とは、「見ている間に」という意味。ここから、時間だけが過ぎてゆくことに対する作者の無力感が読み取れる。
5 **重要** 前半の二句の華やかさとは対照的に、後半では故郷に帰れないままに年を重ねていく作者の悲しみが歌われている。

92〜93ページ ステージ3

❶
1 七言絶句
2 (1) イ　(2) 孟浩然
(3) Ⅰ黄鶴楼　Ⅱ揚州（別解広陵）
3 煙花三月揚州に下る
4 ウ　5 ア
6 例1親友との別れを悲しむ気持ち。
例2友人との別離を惜しむ気持ち。

❷
1 五言律詩　2 ア・イ・ウ
3 人間・自然　4 例家族
5 エ　6 例戦乱（別解戦争・戦い）
7 イ　8 ウ

解説

❶
2 (2) 「黄鶴楼《くわうかくろう》を辞し」とあるので、去っていく孟浩然《もうこうねん》のこと。
(3) 「揚州《やうしう》に下る」とあるので、行き先は「揚州《ようしゅう》（＝広陵《こうりょう》）」である。
5 本来の語順は、「長江《ちやうかう》の天際に流るるを唯《た》だ見る」である。

6 **記述対策**
・**考え方**…親友の乗った舟が見えなくなるまで見送っていることから、友との別れを惜しんでいる気持ちを読み取る。
・**書き方**…「別れを悲しむ」「惜しむ」などの気持ちを表す言葉を入れて書く。

❷
2 律詩では第三・四句、第五・六句が対句になる決まりがある。この詩では、他に第一・二句も対句になっている。
3 **国都が破壊される＝人間の営み、山河＝自然**である。
4 「家書」から、**家族と離れ離れであることがわかる。**
6 詩に表されている状況を押さえる。**長引く戦乱のため、なかなか手紙が届かないのである。**「戦い」を意味する言葉なら可。
7 ここでは、家族と離れたまま、ただ年老いて、将来に希望のもてない作者の様子が歌われている。
8 **重要** 人の世と自然を対比させ、**人の世のはかなさを思う気持ちと、家族と離れて年老いていく我が身を嘆《なげ》く思い**が歌われている。エ「いきどおる」といった激しい感情は表されていない。

君は「最後の晩餐《ばんさん》」を知っているか

94〜95ページ ステージ1

漢字と言葉
❶ ❶かいぼうがく ❷りくつ ❸しょうげき ❹しばい ❺すいもん ❻でし ❼けい ❽ようぼう ❾きわ ❿は・お ⓫しきさい ⓬かんたん
❷ ❶輪郭 ❷衝撃 ❸色彩 ❹既 ❺狭 ❻芝居
❸ ❶ア ❷ウ ❸イ

教科書の要点
❶ ①レオナルド・ダ・ヴィンチ ②ミラノ ③壁画 ④十五 ⑤九・一 ⑥十三 ⑦キリスト ⑧一九九九
❷ ①解剖学 ②遠近法 ③明暗法 ④新しい芸術 ⑤読む ⑥手のポーズ ⑦奥行き ⑧消失点 ⑨設計図 ⑩光 ⑪全体 ⑫画家の意図

おさえよう 〔順に〕ア・ア・イ

96〜97ページ ステージ2

1 ウ 2 キリスト 3 ウ
4 Ⅰ裏切りがある、という予言 Ⅱ動揺
5 キリスト・磔刑（別解 磔）
6 手に託された心の動き
7 例 人体の解剖を通して骨格や筋肉の研究をし、人の体がどのような仕組みでできているかを知り尽くしていたから。
8 イ

解説
1 ――線①は、「最後の晩餐《ばんさん》」の絵が特別な場面を見事に切り取っていることを表している。ア・イ・エは文章中に書かれていない。
2 二つ後の段落に「**中央にいるのがキリストである。**」とある。
3 直前に「そんなふうに」とあるので、その前の部分に着目する。絵に誰が描かれ、どのような場面が描かれているのかを考えている。
4 直前に「その言葉が、人々の**動揺を誘い**」とあり、直後では「動揺が伝わる」とある。ここから、「**水紋**」＝**動揺**だとわかる。小石に当たるのは「その（＝キリストの）言葉」であるが、これでは字数が合わないので、同じ内容を表す十二字の部分を探す。
5 「**明日、キリストは磔《たつ》刑になる。だから、これが『最後の晩餐』なのだ。**」に着目する。
6 直後の文で、手のポーズと心の動きの関係について述べ、それらをまとめて「**手に託された心の動きの見本帳**」と表している。
7 **重要** 直後にその理由が述べられている。**解剖学がレオナルドの新しい絵を支える一つの要素であったのだ。**
8 「えぐる」は、「刃物などを刺し入れてくり抜く」という意味である。ここでは、**人の体を正確に描くことで、心の内面まで的確に表現することができた**、という意味である。

98～99ページ ステージ3

★

1 遠くのものは小さく見える

2 (1) 部屋に奥行きが感じられるようになる

(2) 例1 消失点をキリストの額にすることで、絵を見る人の視線をキリストに集め、この絵の主人公はキリストだと思わせる効果。

例2 キリストの額に消失点があることで、絵を見る人の視線がキリストに集まり、誰が見てもこの絵の主人公はキリストであると思わせる効果。

3 くぎの穴の跡

4 エ

5 (1) 例 描かれた部屋の明暗が、食堂の窓から差し込む現実の光の方向と合致する

(2) イ

6 解剖学、遠近法、明暗法（。）

7 例 レオナルドが究めた絵画の科学と、そのあらゆる可能性を目のあたりにできるところ。

★解説

1 二つ後の文に「遠くのものは小さく見えるという、遠近法の原理」と述べられている。

2 (2) 記述対策

・**考え方**…「この絵の主人公は、キリスト。誰が見ても、そう思わせる効果がある。」と効果について説明されている。消失点の位置を意図的にキリストの額にすることで得られる効果である。

・**書き方**…指定語は、「消失点＝キリストの額」「視線がキリストに集まる→絵の主人公だと思わせる」と考えると使いやすい。文末を「……効果。」でまとめる。

3 「その証拠に……くぎの穴の跡がある。」からわかる。

4 「明らかに計算をしてこの絵を描いた」ことを、「設計図のような」とたとえている。

5 (1) 「この壁画は食堂の壁に描かれているが、描かれた部屋の明暗は、食堂の窓から差し込む現実の光の方向と合致している。」に着目する。文末とのつながりに気をつけてまとめる。

(2) ――線⑤を含む段落の最後の一文「そのため、……」に効果が説明されている。絵と現実の光の方向が合致しているため、壁に描かれた部屋が本物の食堂の延長にあるように見えるのである。

6 直前の「そのような」がその前の一文を指す。「解剖学、遠近法、明暗法」が、レオナルドの新しい絵を生み出したのである。

7 **重要** ――線⑦を含む文が「これが……一つの要因だろう。」となっていることに注意。「これ」は、直前の一文を指している。

「最後の晩餐《ばんさん》」の新しさ／魅力を効果的に伝えよう ほか

100～101ページ ステージ1

漢字と言葉

1 ❶どうくつ ❷ちっそ ❸みさき ❹きゅうりょう ❺やなぎ ❻ぶんぴつ ❼はんよう ❽ひよく

2 ❶湿潤 ❷真珠

3 ❶温まる ❷焼き付く

教科書の要点 「最後の晩餐《ばんさん》」の新しさ

1 ①かっこいい（。） ②遠近法 ③構図 ④イ ⑤ア

おさえよう 〔順に〕ア・イ

基本問題 「最後の晩餐」の新しさ

★

1 イ

2 ・構図

・人物の頭部に光輪を描かなかったこと

3 ・例 画面にドラマチックな動きを与える効果。

・例（構図上独立し、）静けさを保つキリストに視線を誘導する効果。 〔順不同〕

4 臨場感あふれる現実の情景（として描こうとした）

解説

★ **基本問題** **「最後の晩餐」の新しさ**

2 **重要** 「レオナルドの構図は画期的だ」「もう一つ画期的だったのは、人物の頭部に光輪を描かなかったことだ。」の二つを捉える。

3 直後に「静けさを保つキリストに視線を誘導する効果もある」とあるので、もう一つは前から探す。――線②は、使徒たちの「裏切り者を詮索《せんさく》したり、キリストを問い詰めたり」している様子であり、それが「画面にドラマチックな動きを与えている」のである。

4 最後の一文に着目する。

文法への扉2　走る。走らない。走ろうよ。

102～103ページ　ステージ1

教科書の要点

❶ ①活用 ②未然形 ③連用形 ④仮定形 ⑤終止形 ⑥連体形 ⑦命令形 〔②～④は順不同〕

❷ (1) ①五段 ②上一段 ③下一段 ④カ行変格 ⑤サ行変格

(2) ①―か ②―き ③―く ④―け ⑤―け ⑥―き ⑦―き ⑧―きれ ⑨―べ ⑩―べ ⑪―べれ ⑫き ⑬こい ⑭さ ⑮し ⑯しろ

(3) ①泣いた ②会った ③飛んだ (4) 走れる

❸ ①―かっ ②―けれ ③―に ④―な ⑤―でしょ

基本問題

1 ①オ ②ウ ③ア ④カ ⑤エ ⑥イ

2 ①オ ②イ ③ア ④ウ ⑤エ

3 ①エ ②イ ③オ ④イ

解説

1 活用形を見分けるときは、後に続く語に着目するとよい。特に、未然形と連用形に続く語は、しっかり覚えておこう。

2 活用の種類を見分けるには、「ない」を付けて、直前の音で判断する。

3 形容詞・形容動詞は動詞と異なり、「ない」に続くときは、未然形ではなく連用形であることに注意する。

104～105ページ　ステージ2

❶ 動詞…ウ・サ・シ 形容詞…ア・カ・キ 形容動詞…オ・ク

❷ ①A急ぐ B命令形 ②A気づく B終止形 ③A過ぎる B連体形 ④A準備する B未然形 ⑤A出る B仮定形 ⑥A来る B連用形

❸ ①A終止形 B下一段活用 ②A未然形 B上一段活用 ③A命令形 Bサ行変格活用 ④A連体形 B五段活用 ⑤A未然形 Bカ行変格活用 ⑥A連用形 B下一段活用 ⑦A連用形 B上一段活用 ⑧A仮定形 B五段活用

❹ ①知っ・イ ②飲ん・ウ ③騒い・ア

❺ ①歩ける ②作れる

❻ ①連用形 ②未然形 ③連体形 ④連用形 ⑤終止形 ⑥仮定形

❼ ①終止形 ②連用形 ③仮定形 ④連体形 ⑤連用形 ⑥未然形

❽ ①おいしゅう・A・連用形 ②嫌なら・B・仮定形 ③豊かに・B・連用形 ④寒かろ・A・未然形 ⑤安けれ・A・仮定形 ⑥暇な・B・連体形 ⑦なく・A・連用形 ⑧親切だっ・B・連用形

❾ ・A楽しい B形容詞 C連用形
・A大切だ B形容動詞 C連用形
・Aしまう B動詞 C連用形
・Aおく B動詞 C終止形 〔順不同〕

解説

❷ **重要** 動詞の後に続く語で活用形を判断する。②「と」に続くときは終止形。③後に続く「時間」は体言（名詞）なので、連体形。④「よう」に続くときは未然形。⑥「た」に続くときは連用形。

❸ ④動詞の活用の種類は、「ない」を付けて見分けるが、「ある」は、「ない」が付かないので、「ない」と同じ否定の意味を表す「ぬ」を付ける。

「ある」は、「ぬ」を付けると「あらぬ」となるので、五段活用。
❹ 促音便は「っ」に変化、撥《はつ》音便は「ん」に変化する。
❻ ①形容詞の後に「ない」が続くときは、連用形。
❼ ②終止形は「すてきです」。「た」に続くので連用形。
❽ ①「おいしく」に「ございます」が付いて、ウ音便が生じたもの。

研究の現場にようこそ

106〜107ページ ステージ1

漢字

1 ❶ほにゅうるい ❷ごうか ❸げん ❹あくせんくとう
2 ❶絶滅 ❷伴

基本問題

1 1 例クモの糸をバイオリンの弦にして、音を出そうとした。
2 短いクモの 3 ア
2 1 (1) 哺乳類化石・進化（別解 変化）
(2) 例日本列島が大陸から離れてから、動物がどのように変わったか（ということ）。
2 例日本の哺乳類化石の歴史が、日本列島が大陸から離れるはるか前から始まっていることがわかったから。
3 ウ

解説

1 1 最初の段落と題名に着目する。
3 次の段落に「どんなものでも、物理的に音は出るものである。」とあり、そのうえで「とにかくクモの糸でバイオリンの音が出たのは感動であった」と述べている。
2 1 (1) 冨田《とみだ》さんが「化石で見る生命進化の研究者」であることを手がかりに考える。化石→哺乳類化石、生命進化→進化。
(2) 直前の内容をまとめる。
2 「最近はわかっています」の、わかったことの内容に着目する。

3 重要 「想像してみよう。」「……野生動物として！」などから考える。

走れメロス ほか

108〜109ページ ステージ1

漢字と言葉

1 ❶じゃちぼうぎゃく ❷けんしん ❸けいり ❹いっすい
❺はんらん ❻ろぼう ❼あざむ ❽ひれつ ❾ほうよう
❿めんえきりょく ⓫しょうそう ⓬ふきゅう
2 ❶循環器 ❷生涯 ❸承諾 ❹奨励 ❺到着 ❻仰
3 ❶ウ ❷イ ❸ア

教科書の要点 走れメロス

❶ ①メロス ②ディオニス ③セリヌンティウス
❷ 〔右から順に〕3・1・4・2・5・6
❸ ①激怒 ②恥ずべき悪徳 ③私欲 ④悪徳者
⑤信頼 ⑥悪い夢 ⑦空虚な妄想

おさえよう 〔順に〕イ・イ

110〜111ページ ステージ2

✪ 1 その王の顔
2 メロス…最も恥ずべき悪徳 王…正当の心構え
3 メロス 4 人質（別解 身代わり）
5 エ 6 イ
7 例1 自分が助かるために、友人を見捨てる（と思っている）。
例2 メロスは逃げて、帰ってこない（と思っている）。

✪解説

1 「蒼白《そうはく》」「眉間のしわは刻み込まれたように深かった」という暗い表情に、王の孤独や苦悩が表れている。
2 重要 メロスと王が反対の考え方をしていることを捉える。メロスは人の心を信じ、王は人の心を信じていない。

3 メロスが「必ず、ここへ帰ってきます」と言ったことに対して、王は「逃がした小鳥が帰ってくると言うのか。」と言っている。

4 「私は約束を守ります。」以下のメロスの言葉から捉える。

5 直前の部分に、「人は、これだから信じられぬと、……うんと見せつけてやりたいものさ。」と王の考えが書かれている。

6 王は、メロスにわざと遅れてこいと言っている。メロスは、王に信じてもらえないだけでなく、ひきょうなことをしてまで助かりたいと思われているのだと知り、憤慨《ふんがい》している。

7 記述対策

・**考え方**…王の心の内が書かれた部分に「どうせ帰ってこないに決まっている。」とある。王は、メロスが自分の命が惜しいために、守る気のない約束をしたと考えている。

・**書き方**…「友人を見捨てる」「帰ってこない」など、帰ってくるという約束を破る行動を表す言葉を入れてまとめる。

112～113ページ ステージ3 (1)

★ 1 ウ

2 例メロスが遅れてきたのは、身代わりを死なせて自分が助かるためだ

3 ・義務遂行の希望
・（我が身を殺して、）名誉を守る希望 〔順不同〕

4 エ

5 例1自分を待ってくれている人の信頼に報いるため。
例2信じていてくれる友を裏切らないため。

6 例清水を飲んだこと。 7 イ

★解説

1 約束が果たせそうにない状況にあるメロスの心情である。

2 事前に王がメロスに約束した、「遅れたら、身代わりを殺して、私を助けてくれる」が手がかり。王は自分の思ったとおりだと考えるだろう、とメロスは思ったのである。

3 直後に続く二文に、「希望」の内容が述べられている。

4 **重要** 「希望が生まれた」後にメロスが目にした情景で、メロスの心情が暗示されている。

5 記述対策

・**考え方**…「私は信じられている。……私は信頼に報いなければならぬ。」を受けて、自身を励ましている言葉である。

・**書き方**…「信頼に報いる」という言葉を核に、誰からの信頼であるのかを付け加え、文末を「……ため。」で結ぶ。

6 清水を飲むことによって、再び心身に力がみなぎってきたのだ。

7 「ああ、何もかもばかばかしい。」という投げやりな気持ちから、「私は信頼に報いなければならぬ。」という友の信頼に応えようとする気持ちに変化している。

114～115ページ ステージ3 (2)

★ 1 ウ

2 例1友を裏切り、刑場に戻るのを諦めかけたということ。
例2セリヌンティウスの信頼を裏切り、見捨てようとしたということ。

3 例1裏切って 例2見捨てて 4 エ 5 イ

6 信実とは、決して空虚な妄想ではなかった

7 例1友情や信実のきずなで結ばれた仲間。
例2互いを心から信じ合える仲間。

★解説

1 少し前に「信じられているから走るのだ。」とあることに着目して、人の命よりも「恐ろしく大きい」と言っているものを捉える。

2 記述対策

・**考え方**…セリヌンティウスが「全てを察した様子」でメロスを殴った後、「生まれて初めて君を疑った。」と告白していることから、メロスの「悪い夢」とは、セリヌンティウス自身が経験したことと同様のものであることがわかる。

・**書き方**…友に対する裏切りの心が芽生えたことが書かれていればよい。

3 メロスが約束を守らないかもしれないと疑ったのだ。

4 メロスとセリヌンティウスは、互いに相手を裏切ろうとしたり、疑ったりした。そのことを許し合うために、殴り合ったのである。

5 **重要** 二人が「ありがとう、友よ。」と言って、「うれし泣き」に泣いたというところに注目する。一度は心の迷いが生まれたもののそれを乗り越え、友情と信頼の確かさを感じているのである。

6 深い信頼で結ばれているメロスとセリヌンティウスとの関係を実際に見て、王は自分の誤りに気づいたのである。

7 **記述対策**

・**考え方**…メロスとセリヌンティウスのように、命さえも懸けることができるような強い信頼関係で結ばれた仲間を指している。

・**書き方**…「信実」「信じ合う」「友情」などの言葉を使ってまとめ、文末は「……仲間。」で結ぶ。

文法への扉3　一字違いで大違い

116～117ページ　ステージ1

教科書の要点

❶ ①助動詞　②助詞

❷ (1) ①受け身　②自発　③推量　④意志　⑤完了　⑥伝聞　⑦断定

❸ (1) ①主語　②連用　③相手　④起点　⑤方向

(2) ①強調　②限定　③例示

(3) ①理由　②逆接　③同時

(4) ①禁止　②感動

118～119ページ　ステージ2

❶ ①せる・イ　②ます・エ　③まい・ウ　④たい・ア

❷ ①エ　②イ　③ア　④ウ

❸ ①イ　②ウ　③エ　④ア

❹ ①ウ　②ア　③ウ　④エ　⑤イ　⑥ウ　⑦エ　⑧イ

❺ ①ウ　②ア　③イ　④エ

❻ ①イ　②ア　③ウ　④エ

❼ ①ウ　②エ　③ア　④イ

❽ ①ウ　②エ　③ウ　④イ

解説

❷ 「れる・られる」の意味を区別する。①気配が自然と感じられるという意味。②電話をかけることができるという意味。③「他者から……される」という意味。④先生の動作に対して敬意を表している。

❸ ②存続を表す「た」は、「……ている／てある」に置き換えられる。

❹ **重要** 助動詞の区別。①伝聞。ウ以外は推定・様態。②推定。ア以外は形容詞の一部。③推量。アは勧誘、イ・エは意志を表す。④断定。アは過去の「た」が濁音化したもの。イは形容動詞の活用語尾。ウは「そうだ」の一部。⑤「ぬ」に置き換えられるのが助動詞。⑥断定の助動詞「だ」の連用形。アは格助詞「で」。イは形容動詞の活用語尾。エは接続助詞。⑦断定の助動詞「だ」の連体形。⑧推定。イ以外は比喩。

❺ 助詞「の」の区別。①「が」に置き換えられるので、主語を作る「の」。②「……こと」に置き換えられるので、体言の代用。アは「……もの」に置き換えられる。③「冬の」は、「海」という体言を修飾しているので、連体修飾語を作る「の」。①～③は格助詞だが、④は疑問を表す終助詞。

❽ ①動作の推移を表す接続助詞の「と」。ア・イ・エは格助詞。②手段・材料を表す格助詞の「で」。アは原因・理由、ウは場所を表す格助詞。イは形容動詞「静かだ」の連用形の活用語尾。③理由を表す接続助詞の「から」。ウ以外は格助詞。④逆接の接続助詞「が」。ウは意味としては逆接だが、一語で文節を作っているので、接続詞である。

構成や展開を工夫して書こう／言葉3／漢字3

120～121ページ　ステージ1

漢字

❶ ❶あいまい　❷こうえつ　❸ひじ　❹つつみ　❺ことぶき

❻ほま　❼かお　❽あやつ　❾つつし　❿ねば・づよ
⓫わらべうた　⓬すこ

2 ❶偏　❷鍛　❸憂　❹懲　❺鈍　❻怠

基本問題 構成や展開を工夫して書こう

1 ①経緯　②山場　③考え方　④結末
2 ①ウ　②イ

基本問題 言葉3

1 ①音声　②文字　③省略　④情報
2 ①豆腐　②例お父様　③例朝が早い

基本問題 漢字3

1 ①ア　②イ　③ア　④ア　⑤ア　⑥イ　⑦ア　⑧イ
2 ①趣　②賢さ　③係　④誉れ
3 ①Aおこたる　Bなまける　②Aこおる　Bこごえる
③Aとらえる　Bつかまる　④Aふれる　Bさわる

解説

1 **基本問題** 漢字3

②「照る」という語を含む「照らす」は、含まれている語の送り仮《が》名《な》の付け方にそろえる。④語幹が「し」で終わる形容詞は、「し」から送る。⑥「か」「やか」「らか」を含む形容動詞は、その部分から送る。⑦副詞は、最後の音節を送るのが原則。

木

122～123ページ　ステージ1

漢字 **1** ❶いなずま

基本問題

★ **1** ・(木は) 黙っている
・(木は) 歩いたり走ったりしない
・(木は) 愛とか正義とかわめかない

2 イ　**3** イ・エ
4 ④例1 幹や枝を上へ上へと伸ばす様子。
例2 木が成長する様子。
⑤例1 根を地中深く張りめぐらす様子。
例2 地面の下へ根を勢いよく伸ばしている様子。
5 3　**6** ウ　**7** 12・13
8 (1) Ⅰウ　Ⅱア　(2) 例強まって

★ 解説

1 第一連の内容を受けて、自問しているのが第二連である。

4 記述対策
・**考え方**…④は幹や枝が上に伸びる様子を、⑤は地下に根を広げる様子をたとえている。「稲妻」の形状にも注意。
・**書き方**…④は「伸びる」「成長」など、⑤は「勢いよく」「張りめぐらす」などの言葉を使って書く。

6 「それでなかったら」の後に書かれている木の様子から考える。

8 重要 (1) Ⅰは12～15行目から考える。Ⅱは「ひとつとして同じ木がない」とあるので、「個性」が当てはまる。

形

124～125ページ　ステージ1

漢字 **1** ❶やまと

教科書の要点

1 ①侍大将　②槍中村　③猩々緋　④かぶと
2 ①快く　②肝魂　③誇り　④後悔

おさえよう [順に] イ・イ

基本問題

★ **1** (1) イ
(2) 例新兵衛の猩々緋と唐冠のかぶとを貸してほしいということ。

2 育むような慈顔　**3** ウ

解説

1 (1)「その若い士《さむらい》（＝美男の士）は、新兵衛《しんべえ》の主君松山新介《まつやましんすけ》の側腹《そばはら》の子であった。」とある。

(2)「御身様《おみさま》の猩々緋《しょうじょうひ》と唐冠《とうかん》のかぶとを貸してたもらぬか」が、願い出た内容である。

3 **重要** ――線③の後に着目する。「中村《なかむら》新兵衛の形」である猩々緋の服折《ふくおり》と唐冠のかぶとを借りるからには、**新兵衛のような「肝魂《きもだま》」、すなわち度胸（実力）がないと力を発揮できないと、**「若い士」を激励《げきれい》している。

126～127ページ　ステージ2

1 黒革おどしのよろい・南蛮鉄のかぶと〔順不同〕

2 ウ　**3** イ

4 (1) Ⅰ羊・おじけ　Ⅱ対等・勇み

(2) 例1 猩々緋や唐冠のかぶとを身に着けていなかった
例2 いつもの「形」ではなかった

5 (1) 例1 大切なのは「実力」であり、「形」自体には力はないと思っていた。
例2 自分に「実力」があるからこそ、「形」も力をもつと思っていた。

(2) ウ

6 エ

解説

1 「その日に限って、黒革おどしのよろいを着て、南蛮《なんばん》鉄のかぶとをかぶっていた中村新兵衛《なかむらしんべえ》」とある。

2 ――線②を含む文の後に着目する。「形」にまで影響を与える自分の強さに対して、**誇《ほこ》りを感じている**ことがわかる。

3 「形」のもつ力は、自分の実力があってこそだと思っていたときの気持ちである。

4 (2) 敵兵は、「猩々緋《しょうじょうひ》」と「唐冠《とうかん》のかぶと」という「形」で新兵衛を認識していたので、黒革おどし姿の新兵衛がいつもの猩々緋の武者だとは気づかず、恐れなかったのだ。

5 (1) 記述対策
・**考え方**…新兵衛は、「形」は自分の「実力」を象徴するものでしかないと考えていた。
・**書き方**…「実力」が大事であり、「形」だけでは力をもたない、という内容をまとめる。

(2) **重要** 「形」を身に着けた武者には敵が浮き足立ったが、「形」を身に着けていない新兵衛にはびくともしなかったことから、**「形」はそれだけで力があり、今までそれに助けられていたことに新兵衛は気づきかけ、後悔するような気持ちになった**のである。

6 この作品は、「形」の力を理解せず、「形」は中身に付随するものと思っていた主人公が、「形」を失うことでその力の大きさに気づくが、時既《すで》に遅く命を落としてしまうという悲劇を描いている。

生物が記録する科学――バイオロギングの可能性

128～129ページ　ステージ1

教科書の要点

1 （小型の）記録計・データ

2 経験したり・行動圏・思考できる

3 ①効率　②開始と終了　③食べられない　④工夫

おさえよう 〔順に〕ア・イ

基本問題

1 数時間・すぐに

2 例 一日の餌取り潜水についやす合計時間を増やすためには、短い潜水を数多く繰り返したほうが効率がよいこと。

3 イ　**4** 効率よく餌を捕ること

解説

1 長い潜水《せんすい》を終えたペンギンより、短い潜水を終えたペンギンのほうが早く次の潜水を開始することを捉える。

2 1の内容が書かれた後に、「一日のうちで……短い潜水を数多く繰り返したほうが効率はよい。」とある。

3 重要 直前に「これこそ」とあり、「これ」が指しているのが「餌が浅い所にいる場合は無理をせず、短い潜水を繰り返して餌を捕《と》る」であることを押さえる。

4 文章の最後に、「野生動物にとっては……効率よく餌を捕ることが重要なのだ。このことに気づかされた調査であった。」とある。

130〜131ページ ステージ2

1 三羽が異な　2 エ
3 捕食者・身を守るため
4 ・餌を効率よく捕ること
・捕食者に食べられないこと
〔順不同〕
5 生息環境・ありのまま　6 エ

解説

1 ペンギンたちは一斉に水中に飛び込み、いっしょに水中から飛び上がってくるが、その間は異なる深さで餌を捕《と》っているのだ。

2 「このような」は、直前の「彼らは、潜水《せんすい》の開始と終了だけをわざわざ一致《いっち》させていることになる」を受けている。

3 潜水の開始と終了を一致させる理由については、「捕食《ほしょく》者から身を守るための行動であるようだ」とある。

4 重要 ——線④の前の段落で、「野生のペンギンにとっては、餌を効率よく捕ることも重要だが、捕食者に食べられないこともまた重要なのだ。」と、野生のペンギンが生き残るために重要なことが二つ挙げられている。

5 直後に「……を調べることを可能にした」とあるので、「……」の部分に着目する。

6 最後の一文「動物たちからもたらされるデータは、私たちが思考できる範囲を大きく広げてくれるはずだ。」に着目する。

古典の世界を広げる　敦盛《あつもり》の最期《さいご》——「平家物語」から

132〜133ページ ステージ1

漢字
1 ①たち

基本問題
1 イ　2 ウ
3 土肥、梶原五十騎ばかり
4 ⓐイ　ⓑア　5 (1) ア　(2) ぞ　6 エ

解説

1 「名乗らずとも……人に問へ。見知らうずるぞ。」から、若武者が広く名の知れた身分であることがわかる。名高い武将を討《う》ち取れば直実《なおざね》の大きな手柄となるので、「よい敵《かたき》」だと言ったのだ。

2 直実の言葉から読み取る。アは、「この人一人《いちにん》……また討《う》ち奉《たてまつ》らずとも、勝つべきいくさに負くることもよもあらじ。」、イは、「小次郎《こじらう》が薄手《うすで》負うたるをだに、……いかばかりか嘆《なげ》きたまはんずらん。」、エは、「あつぱれ、大将軍や。」から読み取れる。

3 「雲霞《うんか》のごとく」は、群れの数が多いことのたとえ。

4 ⓐ「この殿《との》の父は、我《わ》が子が討たれたと聞いて……」から、主語は、「我が子＝この殿＝若武者」であるとわかる。ⓑ「熊谷《くまがへ》涙をおさへて申しけるは、『助け参らせんとは……仕《つかまつ》り候《さうら》はめ。』と申しければ」と、「申す」で会話文を挟んでいる。

5 (1) 重要 直実の言葉に、「人手《ひとで》にかけ参らせんより……後《のち》の御孝養《おんけうやう》をこそ仕り候はめ。」とある。味方の軍が押し寄せており、とうてい逃げ切れないなら、せめて自分の手で討って供養《くよう》をしたいと考えたのである。

6 若武者が、格下の直実に名を告げなかったことや、直実の「助け参らせん。」という言葉に同意せず、「頸《くび》を取つて人に問へ」と言ったことから考える。武士として死をいさぎよく受け入れる、誇《ほこ》り高い性格であることが読み取れる。

プラスワーク　聞き取り問題①　プレゼンテーション

134ページ

〔解答の漢字や片仮名《かな》の部分は、平仮名で書いてもかまわない。〕

(1) 二十二パーセント（別解 22％）

(2) ウ

(3) 例一日に必要な野菜の量を知らない人が多いという問題。

例食事にあまり時間をかけられない人が多いという問題。〔順不同〕

(4) プラス一皿分

(5) イ

解説

(1)・(2) どの数字が何を表しているのか、メモを正確に取るように心がける。「野菜を一日に何皿分食べるのが適量だと思うか」という質問の回答結果について、小林《こばやし》さんは「『一皿から二皿』と答えた人が四十パーセント、『三皿から四皿』と答えた人が四十二パーセント」だと話している。

(3) 小林さんはクラスで意識調査を行ったところ「二つの問題がわかりました」と話しているので、それ以降を注意して聞き取る。**「一つ目の……」「二つ目の……」など、順序を表す言葉が出てきたら、メモを取るように**する。文末は「〜が多い。」などでも可。

(5) 一日の野菜摂取《せっしゅ》量の目標を調べていたり、調査結果をグラフで示したりして、問題点をわかりやすく伝えていたことから、**イ**が正解。**ア**は「異なる立場の意見をあえて検討することで」が、**ウ**は「具体的な数値は挙げずに結論だけを」が、**エ**は「自分の個人的なエピソードをふんだんに盛り込《こ》むことで」がそれぞれ誤り。

放送文

それでは、聞き取り問題を始めます。

これから、学校の授業で行われた小林《こばやし》さんのプレゼンテーションと、それについての問題を五問、放送します。放送は一回だけ行います。聞きながら、メモを取ってもかまいません。それでは、始めます。

皆《みな》さん、この二つのグラフをご覧ください。これは、先日私たちの住む南《みなみ》市全体で行われた「食事と健康に関する調査」のうちの、野菜に関する調査結果の一部です。アンケートで「野菜は健康によいと思うか」という質問に対して、「よいと思う」と答えた人は、九十七パーセントととても高い割合でした。ですが、実際に十分な量の野菜を食べていた人は、わずか二十二パーセントでした。ほとんどの人が野菜は健康によいと考えているのに、十分な量を食べている人が少ないのはなぜでしょうか。

私はその理由を探《さぐ》るために、クラスで意識調査を行いました。その結果、二つの問題がわかりました。

まず一つ目の問題は、「一日に必要な野菜の量を知らない人が多い」ということです。厚生《こうせい》労働省では、健康のために一日に三百五十グラム以上の野菜をとることを目標としています。おひたしやサラダなどの小皿料理は一皿分で、およそ七十グラムの野菜をとることができます。つまり、一日にこれらを五皿食べることができれば、目標が達成されるのです。

しかし、こちらのグラフをご覧ください。「野菜を一日に何皿分食べるのが適量だと思うか」という質問に対し、「一皿から二皿」と答えた人が四十パーセント、「三皿から四皿」と答えた人が四十二パーセントでした。一日に必要な量を実際より少なく考えている人が多いことがよくわかると思います。

二つ目の問題は、「食事にあまり時間をかけられない人が多い」ということです。遅《おそ》い時間まで部活動をしていたり、学校から帰ったらすぐ塾《じゅく》に行ったりして、夕食の時間を長く取れないという人も多いようです。そのため、手早く食べられるパンやおにぎりだけで食事を済ませるという意見が多くありました。

これらの問題を踏《ふ》まえて、私は次のようなキャッチコピーを考えました。それは、「プラス一皿分の野菜」です。

野菜を十分とるには、目標量を意識することが大切です。食事のたびに、「プラス一皿分の野菜をとろう」と心がけるだけでも改善につながるのではないでしょうか。食事に時間をかけられない人でも、「プラス一皿分」という目標なら、野菜ジュースなどで手軽に補えると思います。

35

十分な量の野菜をとることで、ビタミンやミネラル、食物繊維《せんい》をバランスよくとることができます。このキャッチコピーが、皆さんの健康的な食習慣をつける手助けになればうれしいです。

問題文

以上で、プレゼンテーションは終わりです。それでは、問題です。

(1) 南《みなみ》市の調査結果によれば、十分な量の野菜を食べている人は、全体の何パーセントでしたか。

(2) 小林《こばやし》さんはクラスの意識調査で、「野菜を一日に何皿分食べるのが適量だと思うか」について調べていました。その結果を説明するために作ったグラフとして正しいものを、解答欄《らん》の**ア**・**イ**・**ウ**から一つ選び、記号で答えなさい。

(3) 小林さんは、十分な量の野菜を食べている人が少ない背景には、どのような問題があると話していましたか。二つ書きなさい。

(4) 小林さんが提案したキャッチコピーを、解答欄に当てはまるように書きなさい。

解答文 □ の野菜。

(5) 小林さんは、このプレゼンテーションでどのような工夫《くふう》をしていましたか。当てはまるものを次の**ア**・**イ**・**ウ**・**エ**から一つ選び、記号で答えなさい。

ア 異なる立場の意見をあえて検討することで、自分の主張に客観性をもたせていた。

イ 調べてわかったことや結果をまとめたグラフを的確に示して、問題点をわかりやすく伝えていた。

ウ クラスで行った意識調査について、具体的な数値は挙げずに結論だけをわかりやすく述べていた。

エ 自分の個人的なエピソードをふんだんに盛り込《こ》むことで、聞き手に親しみやすいプレゼンテーションにしていた。

これで、聞き取り問題を終わります。

プラスワーク　聞き取り問題②　グループ・ディスカッション

135ページ

〔解答の漢字や片仮名《かな》の部分は、平仮名で書いてもかまわない。〕

(1) 例 どちらがより読書を楽しめるか

(2) 例 紙の手触《てざわ》り（を楽しめること）。

(3) 例 保管するのに場所を取ること。

(4) 例 友達と感想を言い合うこと。

(5) ア

解説

(1) **テーマは、司会が初めに示す**ので、落とさずメモを取るようにする。

(3) 内田《うちだ》さんの意見の要点を捉《とら》える。「紙の本のデメリットとして、保管するのに場所を取る、ということがある」と述べている。

(4) 森本《もりもと》さんは、「友達と感想を言い合うのは読書の大きな楽しみだ」と述べている。

(5) **司会はそれぞれの発言内容を簡潔にまとめ、次の発言者に発言を促《うなが》すこと**で、議論を進めやすくしていた。よって**ア**が正解。**イ**は「時間を制限することで」、**ウ**は「自分でも積極的に意見を述べることで」が、**エ**は「発言内容の誤りをすぐに指摘《してき》することで」がそれぞれ誤り。

放送文

それでは、聞き取り問題を始めます。

これから、グループ・ディスカッションの内容と、それについての問題を五問、放送します。放送は一回だけ行います。聞きながら、メモを取ってもかまいません。それでは、始めます。

司会　これから「電子書籍《しょせき》と紙の本、どちらがより読書を楽しめるか」というテーマで、グループ・ディスカッションを始めます。それでは、まず内田《うちだ》さん、お願いします。

内田さん　はい。私は、電子書籍のほうが読書を楽しめると思います。電子書籍は持ち運ぶのに便利です。スマートフォンでちょっとした空き時間にも読むことができるので、読書がもっと身近になると思います。

司　会　内田さんの意見をまとめると、「電子書籍は持ち運びやすいので、読書がもっと身近になる」ということですね。では次に、西村《にしむら》さん、お願いします。

西村さん　私は、紙の本のほうがより読書を楽しめると思います。紙の本は、ページをめくるたびに紙の手触《てざわ》りを楽しめます。これは電子書籍にはない魅力《みりょく》だと思うからです。

司　会　西村さんの意見をまとめると、「手触りを楽しめるのが紙の本ならではの魅力」ということですね。内田さんはどう思いますか？

内田さん　西村さんが言うように、紙の本ならではの手触りは、電子書籍にはないよさですね。ただ、紙の本のデメリットとして、保管するのに場所を取る、ということがあると思います。電子書籍なら本の保管場所を気にしなくていいので、本選びの幅《はば》が広がるのではないでしょうか。

司　会　なるほど。電子書籍のもう一つのよさとして、「本の保管場所を気にしなくてよい」という点が挙げられました。他に意見のある人はいますか。はい、森本《もりもと》さん。

森本さん　私も西村さんと同じで、紙の本のほうが読書を楽しめると思います。紙の本なら、友達と気軽に貸し借りができます。友達と感想を言い合うのは読書の大きな楽しみだと思います。また、内田さんは、紙の本は保管するのに場所を取ると言いましたが、私は積極的に友達に本を貸したりあげたりするので、保管に困ると思ったことはあまりないです。

内田さん　内田です。それは森本さんがそう思うだけで、全員に当てはまることではないと思います。

司　会　他の人はどう思いますか？　はい、西村さん。

西村さん　確かに、森本さんの意見は誰《だれ》にでも当てはまることではないかもしれません。でも、友達と楽しみを共有しやすいという意味では、電子書籍よりも紙の本のほうが勝《まさ》っていると思います。

問題文

以上でグループ・ディスカッションは終わりです。
それでは、問題です。

(1)　グループ・ディスカッションのテーマは何ですか。解答欄《らん》に当てはまる言葉を書きなさい。
解答文　電子書籍《しょせき》と紙の本の□。

(2)　西村《にしむら》さんは、紙の本の魅力《みりょく》としてどのようなことを挙げましたか。

(3)　内田《うちだ》さんが挙げた、紙の本のデメリットとは何ですか。

(4)　森本《もりもと》さんは、読書の楽しみとしてどのようなことを挙げましたか。

(5)　このグループ・ディスカッションでは、司会はどのような役割を果たしていましたか。当てはまるものを次の**ア・イ・ウ・エ**から一つ選び、記号で答えなさい。

ア　発言者の意見を簡潔にまとめることで、議論を進めやすくしていた。
イ　自分でも積極的に意見を述べることで、発言しやすい雰囲気《ふんいき》を作っていた。
ウ　時間を制限することで、全ての参加者が発言できるようにしていた。
エ　発言内容の誤りをすぐに指摘《してき》することで、その場に緊張《きんちょう》感をもたせていた。

これで、聞き取り問題を終わります。

定期テスト対策 得点アップ！予想問題

1 見えないだけ

138ページ

1 5
2 イ・ウ・オ
3 例ここから見える
4 イ
5 今　6 イ

解説

1 形式的には、前半と後半がそれぞれ対句表現で構成されている。内容的には、前半は**外の世界の広がり**を、後半は**日常生活での新しい出会い**を表現している。

2 イ「擬人法」は、4・6・8行目に用いられている。ウ「対句」は、1・2行目と3・4行目、5・6行目と7・8行目と9・10行目に用いられている。オ「体言止め」は、6・8・10行目に用いられている。

3 「見えないだけ」という言葉に着目する。**今見えているものよりも「もっと」という意味**である。

4 直前の「**待ちかねている**」から、出会いへの期待が読み取れる。

6 第二連に着目する。見えないものは、**まだ今は見えないだけ**であり、「確かに在る」のだから、きっと**未来に出会える**ということ。それらとの出会いに期待しながら、前向きに生きてほしいと歌っている。

2 アイスプラネット

139ページ

1 ⓐかんちが　ⓑわくせい
2 エ
3 例「僕」が気のない返事をしたから。
4 Ⅰ北極　Ⅱ氷の惑星

解説

2 三メートルのナマズという、「僕」にとっては「**ありえねえ**」話をされ、会話の最中も「**子供扱い**」されて、「僕を小学生ぐらいと勘違いしている」と思い、頭にきたのだ。

3 「ふうん。」と「僕」が**気のない返事**をしたのを見て、「あ、信じてないだろう。」と言っている。「気のない」とは、興味のないこと。「僕」がばかばかしく感じていることに、ぐうちゃんは気づいている。

4 ぐうちゃんの言葉から読み取る。「地球の中にある小さな小さな美しい氷の惑星」が、北極にできるアイスプラネットなのだ。

3 枕草子《まくらのそうし》

140ページ

1 ⓐようよう　ⓑおかし
2 Aイ　Bア　Cウ
3 エ
4 Ⅰ月　Ⅱ蛍　Ⅲ雨
5 ②あはれなり　③いとをかし
6 イ

解説

3 「山ぎは」は、「空の、山に接するように見える辺り」のこと。空が**だんだんと明るくなる様子**を描写している。

5 「烏《からす》の……あはれなり」「雁《かり》などの……いとをかし」というように、**作者の感想は、全て文の最後に述べられている**ことに注意。

6 寒い早朝に火をおこして炭を持って通る行動は冬に**似つかわしい**（つきづきし）が、昼に寒さがゆるんで火桶《ひおけ》の火が白い灰ばかりになるのは**好ましくない**（わろし）と述べている。作者は、**その季節にふさわしい様子に趣を感じている**。

4 クマゼミ増加の原因を探る　141ページ

1 ⓐかんわ　ⓑ零度
2 (1) エ　(2) 冬の寒～はない
3 例可能性の一つを排除し、クマゼミ増加の原因を絞り込む役割。

解説

2 (1) 「どれぐらいの低温に耐えられるか」がア、「長く続く寒さへの耐性」がイ、「気温や湿度が変動する野外の冬に耐えられる」かがウの実験内容。
(2) 「これらの結果は……」と結果を示し、「つまり」以下で「冬の寒さの緩和はクマゼミ増加の原因ではない」とまとめている。
3 最後の一文に、［仮説1］が否定されたことの研究全体への影響が述べられている。

5 「自分で考える時間」をもとう　142ページ

1 例その時間帯にニュースを見る人たち
2 2放送局　3地域
3 6
4 ウ

解説

1 「朝のニュースは、会社や学校に出かける前の人たちに向け」「夜のニュースは、仕事帰りの人たちに向けた」というように、時間帯によって、ニュースを見る人と必要とするものが違うのである。
2 2段落は「同じ時間帯でも、放送局が異なれば……」、3段落は「地域によって異なる」に着目する。
3 「ミスから誤った情報が入り込む……」「『フェイクニュース』という、事実無根のにせのニュース」に触れているのは6段落。
4 7段落冒頭に「大事なことは」とある。「情報を……うのみにせず」「自分で考える時間をもつ」べきだと、筆者は述べている。

6 短歌に親しむ／短歌を味わう　143ページ

1 ①E　②A　③B　④D
2 例かえるの鳴き声。
3 (秋の) 雲　4 ア・ウ
5 ①D　②A　③B　④C

解説

1 ①「生き方に重なる自然の様子」はEの「蛇行する川」、②「雨の日の情景」はAの「春雨《はるさめ》」を指す。③「視線の移動」は、Bの「山」から、「若馬」の「耳」への移動。④「スケールの違う二つの時間」は、Dの「鯨の世紀恐竜の世紀」と「水仙の白」に表される時間のこと。
4 「君には一日《ひとひ》」と「我には一生《ひとよ》」が対句になっている。また「一生」と体言で結ぶ体言止めが使われている。
5 ①「対照的な言葉」は、Dの対句の部分。ここに、相手に対する二人の思いの違いが表れている。②「色の鮮やかな対比」は、Aの「白鳥」の白と「空の青海のあを」の青の対比を指す。③「少年の日」は、Bの「十五」と対応している。④擬態語は、秋の雲の様子を表したCの「ぽぽぽぽ」のこと。

7 言葉の力　144ページ

1 木全体の一 ～ 活動の精髄
2 イ
3 美しい言葉、正しい言葉（というもの）

解説

1 第二段落で、「木全体の一刻も休むことない活動の精髄が、……桜の花びらという一つの現象になる」と表現されている。
2 「桜の花びら一枚一枚」が「大きな幹」を背負っているというところが、「言葉の一語一語」がそれを発する人間全体を背負っているというところと同じだということ。

8 盆土産《みやげ》 145ページ

1 父親の工事現場で事故でもあったのではないか
2 イ
3 例今年の盆には父親は帰ってこないだろう（と思っていた）。
4 ウ

解説

1 直後の一文に考えたことが書かれている。急な知らせに不吉なものを感じ、父親の事故の知らせかと思って「ひやり」としたのである。
2 速達を読んだ後、父親が帰ってくることへの驚きと喜び、えびフライとは何だろうという困惑など、さまざまな思いがわいている。
3 直前の部分に「その気」の内容が書かれている。父親が「今年の盆には帰れぬだろうと話していたから」、そう思っていたのである。
4 姉もえびフライをよく知らないのに、「えびのフライだえな」などと知ったかぶりをしてごまかそうとしている。

9 字のない葉書《はがき》 146ページ

1 ⓐどの ⓑしょう ⓒぎょうぎ
2 こそばゆいような晴れがましいような気分
3 暴君
4 威厳と愛 ～ ない父親
5 エ

解説

2 最近まで呼び捨てにされていたのに、突然「殿」と改まった敬称を付けられて、恥ずかしいようなうれしいような気分になっている。
3 自分勝手で横暴に振る舞う様子を表す言葉を探す。
4 現実とは正反対の理想的な父親である。
5 「……であろう。」「……かもしれない。」という文末表現に着目。大人になった筆者が、当時の父親の心情を想像しているのである。

10 モアイは語る――地球の未来 147ページ

1 例人口の増加の速度。
2 食料不足や資源の不足が恒常化する（危険性）
3 ③（広大な）宇宙 ④地球
4 ウ

解説

1 同じ段落の「異常な人口爆発」に着目する。現代の地球の人口の増加は、イースター島の急激な人口の増加を上回るペースなのである。
2 同じ段落の最後に「地球の人口が八十億を超えたとき」とあり、その後に起こるだろうことが書かれている。
3 絶海の孤島のイースター島＝宇宙に浮かぶ地球、という関係を押さえる。
4 最後の段落の「今あるこの有限の資源をできるだけ効率よく、長期にわたって利用する方策を考えなければならない」の内容に合うのは、ウ。

11 扇の的――「平家物語」から 148ページ

1 ⓐつがい ⓑいうじょう　2 （那須）与一
3 扇は空へぞ上がりける（。）
4 エ
5 例与一の見事な弓の腕前を目にして、感に堪えなかったから。
6 イ

解説

2 前の文の主語と同じ人物である。
3 「かぶら↔扇」「海へ入る↔空へ上がる」の対応を押さえる。
4 「沖には平家、ふなばたをたたいて感じたり、陸《くが》には源氏、えびらをたたいてどよめきけり」から、双方ともに感心していたとわかる。
5 「あまりのおもしろさに、感に堪へざるにや」を中心にまとめる。
6 与一《よいち》の腕前に感動して舞を舞った男が射殺されたことから考える。

12 仁和寺《にんなじ》にある法師──「徒然草《つれづれぐさ》」から 149ページ

1 極楽寺・高良（など）
2 Aイ Bイ 3 ②か ④こそ
4 (1) ア (2) 例参拝に来た人が皆山に登る理由。
5 エ

解説

1 「極楽寺《ごくらくじ》・高良《かうら》など」を石清水《いわしみず》だと思って拝み、かばかり（これだけのもの）だと満足して帰ったのである。

4 (1) 「ゆかし」は、ここでは「知りたい」という意味。
(2) 直前の内容である「なぜ皆山に登るのか」「山の上には何があるのか」といったことが書けていればよい。

5 仁和寺《にんなじ》の法師は、極楽寺・高良を石清水だと勘違いして、石清水がある山には登ることなく帰ってきてしまったのである。

13 漢詩の風景 150ページ

1 碧・白・青・然 2 山は青くして花は然えんと欲す
3 ウ 4 イ
5 エ 6 ②孟浩然 ③李白 7 ウ

解説

1・3 「然」は「燃」と同じで、燃えだしそうに「真っ赤」に花が咲いている様子を表している。

4 結句は、「いつ故郷へ帰る年が来るのだろうか」という意味。故郷に帰りたいのに帰れないという、悲しい思いが歌われている。

6 この詩の題名は、「黄鶴楼《こうかくろう》で孟浩然《もうこうねん》が広陵《こうりょう》（＝揚州《ようしゅう》）に行くのを見送る」という意味。したがって、孟浩然＝揚州に下っていく人、李白《りはく》＝見送る人である。

7 前半では華やかな春の情景が描かれているが、後半では親友が旅立っていくのを見送る、別離の悲しみが描かれている。

14 君は「最後の晩餐《ばんさん》」を知っているか 151ページ

1 ⓐすで ⓑりんかく
2 (1) Ⅰ細かい描写 Ⅱ鮮やかな色彩 (2) エ
3 レオナルドが、絵画の科学を駆使して表現しようとしたもの
4 魅力的

解説

2 (2) 設問文に「最も評価していること」とあることに注意。ア〜ウを踏まえて、「絵の『全体』がよく見えるようになった」と述べている。

3 直後に、よく見えるようになったものの具体例が挙げてあり、それらを「つまり」以降でまとめている。

4 レオナルドの絵に対する筆者の感想を表した言葉を探す。後半の段落の最初の文に「文句がないほどに魅力的」とある。

15 走れメロス 152ページ

1 ウ
2 私欲の塊
3 イ
4 例メロスが、三日のうちに王の所へ帰ってくると言ったこと。

解説

1 蒼白《そうはく》の顔色や深い眉間のしわからは、王の孤独や苦悩が感じられる。

2 王の言葉から、人間に対してどのような思いを抱いているかを読み取る。「人の心は、……私欲の塊さ。信じては、ならぬ。」とある。

3 メロスは、「人の心を疑うのは、最も恥ずべき悪徳だ。」と言っている。「人は信頼できる存在である」というのが、メロスの考え方である。

4 直後の「逃がした小鳥が帰ってくると言うのか。」から、王はメロスを逃がしたら、帰ってくるはずがないと考えていることがわかる。つまり、「三日のうちに、……必ず、ここへ帰ってきます。」というメロスの言葉を、王は「とんでもないうそ」だと思っているのである。

6 5 4
D C B A

教科書ワーク 国語 特別ふろく②

定期テスト対策に!

聞き取り問題

こちらにアクセスして，ご利用ください。
https://www.kyokashowork.jp/ja11.html

★自宅学習でも取り組みやすいよう，放送文を簡単に聞くことができます。

★学年ごとに最適な学習内容を厳選しました。

（1年：スピーチ・会話／2年：プレゼンテーション・ディスカッション／3年：話し合い・ディスカッション）

★聞き取り問題を解くうえで気をつけたいポイント解説も充実。

放送文を聞きながら
書き込めるメモ欄

放送文の内容も
すべて掲載で
確かめやすい！

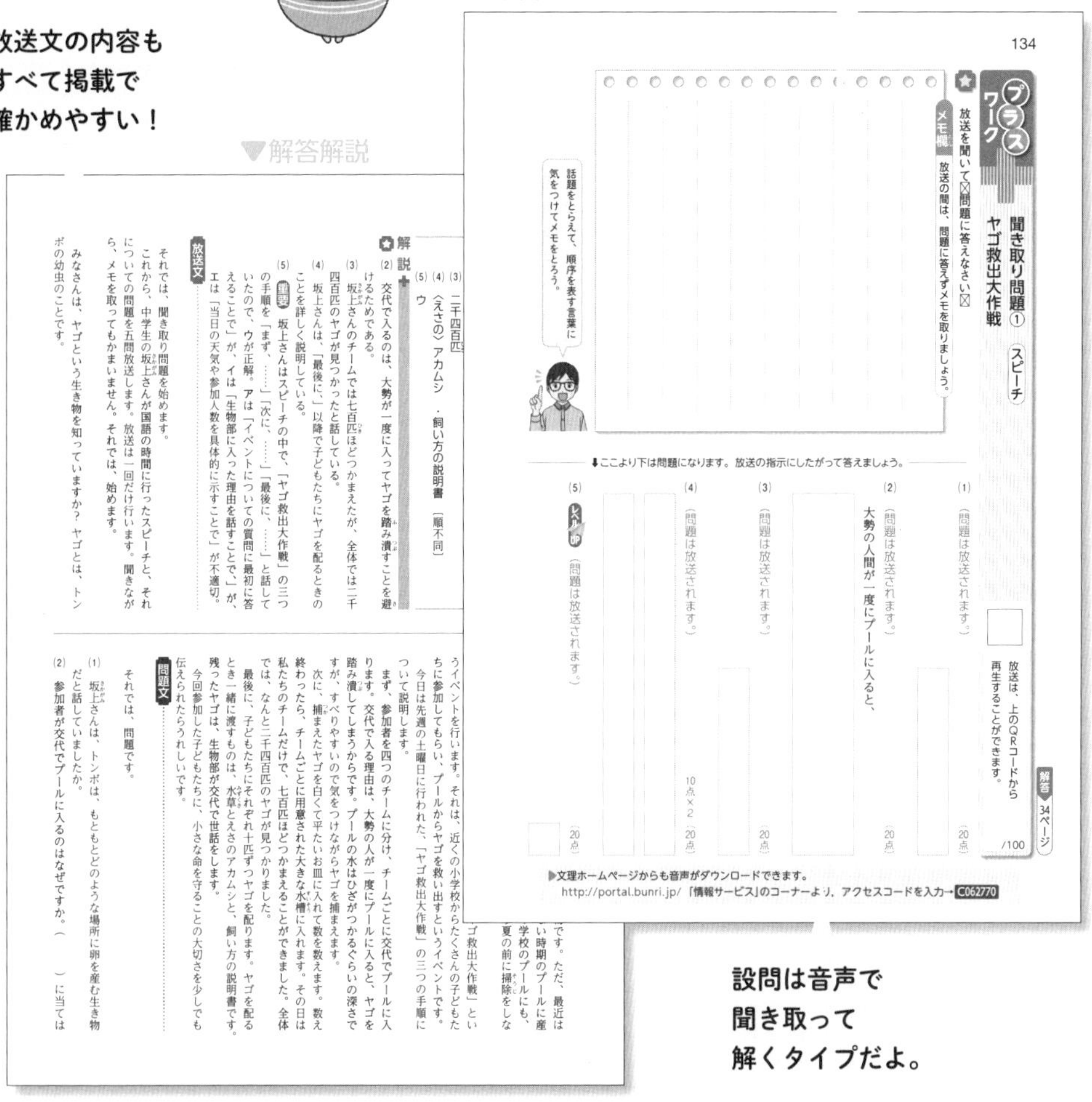

設問は音声で
聞き取って
解くタイプだよ。